Holger Brandes • Markus Andrä • Wenke Röseler •
Petra Schneider-Andrich
Macht das Geschlecht einen Unterschied?

Holger Brandes
Markus Andrä
Wenke Röseler
Petra Schneider-Andrich

Macht das Geschlecht einen Unterschied?

Ergebnisse der „Tandem-Studie" zu professionellem Erziehungsverhalten von Frauen und Männern

Verlag Barbara Budrich
Opladen • Berlin • Toronto 2016

Bibliografische Information der Deutschen Nationalbibliothek
Die Deutsche Nationalbibliothek verzeichnet diese Publikation in der Deutschen
Nationalbibliografie; detaillierte bibliografische Daten sind im Internet über
http://dnb.d-nb.de abrufbar.

Gedruckt auf säurefreiem und alterungsbeständigem Papier.

ISBN   978-3-8474-0616-7 (Paperback)
eISBN   978-3-8474-0299-2 (eBook)

Umschlaggestaltung: Bettina Lehfeldt, Kleinmachnow – www.lehfeldtgraphic.de
Titelbildnachweis: Tandem-Studie, ZFWB der ehs Dresden
Lektorat: Angela Zerfaß, Leverkusen
Druck: paper & tinta, Warschau
Printed in Europe

Inhalt

1 Einleitung

Macht das Geschlecht einen Unterschied? Man mag darüber streiten, ob diese Frage noch ihre Berechtigung hat in Zeiten, in denen traditionelle Geschlechterstereotype nachhaltig ins Wanken gekommen sind, die Gleichstellung von Frau und Mann als eine selbstverständliche Prämisse in Politik, Wirtschaft und gesamter Gesellschaft anerkannt ist und auch die Gleichstellung derjenigen gefordert wird, die sich der binären Geschlechterdefinition als Frau oder Mann entziehen.

Spätestens aber, wenn man noch bestehende geschlechtsexklusive Tätigkeitsfelder in den Blick nimmt, drängt sich die Frage nach der Bedeutung des geschlechtlichen Unterschieds wieder auf. Dies gilt hinsichtlich historisch gewachsener ‚männlicher Terrains‘ wie Bundeswehr oder Führungsgremien von Unternehmen. Gleiches gilt aber auch, wenn die Dominanz von Frauen in der frühkindlichen Bildung problematisiert und Männer als Fachkräfte in Kindertageseinrichtungen gefordert werden.

Lange Zeit über herrschte selbstverständlich und unbestritten die Überzeugung, dass der Umgang mit kleinen Kindern in erster Linie Frauensache sei und folglich im Bereich der frühkindlichen institutionellen Bildung, Betreuung und Erziehung auch nur Frauen beschäftigt sein sollten. Deshalb hat sich bis vor wenigen Jahren kaum jemand daran gestoßen, dass es im Erzieherberuf nur einen verschwindend geringen Männeranteil gibt.

Inzwischen hat sich dies insofern verändert, als nicht nur unter Eltern und Erzieherinnen die Forderung nach Männern in der frühkindlichen Bildung aufgekommen ist, sondern auch staatliche und überstaatliche Institutionen wie die OECD und die Europäische Kommission den geringen Männeranteil in Kindertageseinrichtungen als Problem wahrnehmen und thematisieren. Dabei spielen im politischen Raum vorrangig gleichstellungspolitische Argumente eine Rolle. Aus Sicht der Eltern ist aber viel bedeutsamer, dass sie von Männern in Kindertageseinrichtungen andere Angebote erwarten, vor allem aber einen Bedarf an männlichen Rollenvorbildern für ihre Kinder sehen.

Hintergrund dieser veränderten Haltung gegenüber Männern in der Frühpädagogik sind Veränderungen und Umbrüche, die sich insbesondere in den westlichen Industrienationen in den Lebensbedingungen von Männern und Frauen sowie in den Einstellungen und Erwartungen gegenüber Partnerschaft und Familie vollzogen haben. Dabei hat die Berufstätigkeit von Frauen weiter zugenommen und viele Väter zeigen ein wachsendes Engagement in der Erziehung ihrer Kinder. Zugleich bleibt aber, nicht zuletzt wegen hoher Zahlen alleinerziehender Mütter, der in der Erziehung ‚fehlende‘ oder ‚abwesende‘ Vater ein Thema von anhaltender Brisanz.

9

Etwa gleichzeitig wird aufgrund neuer Erkenntnisse in Entwicklungspsychologie, Neurophysiologie und Bildungswissenschaften die zentrale Bedeutung früher Lernprozesse immer offensichtlicher und Kindertagesstätten wird zunehmend die Funktion einer zentralen Bildungseinrichtung zugeschrieben. Vor diesem Hintergrund erstaunt es nicht, dass angesichts von Statistiken, die nachweisen, dass Jungen in ihren Bildungsleistungen gegenüber Mädchen ins Hintertreffen geraten und vermehrt Verhaltensauffälligkeiten aufweisen, ein Zusammenhang konstruiert wird: Die ,Krise der Jungen' und ,Jungen als Bildungsverlierer' werden auf einen Mangel an Männern in Kindertageseinrichtungen und Schulen zurückgeführt.

So naheliegend ein solcher Zusammenhang auf den ersten Blick auch ist und so plausibel die Annahme sein mag, dass Kinder davon profitieren, dass sie in öffentlichen Einrichtungen nicht nur auf weibliches, sondern in nennenswertem Umfang auch auf männliches Fachpersonal treffen – belastbare Untersuchungsergebnisse, die diese Annahmen stützen würden, gibt es bislang kaum. Zwar wissen wir inzwischen einiges über die Bedeutung des Vaters (auch) für frühe Entwicklungsphasen von Kindern und es gibt eine Reihe neuer Hinweise auf entwicklungsrelevante Verhaltensunterschiede von Vätern und Müttern. Aber inwieweit diese Erkenntnisse auch auf das professionelle pädagogische Tätigkeitsfeld übertragbar sind, ist weitgehend ungeklärt.

Nach wie vor besteht ein erhebliches Forschungsdefizit bezüglich des Faktors Geschlecht und seiner Auswirkung in der professionellen Erziehung und Bildung kleiner Kinder. Noch weniger gibt es Studien, die in nennenswertem Umfang Männer in die Untersuchung einbeziehen. Zwar sind international vielfältige aufschlussreiche Forschungen zur Rolle des pädagogischen Personals und seiner Wirkung auf die Entwicklung der Kinder durchgeführt und publiziert worden, sie alle haben aber unhinterfragt zumeist nur Frauen einbezogen oder das Geschlecht der Fachkräfte nicht berücksichtigt. Da bis dato in fast allen Ländern der Anteil männlicher Fachkräfte auf niedrigem Niveau verharrt und kaum Männer in diesem Berufsfeld zu finden sind, hat es bislang auch weder den Anlass gegeben, noch die Möglichkeit, die Funktion und Auswirkung von Männern in der Frühpädagogik gezielt zu untersuchen.

Zwar fanden in den letzten Jahren erste wissenschaftliche Befragungen auch männlicher Fachkräfte statt, die deren Arbeitssituation und Einstellungen oder auch die Einstellungen anderer ihnen gegenüber dokumentieren (z.B. Cameron 2006, Cremers et al. 2010), diese spiegeln aber lediglich subjektiv getönte Wahrnehmungen der Akteure beziehungsweise die Selbstsicht der Männer wider. Untersuchungen, die unter Einbezug männlicher Fachkräfte das tatsächliche Geschehen in pädagogischen Situationen und dessen Beeinflussung durch das Geschlecht der Beteiligten erfassen, sucht man dagegen bislang vergebens. Entsprechend negativ fallen aktuelle Fazits aus, wie etwa das von Aigner und Poscheschnik (2011, S. 5), die den Forschungsstand hinsichtlich Männern in der Frühpädagogik mit einer „Terra incognita" vergleichen.

2010 fand in Innsbruck eine Tagung zum Abschluss des Projektes „elementar" statt, einer Untersuchung über die Ausbildung und Arbeit junger Männer in der Elementarbildung in Österreich. Auf dieser Tagung war auch das deutsche Bundesministerium für Familien, Senioren, Frauen und Jugend (BMFSFJ) vertreten, und Holger Brandes hielt einen Vortrag, in dem er auf den bislang unzureichenden internationalen Forschungsstand hinsichtlich der Wirkung von männlichem Fachpersonal in Kindertageseinrichtungen hinwies (vgl. Brandes 2010).

Dieser Vortrag war Anlass für ein Gespräch, in dem der Gedanke entstand, diese Forschungslücke zumindest bezogen auf Deutschland zu schließen und eine entsprechende Untersuchung durchzuführen. Dabei sollte es nicht um die Frage gehen, ob sich Frauen und Männer generell in ihrem Erziehungsverhalten unterscheiden, sondern es sollte ausdrücklich um mögliche Unterschiede im Verhalten männlicher und weiblicher *Fachkräfte* gegenüber den ihnen anvertrauten Kindern gehen. Außerdem sollte sich diese Untersuchung nicht auf eine Befragung von Fachkräften beschränken, weil belastbare Aussagen über tatsächliches Verhalten nur durch systematische Beobachtungen in Kindertageseinrichtungen zu erwarten sind. Das potentielle Forschungsprojekt sollte als eigenständiger wissenschaftlicher Beitrag das zu diesem Zeitpunkt schon konkret geplante Bundesprogramm „MEHR Männer in Kitas" des BMFSFJ flankieren.

2011 wurde das Bundesprogramm gestartet und es wurden 16 Modellprojekte in 13 Bundesländern gefördert, um praxistaugliche Konzepte und Strategien zur Gewinnung von männlichen Fachkräften zu erproben. Und mit nur geringem Vorlauf wurde vom BMFSFJ die in Innsbruck vorgedachte Untersuchung über das konkrete Erziehungsverhalten männlicher und weiblicher Fachkräfte in Kindertageseinrichtungen in Auftrag gegeben.

Dieses Forschungsprojekt ist dann als eine ‚naturalistische' Studie unter der Kurzbezeichnung „Tandem-Studie" von November 2010 bis Juni 2014 an der Evangelischen Hochschule in Dresden durchgeführt worden. Anspruch und Ziel dieser Untersuchung ist, auf Basis eines methodenkombinierenden Ansatzes mit systematisch durchgeführten Beobachtungen in quasi-experimentellen Settings sowie begleitenden Interviews und Fragebögen differenziert zu untersuchen, ob sich Männer im Bereich professioneller Erziehung in ihrem Umgang mit Kindern von ihren Kolleginnen unterscheiden, ob sie andere Themen und Neigungen der Kinder aufgreifen und ob sich der Gewinn, den Kinder durch mehr Männer in Kitas erfahren, objektivieren und konkretisieren lässt.

Die Tandem-Studie basiert auf einer Stichprobe von letztlich 41 männlichen und 65 weiblichen Fachkräften, die mit Kindern im Alter von drei bis sechs Jahren arbeiten. Die unterschiedliche Zahl männlicher und weiblicher Teilnehmer an der Studie kommt dabei dadurch zustande, dass neben jeweils 41 männlichen und weiblichen Fachkräften, die direkt verglichen wurden, noch zusätzlich eine Kontrollgruppe von 24 miteinander arbeitenden weiblichen Fachkräften einbezogen worden ist.

Das Verhalten dieser pädagogischen Fachkräfte ist in einer quasiexperimentellen Einzelsituation und einer teilstandardisierten Gruppensituation im natürlichen Umfeld Kindertageseinrichtung eingeschätzt worden. Dabei wird zunächst über ein standardisiertes Einschätzungsverfahren (Rating) der videografierten Einzelsituationen ein quantitativer Vergleich hinsichtlich von fünf Verhaltensdimensionen vorgenommen. Außerdem können aufgrund der Vorgabe von multiplem Material Aussagen bezüglich bevorzugter Materialien, der hieraus entstandenen Produkte und aufgegriffenen Thematiken getroffen und in die Auswertung einbezogen werden. In einem zweiten Arbeitsschritt sind qualitative Analysen des Videomaterials der Einzelsituationen vorgenommen worden. Diese ermöglichen es, Schlüsselszenen zu identifizieren, die Hinweise auf ,doing gender' in konkreten Interaktionen lieferten. Hierbei wird auch die Selbstsicht der Beteiligten, wie sie in den zusätzlich geführten Interviews zum Ausdruck kommt, einbezogen.

Die Untersuchung wird komplettiert durch qualitative Analysen der teilstandardisierten Gruppensituationen, in denen nicht nur weitere Aspekte des pädagogischen Verhaltens der Fachkräfte und der Interaktionen zwischen ihnen in den Blick kommen, sondern auch der wechselseitige Wirkungszusammenhang mit der Kindergruppe. Als eine weitere Variable werden Persönlichkeitseigenschaften der in die Untersuchung einbezogenen pädagogischen Fachkräfte mittels standardisiertem Fragebogen erfasst.

Die vielleicht wesentlichste Besonderheit der Tandem-Studie besteht darin, dass nicht einfach zufällig erfasste und voneinander unabhängig tätige männliche und weibliche Fachkräfte verglichen werden, sondern die Stichprobe aus *Tandems* zusammengesetzt ist, also aus Fachkräften, die jeweils zu zweit über längere Zeit in einer Einrichtung und mit einer Kindergruppe zusammenarbeiten. Dieser Rückgriff auf gemischtgeschlechtliche Tandems ist gewählt worden, um zu verhindern, dass die pädagogischen Konzeptionen, sowie generelle Arbeitsbedingungen, die das Verhalten der Fachkräfte vermutlich beeinflussen, den geschlechtsorientierten Vergleich verfälschen. Durch die Tandemkonstruktion sind jedes Konzept und jede Arbeitskonstellation in beiden Teilsamples, den weiblichen wie den männlichen Pädagogen, gleichermaßen vertreten und dadurch in ihrer Wirkung kontrollierbar.

Das BMFSFJ hat Anfang 2015 eine Kurzfassung der Ergebnisse der Tandem-Studie als Broschüre publiziert (vgl. Bundesministerium für Familie, Senioren, Frauen und Jugend 2015). Darüber hinaus sind Teilaspekte der Studie in Vorträgen und Fachzeitschriften vorgestellt worden (vgl. Brandes et al. 2013a, b, c, 2015a, b).

Mit dem vorliegenden Buch wird die Tandem-Studie aber erstmalig in ihrem Aufbau, ihren Instrumenten und ihren Ergebnissen vollständig dokumentiert. Wir halten eine solche Publikation, die auch Untersuchungsinstrumente und Analyseschritte detailliert wiedergibt, für sinnvoll, da nur auf diese Weise die Forschungsergebnisse angemessen eingeschätzt und auch einer kritischen Bewertung unterzogen werden können. Begrenzt zugänglich bleibt lediglich das zugrundliegende Rohmaterial der Videoaufnahmen der pädagogischen Situationen. Diesbezüglich ist es nur möglich, exemplarische Einzelsequenzen in schriftlicher Form (Auszüge aus Transkripten oder Sitzungsprotokollen) wiederzugeben.

In den ersten Kapiteln werden die wichtigsten Argumente in der gegenwärtigen Debatte um mehr Männer in Kitas sowie der bisherige Stand der wissenschaftlichen Forschung zum Faktor Geschlecht in der Erziehung zusammengefasst und kritisch reflektiert. Dabei geht es sowohl um Ergebnisse aus der entwicklungspsychologischen Elternforschung, aber soweit vorhanden auch zum Bereich professioneller Bildung, Betreuung und Erziehung. Es geht aber auch um die Kinder selbst, deren aktiven Beitrag zu den Interaktionen und zur Konstruktion von Geschlecht man leicht unterschätzt.

Im eigentlichen Hauptteil des Buches werden der Aufbau der Tandem-Studie, die zur Anwendung gekommenen Instrumente und Analyseverfahren, sowie die bislang gewonnenen Ergebnisse dargestellt. Dabei steht zuerst die quasiexperimentelle Einzelsituation im Mittelpunkt, die wegen quantifizierter Daten die deutlichsten Aussagen möglich macht und in gewissem Sinne das ‚Herzstück' der Tandem-Studie bildet. Die qualitativen Analysen sowohl der Einzelsituationen als auch der Gruppensituationen sowie die Auswertungen und Interpretationen der Interviewaussagen stellen aber mehr als nur eine Ergänzung der quantifizierten Daten dar. Sie unterstreichen bestimmte Teilergebnisse und liefern zudem mit dem vertieften Blick auf Schlüsselszenen konkrete Hinweise darauf, wie auf subtileren Bedeutungsebenen das Geschlecht der Akteure ins Spiel kommt, wie die Fachkräfte als Rollenvorbilder wirken und welchen Anteil die Kinder selbst an dem Geschehen haben.

Auch wenn die Ergebnisse der Tandem-Studie im statistischen Sinne nicht als repräsentativ gelten können, basieren sie doch auf einer Stichprobe mit einem aussagefähigen Anteil männlichen Fachpersonals. So ergeben sich erstmals empirisch begründete Hinweise darauf, welche Annahmen bezüglich unterschiedlicher Umgangsweisen männlicher und weiblicher Fachkräfte gegenüber Kindern sich bei genauerer Untersuchung bestätigen lassen und welche nicht. Dies dürfte die Diskussion um die Rolle des Geschlechts in der professionellen Erziehung bereichern und zur Versachlichung der Diskussion um Männer in Kitas beitragen.

Ohne an dieser Stelle bereits detailliert auf die Ergebnisse einzugehen, ergibt sich als zentrale Botschaft aus der Tandem-Studie, dass sich die männlichen und weiblichen Fachkräfte der untersuchten Stichprobe hinsichtlich verschiedener Dimensionen der Interaktion und des pädagogischen Umgangs mit Kindern *nicht* unterscheiden. Demnach sind Männer also weder die besseren, noch die schlechteren Fachkräfte. Damit ist das Geschlecht aber noch nicht aus dem Spiel: Lenkt man nämlich den Blick darauf, *was* die Fachkräfte mit den Kindern tun, welche Themen und Materialien sie bevorzugt aufgreifen und zu welchen Aktivitäten und Spielprinzipien sie neigen, werden bemerkenswerte Unterschiede zwischen den Frauen und Männern der Stichprobe deutlich. Darüber hinaus belegen die Ergebnisse der Studie auch, dass das Interaktionsgeschehen durchaus vom Geschlecht der Kinder beeinflusst ist und dass zudem männliche wie weibliche Fachkräfte mit Jungen anders umgehen als mit Mädchen.

Wie diese Ergebnisse im Einzelnen und in ihrem Zusammenhang zu bewerten sind und welche Schlussfolgerungen hieraus gezogen werden können, wird im abschließenden Kapitel des vorliegenden Buches diskutiert. Dort wird dann auch auf die im Buchtitel gestellte Frage, *ob das Geschlecht einen Unterschied macht*, eine (zumindest vorläufige) Antwort gegeben.

Obwohl es zum Zeitpunkt der Erhebung in deutschen Kindertagesstätten bereits etwa 12.000 ausgebildete männliche Fachkräfte gab, bedurfte es eines intensiven Suchprozesses, um Einrichtungen zu finden, in denen nicht nur Männer im Tandem mit Frauen arbeiten, sondern auch die Bereitschaft bestand, sich auf die Teilnahme an einer Studie einzulassen, die Fachkräfte wie Kinder meist einen ganzen Tag in Beschlag genommen hat. Umso mehr haben wir den Teilnehmerinnen und Teilnehmern und auch den Leitungen der beteiligten Einrichtungen zu danken. Ohne sie wäre diese Studie nicht möglich gewesen.

Unmittelbar an der Studie beteiligt waren neben den Autorinnen und Autoren dieses Buches zum einen Studierende der Evangelischen Hochschule Dresden, die als Ratinggruppe über einen Zeitraum von eineinhalb Jahren alle 106 Videoaufzeichnungen der Einzelsituationen gesehen und eingeschätzt haben. Zum anderen haben Forschungspraktikantinnen und -praktikanten insbesondere an der Transkription und Auswertung der Interviews mitgewirkt. Für dieses anhaltende Engagement danken wir Anne Bunge, Kai Diesner, Juliane Höhle, Michel Kusche, Kathleen Neher, Maria Peschel, Anne Riemer, Marco Schurz, Lena Siegel, Benjamin Split und Anne Zacharias.

Danken möchten wir zudem den an ähnlichen Fragestellungen arbeitenden Fachkolleginnen und -kollegen aus Deutschland, Österreich und der Schweiz, die im Rahmen eines Projektworkshops die Konzeption der Studie kritisch diskutiert und sich an einem Pre-Test der Einschätzungsskala beteiligt haben. Ebenso geht unser Dank an die Kolleginnen und Kollegen, die im Kontext der Special Interest Group ‚Gender Balance' der EECERA (European Early Childhood Education Research Association) wichtige Hinweise und Rückmeldungen gegeben haben. Besonderer Dank gilt dabei unserem Kollegen Tim Rohrmann an der Evangelischen Hochschule Dresden sowie

Marina Fuertes, Otília Sousa und ihren Kolleginnen an der Escola Superior da Educaçâo de Lisboa, die in Anlehnung an den methodischen Ansatz der Tandem-Studie derzeit in Portugal eine eigene Stichprobe untersuchen.

Nicht zuletzt geht unser Dank an das BMFSFJ für die Förderung des Forschungsprojektes und hier insbesondere an Dr. Angela Icken, Leiterin des Referats 415 (Gleichstellungspolitik für Jungen und Männer), und ihre Mitarbeiterinnen und Mitarbeiter, ohne deren Engagement diese Studie nicht zustande gekommen wäre.

2 Die Diskussion um Männer in Kitas: Hintergründe, Erwartungen, Kontroversen

2.1 Eine anscheinend „breit akzeptierte Idee"

Vor mehr als vierzig Jahren schrieb Kelvin Seifert, ein amerikanischer Pädagoge, in einem Artikel in der Zeitschrift „child welfare":

„Eltern und Lehrer vertreten oft die Ansicht, dass mehr männliche Pädagogen in Kindertagesstätten gebraucht werden. Die Beweggründe für solche Aussagen sind häufig nicht klar. Eine Person mag meinen, dass kleine Kinder ein männliches Vorbild benötigen; eine anderer, dass besonders kleine Jungen eine bessere Beziehung zu männlichen Pädagogen entwickeln; wieder andere könnten sagen, dass Kinder durch einen männlichen Pädagogen lernen, dass Männer genauso liebevoll und fürsorglich sein können, wie Frauen es sind. Diese Annahmen beruhen kaum einmal auf persönlicher Erfahrung, da es in Vollzeit tätige männliche Kinderbetreuer nahezu nicht gibt. Sie beruhen auch nicht auf objektiven Studien zu Männern in Kindertagesstätten, da solche Studien nicht durchgeführt wurden. Bestenfalls repräsentieren solche Kommentare eine Übertragung von Forschung und Wissen über Männer in anderen Kontexten, insbesondere der Familie, auf Kindertagesstätten. Noch häufiger wird der Bedarf an Männern einfach als selbstverständlich gesetzt. Es scheinen nur wenige Belege für eine so breit akzeptierte Idee erforderlich zu sein." (Seifert 1973, S. 167).[1]

Wüsste man nicht, von wann und woher diese Aussagen stammen – man könnte sie für einen aktuellen Beitrag zur deutschen Diskussion halten, so sehr treffen sie in all ihren Facetten auf die gegenwärtige Situation zu.

Was Seifert in diesem Textausschnitt unter anderem anspricht, ist der zum damaligen Zeitpunkt extrem niedrige Männeranteil unter dem pädagogischen Personal in vorschulischen Einrichtungen in den USA. Statistische Daten hierzu gibt es für die 1970er Jahre nicht, die frühesten sind aus den 1990er Jahren und für diese Zeit liegt der Männeranteil in amerikanischen Kindergärten unter zwei Prozent. Zu seiner Zeit gehörte Seifert als männlicher Pädagoge also zu einer extrem kleinen Minderheit.

Diese Situation hat sich bis heute nicht nur bezogen auf die USA kaum verändert: Für 2010 weist die OECD einen durchschnittlichen Männeranteil von 2,9% auf. In den USA hat der Prozentsatz von Männern in vorschulischen Einrichtungen bis 2012 knapp über zwei Prozent erreicht, in den meisten europäischen Ländern lag er 2010 zwischen einem und drei Prozent, nur Norwegen erreichte mit fast 10% einen deutlich höheren Männeranteil

---

[1] Den Hinweis auf diesen frühen Beitrag zu unserer Thematik verdanken wir Tim Rohrmann, dessen Übersetzung wir hier auch weitgehend folgen.

(OECD 2012). Deutschland erreichte 2010 3,5% und weist für 2014 eine Steigerung auf 4,4% auf (Statistisches Bundesamt 2014). Aber was sagen diese Zahlen aus? Einen Orientierungspunkt hierfür liefern die von der Europäischen Gemeinschaft entwickelten Zielstellungen: 1996 hatte sich das „Netzwerk für Kinderbetreuung der Europäischen Kommission" mit der Frage männlicher Fachkräfte in öffentlichen Kindertageseinrichtungen eingehend befasst und schlussfolgernd einen Männeranteil von 20 Prozent als Ziel vorgegeben (vgl. Netzwerk der Europäischen Kommission für Kinderbetreuung 1996). Diese Zielsetzung sollte innerhalb von zehn Jahren, also bis 2006, erreicht werden. Betrachtet man nun die aktuelleren Zahlen von 2010 beziehungsweise 2014, stellt man fest, dass wir trotz leichter Steigerungen der Prozentzahlen immer noch weit von dieser Zielstellung entfernt sind.

2011 beschäftigte sich die Europäische Kommission deshalb erneut mit der Thematik und mahnt in ihrer Mitteilung zum Bereich der Frühkindlichen Bildung, Betreuung und Erziehung (FBBE):

„Eine besonders wichtige Frage betrifft das Geschlechterverhältnis bei FBBE-Mitarbeitern: Fast alle sind Frauen. Dies wird schon lange mit Besorgnis betrachtet. In einigen Ländern wurden Ziele im Hinblick auf die Beschäftigung von Männern in der FBBE gesetzt, oder man bemühte sich darum, den Beruf neu zu gestalten, um das Problem der unausgewogenen Repräsentation der Geschlechter zu verringern. Es ist dringend erforderlich, in allen EU-Ländern die Laufbahn im FBBE-Sektor für Männer attraktiver zu machen." (Europäische Kommission 2011, S.5).

Die Europäische Kommission argumentiert in der Hauptsache gleichstellungspolitisch und verweist auf die mangelhafte Vergütung, unattraktive Arbeitsbedingungen und das niedrige Niveau der Ausbildung in diesem Bereich als Gründe für den geringen Anteil männlicher Fachkräfte. Dieser Gleichstellungsaspekt ist zweifellos bedeutsam – dies gilt aber auch unabhängig vom Gesichtspunkt der Attraktivität des Berufsfeldes für Männer, insofern hiermit generell die Unterbewertung eines traditionell als „Frauenberuf" klassifizierten Berufes thematisiert ist.

Jenseits von Gleichstellungsaspekten ist aber die viel grundsätzlichere Frage, ob es aus *pädagogischer* Perspektive und *mit Blick auf die Kinder* notwendig ist, dass (mehr) Männer in der Frühpädagogik aktiv sind.

Wenn Seifert es als eine „breit akzeptierte Idee" bezeichnet, dass Männer in Kindertagesstätten arbeiten sollen, begründet er dies mit dem Bezug auf Aussagen von Eltern und Fachkräften. Wie repräsentativ diese damals gewesen sein mögen, wissen wir nicht. Was aber wissen wir mehr als vierzig Jahre später über die Einstellungen und Erwartungen von Eltern und Fachkräften gegenüber männlichen Pädagogen?

Auf Deutschland bezogen ist die aussagekräftigste Untersuchung hinsichtlich Erwartungen gegenüber Männern als pädagogische Fachkräfte in Kindertageseinrichtungen vom BMFSFJ in Auftrag gegeben worden. Michael Cremers, Jens Krabel und Marc Calmbach haben sie 2008/2009 durchgeführt und 2010 publiziert. Befragt wurden dabei 600 Kitaleitungen, 100 Trägervertreter, sowie auch 1000 Eltern mit Kindern im Alter bis sechs Jahre. Diese Befragung ergibt, dass 53% der Eltern und sogar zwei Drittel der Trägerverantwortlichen und Kitaleitungskräfte voll und ganz der Aussage zustimmen: „Männliche Erzieher sind eine Bereicherung für Kinder, da sie andere Angebote, Tätigkeiten und Ideen einbringen als Erzieherinnen" (Cremers et al. 2010, S. 57). Ähnlich ist die Resonanz hinsichtlich der Aussage: „Männliche Erzieher sind wichtig, weil sie Interessen und Sichtweisen haben, die in Kitas zu wenig berücksichtigt werden". Hier stimmen 30% der Eltern voll zu, 48% der Kita-Leitungen und 53% der Trägerverantwortlichen. Bezogen auf das Argument der männlichen Vorbilder insbesondere für Jungen, ergibt die Befragung folgendes Bild: Der Aussage „Jungen brauchen männliche Erzieher in Kitas als Vorbilder" stimmen 33% der Eltern, 62% der Kitaleitungen und 59% der Trägerverantwortlichen zu (ebd.). Dieses sei „für Kinder von alleinerziehenden Müttern" von besonderer Bedeutung, meinen 43% der Eltern und 60 bzw. 61% der professionell Verantwortlichen. Darüber hinaus sind 56% der Eltern und 67 bzw. 69% der Kitaleitungen und Trägerverantwortlichen der Meinung, dass Männer in Kitas einen wichtigen Beitrag dazu leisten, traditionelle Männlichkeitsbilder zu erweitern, indem sie zeigen, „dass sie genauso gut pflegen, trösten und fürsorglich sein können wie Frauen." (ebd.)

Für dieses Meinungsbild spielt eine Rolle, dass in den letzten Jahren vor allem die Jungen als ‚Bedarfsgruppe' wahrgenommen und betont werden: Wurden in den 1970er Jahren in Deutschland noch die Mädchen als Bildungsbenachteiligte identifiziert, sind es in den 1990er Jahren und bis heute die Jungen, die in Statistiken mit relativ schlechteren Bildungsabschlüssen und Verhaltensproblemen auffallen. Nimmt man jetzt noch hinzu, dass die Zahl der alleinerziehenden Elternteile kontinuierlich auf zuletzt über zwei Millionen zugenommen hat und hiervon etwa 85 % alleinerziehende Mütter sind (Statistisches Bundesamt 2015, S.66 ff.), ist naheliegend, hier einen ursächlichen Zusammenhang dergestalt zu vermuten, dass das Fehlen männlicher Bezugspersonen und Vorbilder sich insbesondere auf die Entwicklung von Jungen negativ auswirkt.

Auch in diversen Printmedien wird diese Meinung geteilt: Kinder brauchen für ihre Entwicklung, insbesondere die Ausbildung ihrer Geschlechtsidentität, gleichgeschlechtliche Rollenvorbilder und es fehle besonders an männlichen. Dabei ähneln sich die Schlüsselsätze: „Mädchen und besonders Jungs brauchen auch Männer als Rollenvorbilder, um ihre eigene Identität zu finden." (Braunschweiger Zeitung, 23.11.2008) „Oft fehlen den Kindern nämlich moderne männliche Rollenvorbilder und Bezugspersonen." (Nürnberger Zeitung, 29.6.2012). „In gewissen Situationen haben männliche Erzieher einen anderen Zugang zu den Kindern." (Lausitzer Rundschau,

24.6.2010). Die Westdeutsche Zeitung (19.4.2012) meint, es sei „davon aus-zugehen, dass männliche Bezugspersonen bei immer mehr alleinerziehenden Müttern wichtiger werden." Sie ergänzt dies durch eine Online-Befragung. Auf die Frage, ob es mehr männliche Kita-Erzieher geben sollte, bestätigen dabei 73% der Antwortenden die Aussage: „Ja, die Kinder brauchen auch männliche Rollenvorbilder". Ähnliches lässt sich international registrieren. In Neu Seeland heißt es beispielsweise in einem Magazin für Vater und Kind: „Boys and girls do need male role models, but their fathers alone are not enough." (Father & Child Magazine 19, 2002)

2.2 Früher ging es doch auch ohne Männer

Wenn man heute feststellen kann, dass die Forderung nach (mehr) Männern als frühpädagogische Fachkräfte einen breiten Rückhalt findet, so ist das alles andere als selbstverständlich.

Schließlich war es über Jahrtausende die Regel, dass die Kinderaufzucht und -pflege exklusiv als Aufgaben von Frauen angesehen wurden. Und noch bis weit in das 20. Jahrhundert hinein wurde selbstverständlich davon ausge-gangen, dass Männer keine Bedeutung für die ersten Lebensjahre ihrer Kin-der hätten. Der Beruf der ‚Kindergärtnerin' oder später ‚Erzieherin' war völlig selbstverständlich und unbestritten eine Domäne von Frauen. Noch in den 1970er Jahren, als Seifert seinen oben zitierten Beitrag schrieb, hat zu-mindest in Europa kaum jemand männliche Pädagogen in Kitas erwartet oder gefordert.

Dabei ist Seifert keineswegs der erste, der einen Bedarf an Männern als Fachkräfte in Kindertageseinrichtungen thematisiert hat.

Geht man zurück in die Anfangsphase der Kindertageseinrichtungen, ist bemerkenswert, dass bereits Friedrich Fröbel, der Begründer des weltweit zum Vorbild gewordenen ‚Kindergarten', seinerzeit keineswegs nur Frauen als Fachpersonal im Auge hatte. Als er 1839 seine Konzeption zur Ausbil-dung des pädagogischen Personals entwarf, dachte er vielmehr zuerst an „gebildete junge Männer" und erst in zweiter Linie an „später auch wohl Jungfrauen", die „zu echten Pflegern und Pflegerinnen der Kindheit herange-bildet" werden sollten (Fröbel 1982, S. 186). Dass er dabei insbesondere auf (männliche) „Candidaten des Predigt- und Schulamtes", setzte, dürfte daher rühren, dass er seinen Kindergarten vornehmlich als *Bildungseinrichtung* verstand und ihm ursprünglich vorschwebte, angehende Lehrer durch Kurse für die Arbeit mit jüngeren Kindern zu qualifizieren. Aber schon in den ers-ten Kursen, die Fröbel noch selbst durchführte, waren die Männer in der Minderheit (vgl. Hebenstreit 2003, S. 443ff.), und entgegen seiner ursprünglichen Intention wenden sich die später entstehenden Ausbildungsinstitutionen zunehmend und dann ausschließlich an Frauen.

Diese Entwicklung dürfte damit zu tun haben, dass mit Verbreitung der Kindertagesstätten diese von Seiten der staatlichen Instanzen in erster Linie als *Betreuungseinrichtungen* verstanden wurden und der Bildungsanspruch, den Fröbel verfolgte, zu dieser Zeit nur sehr begrenzt zum Tragen kam. Nicht zufällig wird später in Deutschland der Kindergarten nicht dem Schulsystem angegliedert, sondern im Reichsjugendwohlfahrtsgesetz (RJWG) als Teil der Kinder- und Jugendhilfe verankert. Noch heute sind in vielen Bundesländern die Sozialministerien und nicht die Bildungsministerien für den Bereich der Kindertageseinrichtungen zuständig.

Insofern setzt sich die von Fröbel intendierte Kopplung früher Erziehung an das bis ins 20. Jahrhundert vornehmlich Männern vorbehaltene Lehramt nicht durch.

Darüber hinaus dürfte für das geringe Interesse von Männern an der Tätigkeit in Kindertageseinrichtungen eine Rolle spielen, dass die sich immer weiter ausbreitende Industrialisierung sowie Kriegseinflüsse im 19. und 20. Jahrhundert dazu führten, dass das in der Gesellschaft herrschende Männlichkeitsideal auf berufliche und militärische Dimensionen verengt und Väterlichkeit weitgehend auf die Funktion als Familienernährer reduziert wurden. Der Vater trat zwar „de jure seiner Frau, seinen Kindern und den Hausbediensteten als politische Obrigkeit, als Richter und als Stellvertreter Gottes auf Erden" gegenüber (Mies 1987, 26), für die ersten Entwicklungsjahre seiner Kinder hat man ihm aber bestenfalls eine Nebenrolle zugeschrieben. Fürsorge und Erziehung wurden deshalb vornehmlich als weibliche Aufgabe verstanden, und so kommt insbesondere die vorschulische Erziehung zuerst einmal unbestritten und fest in Frauenhand.

Bezogen auf beide Aspekte, die Funktion von Kindertageseinrichtungen wie auch das Verständnis von Männlichkeit und Väterlichkeit, hat sich aber in den letzten Jahrzehnten ein fundamentaler Einstellungswandel vollzogen. Dieser dürfte dazu beigetragen haben, dass sich in breiten Kreisen der Bevölkerung und bis in überstaatliche Institutionen das Bewusstsein für ein Problem entwickelt hat, das vorher als solches nicht gesehen wurde.

Dabei ist es insbesondere der Blick auf die Väter und ihre Rolle für die Frühentwicklung ihrer Kinder, der sich seit den 1990er Jahren zunehmend verändert. Hintergrund hierfür sind veränderte Arbeits- und Lebensbedingungen und der Einfluss der Frauenbewegung in den westlichen Industrienationen, die dazu führen, dass qualifizierte Berufstätigkeit von Frauen und Müttern zur Normalität wird und traditionelle Geschlechtsrollenbilder und Familienmodelle unter Druck geraten.

Dieser Einstellungswandel ist für den deutschen Sprachraum durch einer Reihe von repräsentativen Befragungen gut dokumentiert: So zeigen die beiden „Brigitte"-Studien von Helge Pross (1978) sowie Sigrid Metz-Göckel und Ursula Müller (1986), dass die überwiegende Mehrheit der Befragten in den 1970er und 1980er Jahren noch an einem traditionellen männlichen Selbstbild festhält, dessen Kern der erfolgreiche Berufsmann ist und das wenig Neigung zur Übernahme der Betreuung jüngerer Kinder erkennen lässt:

„Männer bestehen unerschütterlich auf der Unersetzbarkeit der Mutter und damit, so müssen wir folgern, auf ihrer eigenen Entlastung von der Kinderbetreuungsarbeit... Die Gretchenfragen im Verhältnis der Geschlechter lautet also: Wie hältst Du's mit den kleinen Kindern." (Metz-Göckel & Müller 1986, 88f.)

In der Folgezeit ist es dann insbesondere Paul Zulehner, der mit mehreren repräsentativen Befragungen einen deutlichen Einstellungswandel belegt (Zulehner & Slama 1994; Zulehner & Volz 1998; Zulehner 2003; Zulehner & Volz 2009): Traditionelle Einstellungen, deren Kern die Auffassung ist, dass der Mann für die finanzielle Versorgung der Familie zuständig sei und im Beruf seine Erfüllung finde, während Haushalt und Kinder Sache der Frau seien, nehmen danach zwischen 1992 und 2008 in Deutschland und Österreich kontinuierlich ab. 1998 finden Zulehner und Volz ein derartiges Einstellungsprofil nur noch bei 20% der Männer und dann zumeist bei älteren Befragten. 2009 ist es in der ursprünglichen Form fast überhaupt nicht mehr anzutreffen. Im gleichen Maße nimmt die Verbreitung eines modernen, partnerschaftlichen Männlichkeitsmodells zu, bei dem sich der Mann mit seiner möglichst berufstätigen Frau den Haushalt teilt, es als Bereicherung ansieht, sich in der Betreuung seiner kleinen Kinder zu engagieren und es zumindest nicht mehr ablehnt, nach Geburt des Kindes zeitweilig in Elternzeit zu gehen. 1998 sind es ungefähr ein Fünftel der männlichen Befragten und dabei zumeist die jüngeren Männer, die sich entsprechend äußern.

Im gleichen Zeitraum verändert sich in Deutschland die faktische Inanspruchnahme bezahlter Elternzeit nach Geburt des Kindes. Waren es nach der alten und finanziell ungünstigen Regelung (dem sog. „Elternurlaub") bis 2006 lediglich durchschnittlich zwischen 1,8% und 3,5% der Väter, die sich hierfür entschieden, ist seit der Reform des Elterngeldes 2007 der Anteil der Männer, die dieses anteilig für mindestens zwei Monate in Anspruch nimmt, kontinuierlich von zuerst 8,5% (2. Quartal 2007) auf zuletzt 29,3% (2013) gestiegen (Statistisches Bundesamt 2014, S.27).

Dieses sind deutliche Hinweise darauf, dass sich bezogen auf Väterlichkeit in breiten Kreisen der Bevölkerung ein fundamentaler Einstellungswandel vollzogen hat: Väter werden immer weniger als Familienernährer begriffen, die hinsichtlich der Erziehung ihrer Kinder erst ins Spiel kommen, wenn es um Regelsetzungen und Sanktionen geht oder die Kinder älter sind. Das heute dominierende Bild vom Vater ist zunehmend das des ‚spielenden Vaters', von dem erwartet wird, dass er sich bereits in den ersten Lebensjahren seines Kindes engagiert, einfühlsam auf dieses eingeht und auf dessen frühe geistige und emotionale Entwicklung Einfluss nimmt.

Zur Vervollständigung des Bildes gehört, dass etwa zeitgleich mit diesem Einstellungswandel von Entwicklungspsychologie und Gehirnforschung zunehmend überzeugende Belege für die Existenz und Bedeutung frühester Bildungsprozesse von Kindern geliefert wurden (vgl. Dornes 1993, Stern 1996, Singer 2002, Spitzer 2002, Laewen & Andres 2002). Dies führt dazu, dass weltweit größeres Augenmerk auf die vorschulische Bildung gerichtet wird und auch in Deutschland Kindertageseinrichtungen nicht mehr nur unter Betreuungsaspekten wahrgenommen, sondern explizit als Bildungseinrichtungen definiert werden.[2] Diese bildungspolitische Akzentverlagerung trägt dazu bei, dass die Rolle und Bedeutung von Männern auch bezogen auf professionelle Erziehung zunehmend in den Fokus der Aufmerksamkeit kommt.

Was hier bezogen auf Deutschland stichpunktartig als Hintergrund skizziert ist, macht verständlich, warum der geringe Männeranteil an Fachkräften in Kindertageseinrichtungen seit Ende der 1990er Jahre mehr und mehr als Problem wahrgenommen wird. In erster Linie ist dies eine Konsequenz aus veränderten Arbeits- und Lebensbedingungen der Menschen sowie hierdurch bedingt veränderten Einstellungen im Geschlechterverhältnis und zur Vaterschaft, aber auch die Aufwertung von Kindertagesstätten zu Bildungseinrichtungen trägt einen Teil hierzu bei.

Dass dieser Prozess aber keineswegs gradlinig und widerspruchsfrei verläuft, zeigt sich daran, dass es trotz politischer Impulse und medialer Resonanz bislang kaum gelingt, in relevantem Ausmaß Männer für eine Tätigkeit im frühpädagogischen Bereich zu gewinnen. Dies dürfte zum einen an den von der Europäischen Kommission kritisierten beruflichen Rahmenbedingungen liegen. Zum anderen könnten es aber auch Nachwirkungen traditioneller Geschlechterklischees sein, die bewirken, dass Männern die Entscheidung für eine Berufstätigkeit in Kindertageseinrichtungen häufig noch fern liegt. Zumindest gibt es Hinweise darauf, dass diejenigen, die sich für eine solche Tätigkeit interessieren oder entscheiden, auch derzeit noch Gefahr laufen, in ihrem Umfeld diskriminiert zu werden – entweder, weil ihnen unterstellt wird, keinen für Männer „richtigen Beruf" zu finden oder gar keine „richtigen Männer" zu sein (vgl. Aigner & Rohrmann 2012 und Rohrmann 2014).

---

[2] 2005 wurde im Kinder- und Jugendhilfegesetz eine Reformulierung und neue Gewichtung des Erziehungs- und Bildungsbegriffs vorgenommen und in allen Bundesländern wurden sukzessive verbindliche Bildungspläne für die pädagogische Arbeit in Kindertageseinrichtungen entwickelt und verabschiedet.

2.3 „Terra incognita"

Sowohl vonseiten staatlicher und überstaatlicher Organisationen wie auch vonseiten pädagogischer Fachkräfte, Einrichtungsträger und Eltern ist die Forderung nach männlichen Pädagogen in Kindertagesstätten vor allem mit zwei Erwartungen verbunden: Zum einen erhofft man sich eine größere Vielfalt im pädagogischen Alltag, wobei unterstellt wird, dass Männer anders mit Kindern umgehen als Frauen und andere Lern- und Spielangebote machen. Zum anderen wird darauf verwiesen, dass männliche Fachkräfte als Rollenvorbilder und Identifikationsangebote dienen können, wobei besonders bezogen auf Jungen ein diesbezüglicher Bedarf betont wird.

Beiden Argumentationen kommt auf den ersten Blick eine hohe Plausibilität zu. Plausibilität geht aber nicht selten auf Vorurteile zurück, die einer objektiven und genaueren Prüfung nicht immer standhalten. Dies gilt gerade dann, wenn die allgegenwärtige, aber zumeist diffus wirkende Dimension des Geschlechts im Spiel ist. Befragungen sind hier nur begrenzt hilfreich, weil sie zuerst einmal nur etwas über die Befragten und deren subjektive Sicht aussagen und wenig darüber, ob sich die erwarteten Effekte – in diesem Fall durch Männer in Kitas – in der Realität auch wirklich bestätigen. Will man der Gefahr entgehen, eventuell unbedacht neuen Vorurteilen aufzusitzen und nur einem ‚Zeitgeist' zu folgen, sind systematische und differenzierte Untersuchungen unverzichtbar, die darüber Aufschluss geben können, ob sich Männer und Frauen im Umgang mit Kindern tatsächlich unterscheiden und vor allem, ob sich dies auch für den professionellen Handlungskontext öffentlicher Erziehung belegen lässt.

Bereits Kelvin Seifert hatte seinerzeit mit kritischem Unterton angemerkt, dass häufig „der Bedarf an Männern einfach als selbstverständlich gesetzt" wird und diese „breit akzeptierte Idee" nur „wenig Belege" erfordere. Und man muss feststellen, dass sich hieran seit den siebziger Jahren und der Wortmeldung von Seifert kaum etwas geändert hat. Nach wie vor gibt es national wie international kaum Untersuchungen darüber, ob und wie sich männliche und weibliche Fachkräfte in Kindertageseinrichtungen in ihrem konkreten pädagogischen Verhalten unterscheiden. Tim Rohrmann hat diesbezüglich detaillierte Analysen durchgeführt, unter anderem 2009 für das Deutsche Jugendinstitut. Vor diesem Hintergrund lautet sein Resümee:

„Ob sich durch die Arbeit von männlichen Pädagogen etwas in der Praxis der Elementarpädagogik verändert, wurde bislang kaum durch empirische Studien untersucht" (Rohrmann 2011, S. 34).

Ähnlich sehen es Joseph Aigner und Gerd Poscheschnik, die die Thematik von Männern in der Frühpädagogik hinsichtlich des Forschungsstandes mit einer „Terra incognita" vergleichen und konstatieren:

„… bisher weiß man nämlich weder über männliche Erzieher noch über ihre Bedeutung für Kinder allzu viel. Der Mangel an männlichen Erziehern spiegelt sich also auch in einem Mangel an wissenschaftlichen Untersuchungen zu diesem Thema wider" (Aigner & Poscheschnik 2011, S. 5).

Dieses Forschungsdefizit hinsichtlich der Bedeutung und Auswirkung von männlichem Personal in Kindertageseinrichtungen ist wenig verwunderlich. Aufgrund der geringen Präsenz von Männern in der Frühpädagogik war über lange Zeit auch in der Forschung das Geschlecht der Akteure kein Thema, das sich für dieses Handlungsfeld aufgedrängt hätte. Wie in den 1970er Jahren, als Seifert seinen Artikel schrieb, beziehen bis heute die allermeisten Studien zur Rolle des pädagogischen Personals und seiner Wirkung auf die Kinder unhinterfragt nur weibliche Fachkräfte ein. Falls Geschlecht überhaupt in den Blick genommen wird, dann mit Perspektive auf das Geschlecht der Kinder, also hinsichtlich unterschiedlicher Umgangsweisen gegenüber Mädchen und Jungen.

Nicht in den Blick gekommen ist damit auch die Frage nach geschlechtlichen Rollenvorbildern. Beispielsweise ist nie systematisch hinterfragt und untersucht worden, welche Form von Weiblichkeit Erzieherinnen eigentlich repräsentieren und gegenüber Kindern ins Spiel bringen. Insofern ist es durchaus bemerkenswert, dass mit der Diskussion um Männer in Kitas die Frage geschlechtlicher Rollenvorbilder überhaupt erst in den Fokus der Aufmerksamkeit tritt.

Auch dieser thematische Aspekt findet sich schon in dem oben zitierten Beitrag von Kelvin Seifert, insofern er auf möglicherweise widersprüchliche Rollenerwartungen hinweist. Ähnliche Äußerungen finden sich aber auch in der gegenwärtigen Diskussion. Beispielsweise schreibt Charlie Owen von der Universität London:

„Wie auch immer, es ist nicht immer klar, welche Rollenvorbilder Männer darstellen sollen. Geht es einfach darum, dass Kinder Zeit sowohl mit Männern wie mit Frauen verbringen? Es damit gemeint, dass männliche Rollenvorbilder dem stereotypen Männerbild entgegen wirken sollen, indem sie zeigen, dass Männer eine fürsorgliche Seite haben? Oder ist es, dass Männer einer exklusiv weibliche Umgebung stereotype männliche Eigenschaften entgegenstellen sollen?" (Owen 2003, o.S.)[3]

Ähnliche Fragen formuliert auch Claire Cameron, die sich in England seit Jahren mit der Frage von Männern als Fachpersonal in der Frühpädagogik befasst:

„Welche Rollen sollen männliche Pädagogen darstellen und wofür? Sind sie ein Vaterersatz, ein guter Freund, ein Spielkamerad oder eine mehr spezifische Quelle familiärer oder ethnischer Identifikation?" (Cameron 2006, S. 75).

---

[3] Sofern nicht anders ausgewiesen, sind fremdsprachige Zitate von uns ins Deutsche übersetzt worden.

Diese kritischen Nachfragen hinsichtlich der Diskussionen um das geschlechtliche Rollenvorbild und Selbstverständnis der Akteure im frühpädagogischen Feld könnten noch ergänzt werden:

Es besteht nämlich das noch grundsätzlichere Problem einer unzureichenden theoretischen Untersetzung der Vorstellung vom ‚Lernen am Rollenvorbild'. Wir reden zwar häufig und wie selbstverständlich über Rollenvorbilder, wir wissen aber streng genommen nur wenig darüber, welche Bedeutung sie beispielsweise für die Entwicklung der Geschlechtsidentität von Kindern haben und wie sie in alltäglichen Interaktionen zwischen Erwachsenen und Kindern zur Wirkung kommen. Die simple Modellvorstellung, dass entwicklungsrelevante Lernprozesse darauf beruhen, dass Kinder schlicht das Verhalten erwachsener Personen nachahmen, hat jedenfalls der empirischen Überprüfung nicht immer standgehalten. Deshalb auch hat Alfred Bandura, der Begründer der sozialkognitiven Theorie des ‚Modelllernens', sein ursprüngliches Modell inzwischen relativiert und bezogen auf geschlechtliche Entwicklung einen wesentlich komplexeren theoretischen Erklärungsansatz entwickelt (vgl. Bussey/Bandura 1992, 1999).

Auch diesbezüglich sind weitergehende empirische Forschungen notwendig, die hinsichtlich der Frage nach der Rolle pädagogischer Fachkräfte beide Geschlechter einbeziehen und mit Blick auf die konkreten alltäglichen Interaktionen mit Kindern untersuchen müssten (vgl. Kapitel 4.5).

3 Suchen wir Geschlechtsunterschiede oder finden wir sie? Fallstricke vergleichender Geschlechterforschung

3.1 Kontroversen um vergleichende Geschlechterforschung

Es ist keineswegs einfach zu bestimmen, welchen Einfluss das Geschlecht von Bezugspersonen auf die Entwicklung von Kindern hat und inwieweit sich Männer und Frauen dahingehend unterscheiden, wie sie mit Kindern umgehen und diese erziehen. Die Annahme, dass es einen Unterschied macht, ob sich ein Mann oder eine Frau mit einem Kind beschäftigt, ist zwar plausibel und wird im Alltag auch häufig als unzweifelhaft unterstellt – diese Alltagsplausibilität hat aber offenbar ihre Tücken.

Die Schwierigkeiten beginnen strenggenommen schon bei der Frage, was wir eigentlich meinen, wenn wir von ‚Männern‘ oder ‚Frauen‘ sprechen. Was im Sinne einer alltagsweltlichen Geschlechterklassifikation selbstverständlich und wenig zweifelhaft erscheint, nämlich die Unterscheidung von Mann und Frau anhand anatomischer Merkmale und insbesondere primärer und sekundärer Geschlechtsorgane vorzunehmen, stellt sich zumindest aus der Perspektive einiger Strömungen der Geschlechterforschung keineswegs als so eindeutig dar.

In der radikalen Variante einer konstruktivistischen Auffassung von Geschlecht ist bereits unsere Vorstellung von einer fraglos gegebenen anatomischen Zweigeschlechtlichkeit Ergebnis sozialer Konstruktion und mithin nur eine von mehreren möglichen Interpretationen der Anatomie.

Damit wird die alltagsweltliche Unterscheidung von Männern und Frauen problematisch und wir müssen uns fragen, woher wir eigentlich wissen, ob eine Person ‚Mann‘ oder ‚Frau‘ ist. Am deutlichsten wird diese Auffassung von Judith Butler (1991a, b) vertreten, die nicht nur das soziale Geschlecht, sondern bereits den Körper und damit das biologische Geschlecht als diskursiv hervorgebracht, also als Produkt von *Sprache*, denkt.

Aus Butlers Perspektive ist die anatomische Faktizität unerheblich für die gesellschaftliche Konstruktion von Geschlecht und kann deshalb analytisch vernachlässigt werden.[4] Letztlich wird die Geschlechtszuordnung damit als

---

[4] Hierfür wird auch angeführt, dass der anatomische Unterschied nicht so eindeutig sei, wie unterstellt. Es gibt Kulturen, die mehr als zwei Geschlechter unterscheiden und auch in unserer Kultur finden wir Individuen, bei denen die Zuordnung zu einem anatomischen Geschlecht bei Geburt strittig ist oder die anhaltend das Gefühl haben, im ‚falschen‘ Körper zu sein und deshalb eine Geschlechtsumwandlung anstreben oder realisieren. Die Häufigkeit derartiger Inter- und Transsexualität ist zwar nur gering und wird zumeist auf eine Größenordnung von unter 0,1% und weniger geschätzt (Olyslager & Conway 2007), aber das Phänomen ist unstrittig.

unabhängig von der Anatomie gedacht, weil der Körper prinzipiell jeden möglichen kulturellen Stil ausagieren könne – ohne Begrenzung durch seine natürliche Struktur. In letzter Konsequenz wird damit das Geschlecht „wählbar", und es sind lediglich die gesellschaftlichen Konventionen, die die Wahlmöglichkeit auf das binäre Muster von männlich-weiblich reduzieren:

„Wenn wir den Körper als kulturelle Situation akzeptieren, erscheint die Annahme eines natürlichen Körpers, mehr noch, eines natürlichen ‚Sexes' zunehmend suspekt. Die Grenzen des Geschlechts, die Bandbreite der Möglichkeiten für eine gelebte Interpretation sexuell differenzierter Anatomie scheinen weniger von der Anatomie selbst bestimmt zu sein, sondern vielmehr vom Gewicht kultureller Institutionen, die per Konvention die Anatomie interpretiert haben" (Butler 1991b, S. 64).

Aus einer solchen theoretischen Perspektive ist von vornherein jeglicher Vergleich der Verhaltensweisen von Männern und Frauen verdächtig, letztlich nur zu bestätigen, was zuvor als binäre Klassifikation vorausgesetzt wurde. So sind beispielsweise für Stefan Hirschauer (2001) bereits der Geschlechtervergleich und das Suchen nach Geschlechtsunterschieden nichts anderes als eine „kulturell elementare Gebrauchsweise der Geschlechterdifferenz" und deshalb problematisch:

„Das sozialwissenschaftliche Finden von ‚Geschlechtsunterschieden' gehört dabei zu den kulturell elementaren Gebrauchsweisen der Geschlechterdifferenz. ‚Die Geschlechter zu vergleichen' ist eine hochgradig selbstverständliche Ethno-Methode, die auch Kinder, Biologinnen, Ehepaare und Lehrer verwenden. Sie besteht darin, kulturellen Sinn aus sozialen Kategorien zu gewinnen, indem man empirische Differenzen zwischen dem findet, was man zuvor kategorial differenzierte. Der Befund eines ‚Unterschiedes' bestätigt die vollzogene Unterscheidung, indem er sie nachträglich mit Sinn ausstattet" (Hirschauer 2001, S. 213).

Implizit wird damit generell unterstellt, dass derjenige, der gezielt genug sucht, doch nur findet, was seine Suche bestätigt. Damit wären aber nicht nur die Befunde vergleichender Geschlechterforschung fragwürdig, sondern genauso ließe sich diese Argumentation auf Hirschauers eigenen Forschungsgegenstand, die Trans- und Intersexualität, beziehen. Konsequent zu Ende gedacht bleibt dann nur die Schlussfolgerung, wegen des Verdachts der Vorbelastung durch kategoriale Setzungen auf *jegliche* Geschlechterforschung und die empirische Überprüfung von Theorien zu verzichten.

Dessen ungeachtet verweisen derartige kritische Einwürfe aber auf ein grundsätzliches und kaum von der Hand zu weisendes Problem von Geschlechterforschung. Und dieses besteht darin, dass die forschungsstrategische Ausrichtung auf *Unterschiede* zumindest mit der Gefahr verbunden ist, Differenzbefunde zu überschätzen und die Komplexität von Bedingungskontexten zu unterschätzen. Durch Vorurteile nahegelegte Zuschreibungen als ‚typisch' männlich oder weiblich erweisen sich nämlich nicht nur im Alltagsleben als äußerst wirksam und veränderungsresistent, sie beeinflussen auch Wissenschaftlerinnen und Wissenschaftler und wirken als unterschwellige

Verführung zur Interpretation von Befunden im Sinne alltagstheoretischer (Vor-)Annahmen. Dies findet sich insbesondere dann, wenn Untersuchungen auf einer „atheoretischen Forschungsstrategie" (Alfermann 2005) basieren und lediglich männliche und weibliche Personen verglichen werden, ohne dass intervenierende Variable in Betracht gezogen werden. Beispiele hierfür findet man in Vergleichsstudien zum Verhalten von Müttern und Vätern, die sowohl den Einfluss familiärer Arbeitsteilung wie auch systemische Effekte einer Abstimmung zwischen den Elternteilen unberücksichtigt lassen (vgl. Tamis-LeMonda 2004, Lamb 1997b).

Letztlich geht es deshalb forschungsstrategisch nicht um die Alternative, ob man mit Hilfe empirischer Forschung nach Geschlechtsunterschieden sucht oder nicht, sondern darum, *auf welcher theoretischen Grundlage* diese Forschung konzipiert und deren Ergebnisse interpretiert werden.

3.2 Geschlecht, Körper und Gesellschaft

Alltagspsychologisch betrachten wir gemeinhin das Verhalten von Männern und Frauen aus der Sicht eines mehr oder minder bewussten *Eigenschafts-konzeptes*: Wir schreiben Männern oder Frauen generalisierend bestimmte Eigenschaften zu. Meist beginnen solche Sätze mit: „Männer sind..." oder „Frauen sind..." In der positiven Variante etwa sind Männer angeblich ratio-naler, abgrenzungsfähiger, strukturierter, leistungsfähiger, bessere Autofahrer und können besser mit Technik umgehen. Frauen dagegen sind angeblich bindungsfähiger, emotionaler, fürsorglicher, weniger leistungsfixiert und können besser mit älteren Menschen und kleinen Kindern umgehen, etc.

Bei diesem Denkmuster wird etwas *in* den Personen vorausgesetzt, was als ursprünglich, relativ konstant und mit dem biologischen Geschlecht in Verbindung stehend gedacht wird. Dabei wirkt es aus heutiger Perspektive fast schon skurril, derart assoziativ biologisch zu argumentieren, wie es bei-spielsweise 1957 Gustav Graber mit Bezug auf den Gegensatz von Eizelle und Samenzelle versuchte:

„Zum Unterschied von der weiblichen Eizelle, die ihre Rundform und damit ihren ausge-sprochen konservativen, wenig spannungsgeladenen und passiven Charakter beibehält, drängt die Samenzelle auf Wanderung, ja Auswanderung, auf Angreifen, Bewegen, Aktivi-tät und zeigt damit bereits die typisch männlichen Verhaltensweisen, während die weibli-che Eizelle nicht nur in ihrer Rundform verharrt, sondern auch an ihrem Ort: sie zeigt damit ebenfalls bereits das typisch weibliche Verhalten" (Graber 1957, S. 49).

Heute wird niemand mehr ernsthaft auf eine solche Argumentation zurück-greifen. Eher schon auf evolutionsbiologische Theorien, die damit argumen-tieren, dass Männer bereits in Urgesellschaften die Jäger und Krieger und

Frauen die Sammlerinnen und Hüterinnen von Haus und Kindern waren. In vergleichbaren Stammeskulturen wachsen die Kinder in ihren ersten Lebensjahren noch heute häufig ausschließlich im Umfeld der Frauen auf, strikt getrennt von der Welt der Männer. Erst ab der Pubertät und zumeist nach Durchlaufen eines Initiationsritus werden in diesen Kulturen dann die Jungen in den Kreis der Männer aufgenommen (vgl. Lipp 1990).

Diese Praxis interpretieren evolutionsbiologisch argumentierende Fachbeiträge (vgl. Bischof-Köhler 2006, 2010) als Beleg für eine biologische Verankerung unterschiedlicher Dispositionen von Männern und Frauen hinsichtlich des Umgangs mit Kindern: Aufgrund ihrer weiblichen Biologie seien Frauen für die Aufzucht kleiner Kinder prädestiniert und Männer eben nicht. In die Diskussion um Männer in Kitas hat zuletzt Heidemarie Keller auf dieses Argumentationsmuster zurück gegriffen:

„Die Evolution hat unterschiedliche Prädispositionen von Männern und Frauen begünstigt […]. Kleine Kinder, Mädchen wie Jungen, werden seit Menschengedenken und in allen Kulturen primär von Frauen erzogen. Selbst in stark geschlechtersegregierten Kulturen beginnt eine ‚geschlechterbewusste Pädagogik‘ (Jungen wechseln in die Männerwelt) erst in der Vorpubertät. Männer sind dort in den ersten 10 Lebensjahren im Alltag der Kinder kaum präsent. Wäre nicht die Menschheit längst ausgestorben, wenn diese Sachlage defizitär wäre und/oder Defizite produzieren würde?" (Keller 2015, S. 49).

Dass sich derartige theoretische Sichtweisen sowohl im Alltagsdenken als auch in Teilen der Psychologie und Geschlechterforschung mit so erstaunlicher Hartnäckigkeit halten, dürfte damit zusammenhängen, dass sie unserem herkömmlichen Denken in Substanzen und linearen Ursachenzuschreibungen entgegenkommen. Zudem scheint nichts so beruhigend zu sein wie die Gewissheit, dass wir Handlungs- und Bewegungsformen von Individuen auf Ursachen zurückführen können, die aufgrund ihrer Verankerung in der Biologie oder einer evolutionären Entwicklung über Jahrtausende als unveränderbar gelten können.

Dabei haben bereits in den 1930er und 1940ern Jahren die von Margret Mead (1985) durchgeführten ethnologischen Feldforschungen über Geschlecht und Temperament die Überzeugung erschüttert, dass Männlichkeit und Weiblichkeit kulturunabhängige, ahistorische Wesensmerkmale sind, nur determiniert durch die anatomische Unterschiedlichkeit. Diese ethnologischen Untersuchungen sind ein wichtiger Ausgangspunkt gewesen für die in den 1970er Jahren einsetzende interdisziplinäre Geschlechterforschung und die sie prägende Unterscheidung zwischen dem biologischen Geschlecht (‚sexus‘) und dem sozialen Geschlecht (‚gender‘). Dabei hat sich in der weiteren Entwicklung dieser Geschlechterforschung immer mehr die Erkenntnis durchgesetzt, dass die Unterscheidung von sex und gender nicht dahingehend zu verstehen ist, dass das soziale Geschlecht nur auf den biologischen ‚Sexus‘ aufsattelt und sich in ‚Rollenhandeln‘ erschöpft. Vielmehr sind die Körper selbst,

„insofern sie als Klassifikationsmerkmal fungieren, integraler Bestandteil eines kulturellen Bedeutungszusammenhangs [...]. Sie können nicht an sich, sondern nur in und gewissermaßen für diesen Rahmen zum Gegenstand gemacht werden" (Lindemann 1993, S. 45).

Mit dieser Erkenntnis ist aber die *physische Qualität des Körperlichen* nicht aus dem Spiel. Denn genauso wenig, wie es eine vorsoziale, von gesellschaftlichen Interpretationen unabhängige Körperlichkeit gibt, kommen Gesellschaften darum herum, dem menschlichen Körper und den anatomischen Unterschieden als physischer Realität Rechnung zu tragen und diese zu interpretieren. Nur wenn man, wie etwa Judith Butler, die soziale Wahrnehmung des Körpers und den Umgang mit ihm auf die Dimension von Sprache und Text reduziert, kann man diese physische Realität als unerheblich einschätzen.[5] Sobald man den Blick aber öffnet auf *soziale Praxis* als ein breites Spektrum unmittelbaren und immer auch körperlichen *Handelns der Individuen,* sieht es anders aus: Dann schließen Erfahrung und Praxis nämlich den Körper und alle seine sinnlichen Qualitäten zwingend mit ein. Ryvan (ursprünglich Robert) Connell drückt dies pointiert so aus:

„Es gibt eine nicht reduzierbare körperliche Dimension in Erfahrung und Praxis; der Schweiß kann nicht außer Acht gelassen werden" (Connell 1999, S. 71).

Der Körper spielt aber nicht nur unmittelbar in fast alle Formen sozialer Praxis hinein. Insofern diese Praxen immer in soziale Bedeutungskontexte eingebunden sind, wirken sie auch auf den Körper und dessen Wahrnehmung zurück. Um bei Connells Beispiel zu bleiben: Selbst Schweiß ist nicht bedeutungsneutral und kann je nach Kontext, in dem er auftritt, sehr unterschiedlich wahrgenommen und interpretiert werden. Deshalb kommt aus der Perspektive auf praktisches Handeln der Körper nicht nur als Arbeitsmittel in den Blick, sondern auch als soziales Ausdrucksmittel, wobei insbesondere in Körperhaltung und Geste die soziale Bedeutungsdimension unmittelbar mit der Körperlichkeit zusammenfällt.

Folgt man dem französischen Soziologen und Ethnologen Pierre Bourdieu (1997), nutzen die ‚soziale Welt' bzw. ‚die Gesellschaft' den Körper und seine anatomischen Unterschiede, indem sie die fundamentalsten Kategorien der Weltsicht und der sozialen Ordnung an ihm festmachen und zu-

---

[5] In diesem Zusammenhang ist die Kritik innerhalb der feministischen Diskussion an Butler bemerkenswert: Isabell Lorey macht ihre kritische Positionierung daran fest, dass es für Butler „keinen möglichen Bezug auf eine Materialität des Körpers außerhalb seiner geschlechtlich differenzierten Bedeutung" gebe (Lorey 1993, S. 15). „Damit wird der Körper zum Text. Da es nichts außerhalb des sprachlichen Zeichensystems (Butler 1991) gibt, ist der Körper nichts außerhalb seiner Textualisierung" (ebd.). Barbara Duden geht noch einen Schritt weiter, indem sie Butler die „Entkörperlichung der Frau" vorwirft und demgegenüber auf der Unmittelbarkeit der sinnlichen Dimension der Kategorie Geschlecht beharrt: „Stimme hat für mein Ohr immer Klang. Aus der Stimme klingt immer ein Mann oder eine Frau: beim ‚ich'-Sagen braucht keine Stimme das Geschlecht anzugeben, denn es klingt aus dem gesprochenen ‚ich'. Deshalb erschrecke ich, wenn hier ein stimmloser, stummer Diskurs, also reiner Text zur Grundlage des Wissens über Frauen gemacht wird" (Duden 1993, S. 26).

gleich in ihn einprägen. Bourdieu verdeutlicht am Beispiel der kabylischen Gesellschaft, wie die physische Realität der Leibbeschaffenheit sowohl Vorbild symbolischer Klassifizierungen ist, wie auch umgekehrt der Körper nicht unabhängig von wertenden Zuordnungen wahrgenommen wird. Letztlich ist es die „Homologie der Räume" (Bourdieu 1987), also die wechselseitige Entsprechung der sozialen und räumlichen Strukturierung der Gesellschaft mit der Sichtweise auf Körper und Geschlecht, die die praktische Wirksamkeit der sozialen Kategorisierungen bedingt:

„Der Gegensatz zwischen der zentrifugalen männlichen und der zentripetalen weiblichen Orientierung, Grundlage des Hausinneren, ist sicher auch Grundlage des Verhältnisses der beiden Geschlechter zu ihrem Leib oder genauer zu ihrer Sexualität" (Bourdieu 1987, S. 143).

Fast unbegrenzt lassen sich hierfür Beispiele finden bis zur Wahrnehmung des eigenen Körpers, bei der Männer sich eher über ‚zu kleine‘ Körperteile oder überhaupt eine zu geringe Größe sorgen, während Frauen über ‚zu große‘ Körperregionen beunruhigt sind. Und nicht zuletzt betrifft dies auch die Art und Weise, sich seinem Geschlecht entsprechend ‚ehrenhaft‘ oder ‚tugendhaft‘ zu bewegen:

„Der Mannhafte, der ohne Umwege stracks aufs Ziel zugeht, ist auch der, welcher ohne schiefe Blicke, Worte, Gesten, tückische Schachzüge jedem die Stirn bietet und ins Gesicht blickt, der zu ihm kommt oder auf den er zugeht; stets hellwach, weil stets gefährdet, läßt er sich nichts entgehen, was um ihn herum geschieht [...] Dagegen erwartet man von der gesitteten Frau [...], daß sie leicht vornübergebeugt daherschreitet, mit niedergeschlagenen Augen, sich dabei vor jeder unschicklichen Gebärde, Körper-, Kopf- und Armbewegung hütend" (Bourdieu 1987, S. 130).

Aus dieser Perspektive betrachtet ist der Körper folglich sowohl Vorbild für unsere Wahrnehmung der sozialen Welt, wie er zugleich selbst nie unabhängig von den Kategorisierungen des Sozialen wahrgenommen werden kann. Und dieser unmittelbar körperlich-soziale Zusammenhang ist nicht nur effektiver als jede Wertevermittlung über Sprache, sondern er gewinnt seine Wirkkraft gerade dadurch, dass er weitgehend dem rationalen Diskurs und der willkürlichen Aushandlung entzogen ist:

„Nichts erscheint unaussprechlicher, unkommunizierbarer, unersetzlicher, unnachahmlicher und dadurch kostbarer als die einverleibten, zu Körper gemachten Werte" (Bourdieu 1976, S. 200).

Die durch Bourdieu nahegelegte Perspektive auf den symbolischen Zusammenhang von Körperlichkeit und Sozialem und dessen Bedeutung für die Interpretation und Wahrnehmung von Geschlecht lässt sich ergänzen durch *interaktionistische* Ansätze der Geschlechterforschung. Hier ist es insbesondere der von Candace West und Don Zimmermann (1987) geprägte Begriff des „*doing gender*", der die Fachdiskussion in den letzten Jahren bestimmt hat. West und Zimmermann bezeichnen damit die Tatsache, dass ‚Geschlecht' insofern aktiv hergestellt wird, als unter Bedingungen geschlechtlicher Arbeitsteilung durch bestimmte Tätigkeiten immer auch eine geschlechtliche Zuordnung ausgedrückt wird. Dieser Ansatz fokussiert mithin darauf, dass durch kulturelle Inszenierungspraktiken im alltäglichen Handeln Geschlecht ausgedrückt und letztlich auch konstruiert wird. Bei bestimmten Praktiken wie Sportarten oder anderen Freizeitaktivitäten ist dies ziemlich evident: Genauso, wie Motorsport, Boxen, Rugby oder amerikanischer ‚football' deutliche Züge einer Inszenierung von Männlichkeit aufweisen,[6] kann man beispielsweise in rhythmischer Sportgymnastik oder Aktivitäten wie ‚shopping' Inszenierungen von Weiblichkeit aufspüren. Ebenso kann man die Annahme nachvollziehen, dass Männer sich beispielsweise bei körperlich anstrengenden Tätigkeiten, seien es Reifenwechsel, Hausbau oder Umzugsaktionen, zugleich auch in ihrer Männlichkeit bestätigen, während Frauen ihre Weiblichkeit eher bei Tätigkeiten zum Ausdruck bringen, die beispielsweise Körperpflege oder die Dekoration des Hauses zum Gegenstand haben.[7]

Umstritten ist aber, ob ‚doing gender' als eine Art permanente Inszenierung unausweichlich ist, oder ob es auch „undoing gender" (Hirschauer 1994) gibt, also Praxen, in der das Geschlecht keine oder nur eine untergeordnete Rolle spielt. Uneinigkeit besteht auch dahingehend, woran in der Bewertung alltäglichen Handels dieses ‚doing gender' eigentlich festgemacht werden kann:

„Bis heute ist allerdings nicht ganz klar, welche Dimensionen des kommunikativen Handelns als ‚doing' gefasst werden sollen. So wird beispielsweise unzureichend unterschieden zwischen Aktivitäten im Fokus der Aufmerksamkeit und Habitualisierungen, die nurmehr im Hintergrund des Handelns der Menschen mitlaufen" (Kotthoff 2002, S. 2).

---

[6] Was bezogen auf amerikanischen ‚football' unzweideutig ist, gilt für die europäische Variante des Fußballs nur noch eingeschränkt, insofern sich hier in den letzten Jahren auch Frauenfußball etablieren konnte. In diesem Zusammenhang ist eine interessante Randnotiz, dass Fußball gemeinsame Wurzeln mit Rugby hat. Für die Etablierung von zwei unterschiedlichen Ballsportarten spielte eine wesentliche Rolle, dass die Verfechter eines körperbetonteren Spiels in den 1863 beschlossenen Regeln der ersten Football Association die Gefahr sahen, ihr Sport könnte mit dem Verbot gezielten „hackings" (vors Schienbein treten) „entmännlicht" werden und deshalb einen eigenen (Rugby-)Verband gründeten (vgl. Dunning, S. 40ff.).

[7] Obwohl Bourdieu nicht von ‚doing gender' spricht, lässt sich auch seine Charakterisierung der Versammlungsorte für Männer und Frauen in der Kabylei leicht hierauf beziehen: Die weibliche Welt sei „die Welt des Geheimnisses, der geschlossene Raum des Hauses im Gegensatz zum Draußen, zu der offenen Welt des Versammlungsplatzes (thajma'th), die den Männern vorbehalten ist... Auf der einen Seite das Geheimnis der Intimität, die durch das Schamgefühl verschleiert wird, auf der anderen Seite der offene Raum der gesellschaftlichen Beziehungen, des politischen und religiösen Lebens; auf der einen Seite die Sinne und das Gefühlsleben, auf der anderen Seite die Beziehungen von Mann zu Mann, der Dialog, die Austauschbeziehungen" (Bourdieu 1976, S.35ff.). Was der Versammlungsplatz für die Männer bedeute, sei für die Frauen der Kabylei der Brunnen: „Dort werden Nachrichten ausgetauscht, dort wird miteinander geschwatzt, und zwar hauptsächlich über alle intimen Angelegenheiten, von denen die Männer untereinander niemals sprechen würden, ohne sich zu entehren, von denen sie also durch ihre Frauen erfahren" (Bourdieu 1976, S.37).

Bezogen auf die Kriterien für die Diagnose eines ‚doing gender‘ wird folglich noch kontrovers diskutiert, ob die geschlechtliche Dimension des Tuns unzweideutig symbolisch und intentional in den Vordergrund treten muss, oder ob es hinreichend ist, dass diese in Nuancen der Stilisierung des Handeln, die den Akteuren selbst zumeist nicht bewusst sind, zum Ausdruck kommt. Ungeachtet dieses noch bestehenden Klärungsbedarfs spricht insgesamt viel dafür, dass es die Strukturierung sozialer Praxis ist, die mit ihrer Zuweisung sozialer Räume und fundamentaler Funktionen das Verhältnis der Geschlechter zueinander bedingt und eine bestimmte Interpretation des Geschlechtsunterschieds nahe legt: Je bedeutsamer und rigider dabei die Trennung zwischen häuslicher und öffentlicher Sphäre sind, desto mehr werden Männlichkeit und Weiblichkeit als gegensätzlich verstanden und umso länger verbleiben beispielsweise auch die Kinder im weiblich definierten häuslichen Raum. Je egalitärer dagegen das Geschlechterverhältnis interpretiert wird, desto mehr durchmischen sich männlich und weiblich definierte Räume und werden Grenzen durchlässiger zwischen Zuständigkeitsbereichen und Verantwortlichkeiten (beispielsweise auch hinsichtlich der Betreuung der Kinder).

Betrachtet man in diesem Sinne den Zusammenhang zwischen Körper und Gesellschaft ausgehend von der *sozialen Praxis* und deren Strukturierung, wird deutlich, dass der oben angeführten evolutionsbiologischen Argumentation die differenzierende Perspektive darauf fehlt, dass für die meisten Stammeskulturen der als Gegensatz verstandene Geschlechterunterschied und mit ihm die alle Lebensbereiche durchziehende Separierung von Männer- und Frauenwelt geradezu konstituierend sind, während die Geschlechtergrenzen in moderne Gesellschaften durchlässiger und entsprechende Separierungen dysfunktional geworden sind.

Darüber hinaus ist bezogen auf moderne und noch mehr sogenannte „post-moderne" Gesellschaften (vgl. Beck 1986) zudem zu berücksichtigen, dass selbst innerhalb einer gegebenen Gesellschaft Männer wie auch Frauen keine homogenen Gruppen darstellen. Innerhalb beider Geschlechtergruppen haben wir es nicht nur mit individuellen Unterschieden zu tun, sondern auch mit milieuabhängig unterschiedlichen Formen von Männlichkeit und Weiblichkeit. Soziologische Studien belegen die „feinen Unterschiede" (Bourdieu 1982) zwischen den sozialen Deutungsmustern von Männlichkeit und Weiblichkeit in unterschiedlichen sozialen Milieus und Alterskohorten (vgl. Brandes 2002, Meuser 2006). Mit den Worten von Connell wäre es deshalb ein „Abstieg ins Absurde", würde man „über Männlichkeit (und Weiblichkeit, d. Verf.) als ein und dasselbe Wesen quer durch die Unterschiede von Ort und Zeit [...] reden" (Connell 1995, S. 30).

Gegenüber generalisierenden Aussagen ist also Vorsicht angebracht: Weder gibt es ‚die Männer‘ oder ‚die Frauen‘, noch gibt es ‚typisch männliches‘ oder ‚typisch weibliches‘ Verhalten in quasi Reinform – immer ist dieses spezifisch geprägt durch besondere individuelle Erfahrungen, soziale Milieus, kulturelle Traditionen und im Falle professionellen Handelns vermutlich auch durch Ausbildung und berufliche Prägung.

Aus dem Kriminalroman „Clouds of witness" von Dorothy L. Sayers (1955) stammt der fast schon legendäre Satz, „dass Fakten wie Kühe sind. Sieht man sie scharf genug an, laufen sie normalerweise weg". Und ergänzend könnte man darauf hinweisen, dass zumindest Kühe wieder zurückkommen, sobald man sich umdreht.

Der von Sayers nahegelegte Vergleich dürfte auf kaum etwas so gut zutreffen wie auf Verhaltensweisen und Einstellungen von Männern und Frauen, die als geschlechtstypisch klassifiziert werden. Macht man sich nämlich die Mühe, als ‚typisch männlich' oder ‚typisch weiblich' wahrgenommene Verhaltensweisen genauer und in ihrem jeweiligen Kontext zu betrachten, erweisen sich derartige Zuschreibungen häufig als nicht belegbar und in hohem Maße willkürlich.

Zwar spricht einiges dafür, dass Geschlechtlichkeit aufgrund der Omnipräsenz der Körper in vielfältiger Weise und auch unablässig im alltäglichen Umgang der Menschen untereinander und auch in der Erziehung von Kindern präsent ist. Aber sie wirkt doch offenbar zumeist eher diffus und unterschwellig und ist den handelnden Akteuren selbst auch kaum bewusst und der kritischen Reflexion nur begrenzt zugängig. Insofern lässt sich die faktische Auswirkung des Geschlechts auf soziale Interaktionen und Prozesse nur schwer präzise erfassen und jegliche Interpretation von Differenzbefunden muss gegenüber der unkontrollierten Wirkung von Vorurteilen abgesichert werden. Aus der Vorurteilsforschung ist bekannt, dass Vorannahmen im alltagsweltlichen Handeln zu Wahrnehmungsverzerrungen und Urteilsfehlern führen, insofern bestätigende Erfahrungen überbewertet und konträre Erfahrungen eher ignoriert werden. Gerade weil Vorstellungen von ‚typisch männlichem' oder ‚typisch weiblichem' Verhalten eine so hohe Evidenz aufweisen und als Erwartungshaltungen in Kopf und Körper aller Akteure verankert sind, ist besonders vergleichende Geschlechterforschung der Gefahr ausgesetzt, Unterschiedsbefunde zu überschätzen und gegenläufige Befunde zu unterschätzen.

Jedenfalls zeigt sich, dass viele Annahmen über geschlechtstypische Unterschiede umso weniger zu bestätigen sind, je differenzierter die Untersuchungen werden und je besser man intervenierende Variable kontrolliert. Dies bestätigt beispielsweise die profilierte Geschlechterforscherin Carol Hagemann-White, wenn sie bezogen auf ihre Untersuchungen von Verhaltensweisen und Einstellungen von Männern und Frauen scheibt:

„Je genauer ich bestimme und eingrenze, was das Geschlechtsbezogene sein soll, desto größer die Wahrscheinlichkeit, dass ich das Element auch bei Angehörigen des anderen Geschlechts vorfinde" (Hagemann-White 1993, S. 75).

Überblicksarbeiten und Metaanalysen zur bisherigen empirischen Vergleichs-forschung zu geschlechtsabhängigen Verhaltensunterschieden bestätigen diese Forschungserfahrung von Hagemann-White. So schließt Ursula Lehr schon 1984 aus ihrer Analyse der Resultate einschlägiger Forschungen:

Diese „zwingen zur Korrektur zahlreicher Vorstellungen über ‚typisch männliche' und ‚typisch weibliche' Eigenschaften und kennzeichnet diese als Resultat überlieferter Stereo-typien bzw. bestimmter gesellschaftlich verankerter Rollenvorstellungen, die das Erzie-hungsverhalten beeinflussen" (Lehr 1984, S. 268).

Zwei Jahrzehnte später kommt Dorothee Alfermann in einem Überblick über Vergleichsstudien und diesbezügliche Metaanalysen zu dem Ergebnis, dass zu verschiedenen Fähigkeiten, Interessen, Einstellungen, Haltungen und Verhaltensweisen

„erheblich mehr Befunde vorliegen, die keine oder geringe Geschlechtsunterschiede auf-weisen als mittlere und hohe" (Alfermann 2005, S. 310).

Darüber hinaus spiegelt sich ihrer Ansicht nach in der Gesamtschau über die Befundlage insofern über die Zeit eine deutliche Veränderung und Anglei-chung der Geschlechtsrollen und ihrer subjektiven Wahrnehmung wider, als sich

„in manchen Bereichen epochal über die vergangenen Jahrzehnte eine Verringerung der Geschlechtsunterschiede [zeigt], etwa in Intelligenz, Sexualität, (Non-)Konformität und beruflichen Werten, so dass Frauen und Männer in diesen Merkmalen einander ähnlicher geworden sind" (ebd.).

Bestätigt werden diese Einschätzungen auch durch die amerikanische Ent-wicklungspsychologin Eleanor Maccoby, die ebenfalls feststellt, dass unter dem Gesichtspunkt individueller Unterschiede durchgeführte Vergleiche zumeist keine oder nur geringe Geschlechtsdifferenzen zutage fördern. Wo dennoch stabile Verhaltensunterschiede zwischen Männern und Frauen zu beobachten sind, hält sie diese für in hohem Maße „vom Gruppenkontext abhängig" und stellt deshalb die These auf, dass die Geschlechterdifferenzie-rung „nur im Entwicklungskontext erklärt werden kann" (Maccoby 2000, S. 22).

Vor dem Hintergrund derartiger Metaanalysen und Überblicksarbeiten liegt es also durchaus nahe, Verhaltensunterschiede zwischen Männern und Frauen im Sinne von Dorothy Sayers mit ‚scheuen Kühen' vergleichen: So-bald man genauer hinsieht, verflüchtigen sie sich. Aber sie kommen auch wieder zurück: In fast jeder Statistik, die Männer und Frauen differenziert ausweist, finden sich entsprechende Differenzen, ob es Bildungsabschlüsse und Schulnoten sind, die Neigung zu bestimmten Ausbildungen oder Studi-engängen oder auch die Bevorzugung von Fernsehsendungen, Zeitschriften und Freizeitbeschäftigungen.

3.3 Anforderungen an eine Vergleichsforschung zu männlichen und weiblichen Fachkräften

In den hier dargestellten Kontroversen um vergleichende Geschlechterforschung deutet sich an, dass Geschlecht als eine Kategorie an der Nahtstelle von Gesellschaftlichkeit und Körperlichkeit komplexe theoretische Probleme aufwirft. Dabei spricht einiges dafür, dass gerade angesichts der Allgegenwart alltagstheoretischer Stereotype empirische Untersuchungen zur Abklärung kontroverser theoretischer Annahmen unverzichtbar sind. Entsprechende Forschung muss aber Vorsorge treffen, nicht Ergebnisse zu produzieren, die lediglich bestätigen, was unreflektierte Vorannahmen nahelegen.

Im Sinne einer derartigen ‚Vorsorge' lassen sich bei Abwägung der oben genannten Argumente einige Standards formulieren, an denen sich unseres Erachtens vergleichende Geschlechterforschung messen lassen muss.

Als erstes ist dies der Anspruch an eine solche Forschung, dass sie sich der eigenen theoretischen Ausgangspositionen und Vorannahmen vergewissert und vor allem, dass sie diese transparent macht. Hierzu gehören auch die präzise Formulierung von Forschungsfragen und die Definition der Untersuchungspopulation. Dabei ist gegenüber einer Ausrichtung auf ‚Eigenschaften' als Fragefokus Skepsis angebracht. Der Eigenschaftsbegriff suggeriert eine letztlich biologisch begründete Differenz, der gegenüber aus verschiedenen theoretischen Perspektiven der Geschlechterforschung erhebliche und zum Teil gut begründete Einwände bestehen.

Auch eine bloße Gegenüberstellung von ‚Männern' und ‚Frauen' ist insofern als problematisch anzusehen, weil sie die Pluralität von Männlichkeits- und Weiblichkeitsdeutungen ignoriert, die selbst innerhalb einer gegebenen Gesellschaft bestehen. Vermutlich kann man deshalb bestenfalls Verhaltensunterschiede gesichert erfassen, die sich zwischen Teilpopulationen von Männern und Frauen in einem bestimmten Kontext und zu einem bestimmten Zeitpunkt zeigen.

Außerdem ist nach möglichen intervenierenden Variablen zu fragen, also nach Faktoren, die neben dem Geschlecht Einfluss auf Verhaltensmerkmale haben und geschlechtsbezogene Untersuchungsergebnisse gegebenenfalls auch verzerren könnten. Untersucht man Männer und Frauen in einem Kontext, in dem sie sich wechselseitig beeinflussen und ein gemeinsames System konstituieren (beispielsweise eine Familie), sollte die Untersuchungsmethode auch diesem systemischen Faktor Rechnung tragen.

Bei der Bewertung von Befunden vergleichender Geschlechterforschung ist davon auszugehen, dass die zum Gegenstand der Forschung gemachten Personen nur bedingt verlässliche Aussagen zur geschlechtlichen Bedeutungsdimension ihres Handelns machen können. Deshalb ist die Aussagekraft von Studien, die lediglich auf Befragungen oder Interviews beruhen, grundsätzlich begrenzt. Auch hinsichtlich der in der Geschlechterforschung noch strittigen Frage, an welchen Kriterien ‚doing gender' festzumachen ist, spielt eine Rolle, dass den Akteuren die geschlechtliche Konnotationen ihres Handelns häufig nicht bewusst sind. Insofern spricht einiges dafür, ‚doing gender' nicht im Sinne einer engen Definition nur an expliziter und unzweideutiger Symbolik oder intentionalem Handeln festzumachen.

Es ist aber auch in Rechnung zu stellen, dass die Forschenden selbst in ihrer subjektiven Wahrnehmung durch Geschlechtsstereotype beeinflusst sind. Folglich sind sie gefordert, sich der Verführung bewusst zu sein, das beobachtete Handeln aus der forschenden Außenperspektive über Gebühr zu ‚vergeschlechtlichen' und Befunde, die mit der eigenen Alltagswahrnehmung und dem eigenen Körpergefühl übereinstimmen, vorschnell im Sinne von ‚typisch männlich' oder ‚typisch weiblich' zu interpretieren.

4 Der bisherige Forschungsstand zum Einfluss des Geschlechts auf Erziehung

Wenn hinsichtlich der Diskussion um Männer in Kindertageseinrichtungen ein Forschungsdefizit beklagt wird, so heißt das keineswegs, dass es bislang überhaupt keine Forschungen zum Zusammenhang von Geschlecht und Erziehung gegeben hätte und diesbezüglich quasi vom Nullpunkt anzufangen wäre. Auch wenn im engeren Sinne zu Männern im professionellen pädagogischen Kontext kaum Untersuchungen vorliegen, hat es doch in den letzten drei Jahrzehnten vielfältige Bemühungen gegeben, zumindest Teilaspekte des komplexen Zusammenhangs von Geschlecht und Erziehung aufzuhellen.

Im Folgenden soll der gegenwärtige Stand dieser Forschungen im Überblick dargestellt und hinsichtlich inzwischen gesicherter Erkenntnisse wie auch offener Fragen eingeschätzt werden. Dabei wird es zunächst und aufgrund der Forschungslage ausführlicher um die Frage gehen, ob und wie sich Männer und Frauen in ihren Rollen als Väter und Mütter unterschiedlich gegenüber Kindern verhalten und inwieweit welche Auswirkungen dies auf die kindliche Entwicklung hat. Die auf Eltern bezogenen Forschungsergebnisse lassen sich aber nur sehr eingeschränkt auf professionelles Erziehungsverhalten übertragen. Deshalb wird anschließend zusammengetragen und ausgewertet, was bisher an Forschungsansätzen zur Bedeutung des Geschlechts für das Geschehen in Kindertageseinrichtungen vorliegt. Abschließend erfolgt ein Blick auf die Kinder selbst und unser Wissen über ihre Rolle als Mitakteure der Geschlechtskonstruktion.

4.1 Die Biologie macht nicht den Unterschied

Wie weiter oben bereits ausgeführt (vgl. Kapitel 2.2), kommt der Annahme, dass Frauen biologisch bedingt über eine besondere Prädisposition zum Umgang mit Kleinkindern verfügen, eine hohe Überzeugungskraft zu. Im Alltagsverständnis ist aufgrund des anatomischen Unterschieds zwischen Männern und Frauen nie zweifelhaft gewesen, dass Mütter die ‚natürlichen' Bezugspersonen in den ersten Lebensjahren der Kinder sind. Sowohl die Tatsache, dass die Kinder im Leib der Mutter heranreifen, wie auch die exklusive Stillfähigkeit von Frauen sprechen für eine besondere und enge Mutter-Kind-Beziehung, der gegenüber der Vater zuerst einmal randständig erscheint. Entsprechend war es bis weit über die Mitte des 20. Jahrhunderts selbstverständlich, den Müttern nicht nur die Verantwortung für die Pflege und Erziehung der Kinder zu übertragen, sondern ihnen auch entsprechende, letztlich als naturbedingt angesehene Kompetenzen zuzusprechen. Wurde überhaupt die Rolle des Vaters für Entwicklung und Erziehung des Kindes thematisiert, dachte man deshalb ausschließlich oder zumindest in erster Linie an das ältere Kind.

Was für das Alltagsverständnis gilt, findet sich auch in den Wissenschaften, insbesondere Psychologie und Pädagogik, wieder: Auch hier wurde bis weit in die 1980er Jahre bezogen auf jüngere Kinder selbstverständlich und unhinterfragt zumeist nur an die Beziehung der Mutter zum Kind gedacht. Beispielhaft hierfür ist die Position Sigmund Freuds, nach dessen Auffassung der Vater erst mit der ödipalen Phase, also im vierten bis fünften Lebensjahr des Kindes, für dessen Entwicklung wird. Dabei wird einem patriarchalen Familienmodell folgend die Bedeutung des Vaters vornehmlich in der Vermittlung gesellschaftlicher Werte und der Moral gesehen – die Identifikation des Kindes mit ihm wird als Voraussetzung für die Herausbildung des Über-Ichs gedacht. Wie lange diese Auffassung in der Psychoanalyse nachwirkt, kann man exemplarisch an der prominenten französischen Psychoanalytikerin Françoise Dolto festmachen, die noch 1988 schreibt:

„... dass ein Vater sich um sein Kind, solange es ein Baby ist, nicht kümmert, ist völlig normal: es ist keine Aufgabe für einen Mann" (zit. n. Le Camus 2001, S.19).

Seitdem hat sich nicht nur in der Psychoanalyse, sondern generell in der Entwicklungspsychologie aber ein Paradigmenwechsel vollzogen, der eine veränderte Perspektive auf die Bedingungen und Erfordernisse frühkindlicher Entwicklung ermöglicht und ein rasantes Anwachsen systematischer Forschungen in diesem Bereich bewirkte.

Wichtigster Ausgangspunkt hierfür sind die Untersuchungen von John Bowlby (1975 und 1976) und Mary Ainsworth (1967) zum menschlichen Bindungsverhalten. Anschließend an die Arbeiten des Psychologen und Ethologen Harry Harlowe relativierten sie die noch von Sigmund Freud geteilte Fixierung auf körperliche Pflege und Stillen. Sie begründeten die theoretische Auffassung, dass es ein fundamentales und bereits biologisch angelegtes Bedürfnis von Kindern nach *sozialer* Bindung gibt, dessen Befriedigung nicht nur für die emotionale und soziale Entwicklung von höchster Bedeutung ist, sondern auch das Explorationsverhalten des Kindes und damit dessen kognitive Entwicklung wesentlich beeinflusst. Durch die hieran anschließenden experimentellen Untersuchungen rückten Parameter wie Kontaktfähigkeit und Feinfühligkeit der Erwachsenen, die zumindest prinzipiell auch Vätern nicht abzusprechen sind, in den Mittelpunkt der Aufmerksamkeit. Die bis dahin in Psychologie und Psychoanalyse dominante Überzeugung, dass es eine biologische Prädisposition von Frauen und Müttern für die Kleinkindziehung gäbe, wurde damit grundsätzlich relativiert.

Inzwischen gibt es eine Vielzahl belastbarer empirischer Belege (vgl. Lamb 1997a; Day & Lamb 2004) dafür, dass die aufgrund von Schwangerschaft und Stillfähigkeit größere biologische Nähe der Mutter zum Kind nicht automatisch zu einer höheren Fähigkeit zur Betreuung und Versorgung kleiner Kinder führt. Vielmehr erweist sich, dass Fürsorge und Erziehung von beiden Eltern im Alltag quasi ‚on the job' gelernt werden. Zwar zeigen häufig Mütter eine höhere Sensibilität und Reaktionsbereitschaft in Bezug auf das Schreien ihrer Säuglinge, dies lässt sich aber darauf zurückführen, dass sie schlicht mehr Umgang mit diesen haben (vgl. Lamb 1997b, Day & Lamb 2004).

Auch Untersuchungen, die zu verschiedenen Aspekten der ‚intuitiven Elternschaft' durchgeführt wurden, beispielsweise zur Anwendung der sogenannten ‚Babysprache' und der kommunikativen Mimik gegenüber Säuglingen, haben keine relevanten geschlechtsspezifischen Unterschiede belegen können (Papousek & Papousek 1995). Man geht zwar durchaus davon aus, dass diese Fähigkeiten eine biologische Grundlegung (im Sinne eines angelegten Programms) besitzen, ein Unterschied zwischen Männern und Frauen lässt sich hierbei aber nicht nachweisen. Deshalb sieht es der französische Psychologe Jean Le Camus als belegt an, dass die Kommunikation zwischen Eltern und Kleinkind

„auf der Grundlage von Merkmalen stattfindet, die vom Elternstatus des Gegenüber unabhängig sind. Mutter und Vater stellen sich beinahe auf gleiche Weise auf das Entwicklungsniveau des Babys ein: auf gleiche Weise sprechen sie auf einem hohen Tonregister und auf gleiche Art reden sie mit ihm in vereinfachter Sprache" (Le Camus 2001, S. 58).

Noch grundsätzlicher äußert sich der amerikanische Entwicklungspsychologe Michel Lamb, der aus über 20 Jahren entwicklungspsychologischer Forschung den Schluss zieht, dass Väter und Mütter ihre Kinder eher in ähnlicher Weise beeinflussen, als dass deutliche geschlechtsspezifische Unterschiede nachzuweisen sind. Er sieht eindeutige Hinweise darauf, dass

„elterliche Wärme, Fürsorge und Nähe unabhängig vom Geschlecht der Eltern verbunden sind mit positiven Effekten auf Seiten des Kindes. Die wichtigsten Dimensionen elterlichen Einflusses sind also solche, die generell mit Eigenschaften der Eltern zu tun haben und weniger mit geschlechtsabhängigen Charakteristika" (Lamb 1997b, S. 13).

Nach diesen Ergebnissen spricht also einiges für die Annahme, dass die anatomische Differenz der Körper und damit das biologische Geschlecht der Eltern *an sich* für die Entwicklung der Kinder nur eine geringe bzw. kaum nachweisbare Rolle spielt. Zwar besteht eine spezifische und exklusive körperliche Nähe zwischen Mutter und Kleinkind (besonders hinsichtlich des Stillens), deren Bedeutung für die psychische Entwicklung des Kindes wird aber mit der Akzentsetzung auf Parameter wie ‚elterliche Wärme' oder ‚Einfühlungsvermögen' erheblich relativiert.

Damit wird nicht zwingend unterstellt, dass sich Väter und Mütter in ihrem Verhalten gegenüber ihren Kindern nicht unterscheiden würden. Nur wird insbesondere durch den bindungstheoretischen Ansatz und die hierauf fußenden Forschungen die Überzeugung entkräftet, dass mögliche Unterschiede primär und direkt durch die Biologie und die anatomische Differenz bedingt und ein für allemal festgelegt sind. Der Untersuchungsfokus verschiebt sich jetzt deutlich mehr auf die Varianzen, die *innerhalb* der Gruppen der Mütter beziehungsweise Väter deutlich werden und wie diese sich auf die kindliche Entwicklung auswirken. Dabei belegen die experimentellen Ergebnisse der Bindungsforschung, dass sich Mütter hinsichtlich ihres Bindungsverhaltens und der Feinfühligkeit, mit der sie auf ihre Kinder reagieren, erheblich unterscheiden können. Aufseiten der Kinder führt dies zur Ausbildung charakteristisch unterschiedlicher Bindungsmuster. Entsprechende Unterschiede zeigen sich auch auf Seiten der Väter in ihrem Spielverhalten mit den Kindern. Durch eine Erweiterung ihres Untersuchungsansatzes um spezielle Interviews mit den Eltern (Adult Attachement Interviews, vgl. Main et al. 1985) kann die Bindungsforschung diese Unterschiede in der Feinfühligkeit der Mütter oder im Spielverhalten der Väter auf die jeweiligen biographischen Hintergründe der Eltern und die von ihnen selbst erfahrene Feinfühligkeit zurück führen. Auf jeden Fall gibt es keinen belastbaren Hinweis auf die Wirkung eines relevanten biologischen Faktors.

4.2 Trotzdem unterscheiden sich Mütter und Väter

Ungeachtet dessen, dass sich keine Belege dafür finden lassen, dass das *biologische* Geschlecht einen Unterschied im Verhalten von Müttern und Vätern gegenüber ihren Kindern begründet, finden sich in einer ganzen Reihe entwicklungspsychologischer Untersuchungen im Detail dann doch wieder Verhaltensunterschiede zwischen Müttern und Vätern im Umgang mit ihren Kindern.

So gibt es bezogen auf den sogenannten vorsprachlichen Bereich Hinweise darauf, dass Kinder bereits in den ersten Monaten mit zwei teilweise unterschiedlichen nonverbalen Kommunikationsweisen konfrontiert sind. Mütter scheinen mehr die visuelle, regulierende Stimulation des Säuglings zu bevorzugen, Väter stärker die taktile und kinästhetische, anregende Stimulation. Die Interaktion von Babys mit ihren Vätern wird als im Unterschied zu den Müttern stärker rhythmisches Geschehen mit ausgeprägten Höhepunkten und längeren Phasen beschrieben (vgl. Brazelton & Cramer 1994). Le Camus (2001, S. 98) spricht vom tonisch-emotionalen Dialog von Mutter und Kind im Unterschied zum mehr phasisch-motorischen Dialog zwischen Vater und Kind. Und Michel Lamb stellt fest, dass amerikanische Väter „zu mehr körperlicher Stimulation und unvorhersehbarem Spiel" tendieren als Mütter (Lamb 2002, S. 101).

Kommen die Kinder in das Sprechalter (zwischen 1,5 und 2 Jahren), stellen einige Studien weitere Unterschiede fest: Väter sind direktiver und ihr Sprachcode weist häufiger Handlungsaufforderungen auf, während Mütter öfter expressive Botschaften, die eine Emotion beschreiben, benutzen (vgl. Le Camus 2001, S. 62). Allen und Daly (2007) verweisen auf Untersuchungen, die zeigen, dass Väter mehr W-Fragen (Warum? Wieso? Weshalb?) stellen als Mütter. Väter scheinen gegenüber kleinen Kindern auch dazu zu neigen, „weniger vertraute Wörter zu verwenden als die, welche im Grundmuster der Sprechweise von Müttern vorkommen" (Le Camus 2001, S. 59). Väter würden sich folglich in der Begriffswahl weniger dem Kind anpassen und auch ungewöhnlichere Worte benutzen, weshalb Le Camus sie als die für das Kind „schwierigeren Gesprächspartner" bezeichnet. Dies sieht er durchaus positiv:

„Wegen ihrer höheren Forderungen wirken Väter als ‚sprachliche Brücke' zwischen der frühen dyadischen Sprache und der späteren polyadischen (d.h. mit mehreren Gesprächspartnern), wie es im gesellschaftlichen Umfeld der Fall ist" (Le Camus 2001, S. 60).

Es gibt zumindest vereinzelt auch Hinweise darauf, dass die Dauer der Interaktionen zwischen Vater und Kind länger zu sein scheint und dass Kinder engagierter Väter mehr sprechen, ein umfangreicheres Vokabular benutzen und später einen höheren IQ aufweisen (vgl. Allen & Daly 2007).

Ein interessanter Befund der vergleichenden Forschung betrifft das Geschlecht der Kinder: Es gibt verschiedene Belege dafür, dass Eltern ihre Söhne unter bestimmten Aspekten anders behandeln als ihre Töchter. So beschreibt Eleonor Maccoby, dass der körperliche Umgang mit Mädchen sanfter sei als mit Jungen. Letzteren gegenüber würden sich beide Eltern wiederum deutlicher durchsetzen. Außerdem werde mit Mädchen ausführlicher über Gefühle gesprochen. Zudem würden Eltern zwar generell auf geschlechtsuntypisches Verhalten ihrer Kinder häufig negativ reagieren, dabei sei aber der Toleranzspielraum gegenüber Mädchen weitaus größer als gegenüber Jungen und Väter würden auf entsprechende Abweichungen auch deutlich negativer reagieren (vgl. Maccoby 2000, S. 183ff.).

Auch ein von Michael Siegal (1987) erstellter Überblick über einschlägige Untersuchungen belegt, dass entsprechend unterschiedliche Verhaltensweisen gegenüber Mädchen und Jungen vor allem aufseiten der Väter deutlich werden. Dabei verhalten sich die Väter insbesondere hinsichtlich Disziplin und grobmotorischen Aktivitäten gegenüber ihren Söhnen anders als gegenüber ihren Töchtern. Dieser Befund könnte dahingehend interpretiert werden, dass sich Väter gegenüber ihren Söhnen bemühen, ihr eigenes männliches Selbstbild weiterzugeben.

Wo aber in wissenschaftlichen Studien versucht wurde, zumindest über grobe Indikatoren die ‚Maskulinität' von Vätern und Söhnen vergleichend zu erfassen, ergaben sich keine konsistenten und nach heutigem Maßstab als methodisch abgesichert geltenden Resultate. Ein direkter Zusammenhang zwischen der vom Vater repräsentierten Männlichkeit und der des Sohnes lässt sich somit nicht belegen (vgl. Biller & Borstelmann 1967; Rohner & Veneziano 2001). Zusammenhänge zeigen sich nur dann, wenn man die Qualität der Vater-Sohn-Beziehung als zusätzliche Variable in die Untersuchung einbezieht – dann aber in einem Sinne, der wieder auf geschlechtsunabhängige Beziehungsqualitäten verweist:

„Jungen scheinen den Geschlechtsrollen-Standards ihrer Kultur zu entsprechen, wenn die Beziehungen zu ihren Vätern liebevollen Charakter (warm relationships) besitzen. Dies ist unabhängig davon, wie ‚maskulin' ihre Väter sind und selbst davon, ob Wärme und Intimität traditionell als feminine Charakteristika angesehen werden" (Lamb 1997b, S. 9).

Besonders im Rahmen der Bindungsforschung sind in den letzten beiden Jahrzehnten Untersuchungen durchgeführt worden, die auf einen Vergleich mütterlicher und väterlicher Beziehungsqualität abzielen. Nachdem die Bindungsforschung anfänglich nur die Mutter-Kind-Beziehung im Blick hatte, wurden zunehmend auch Experimente zum väterlichen Interaktionsverhalten in die Forschungsstrategie integriert. Hierfür ist das ursprüngliche experimentelle Setting, eine standardisierte Trennungssituation (die sogenannte ‚Fremde Situation'), über die die Klassifikation der Bindungsmuster 12-18 Monate alter Kinder zu ihren Müttern erfolgt, abgewandelt worden. Nach Auffassung von Karin und Klaus Grossmann (2004, S. 221) bildet die experimentelle Trennungssituation nämlich den väterlichen Einfluss auf die Bindungsqualität und Entwicklung des Kindes nur unzureichend ab, weil sie für alltägliche Vater-Kind-Interaktionen untypisch ist. Deshalb wurde im Rahmen der deutschen Bindungsstudien versucht, den spezifisch männlichen Beitrag zur Entwicklung des Kindes in einem anderen experimentellen Arrangement zu untersuchen. Hierbei handelt es sich um eine herausfordernde Spielsituation mit Knetmaterial, bei der die Interaktionen der Väter mit ihren etwa zweijährigen Kindern gefilmt und eingeschätzt werden. Dieses modifizierte experimentelle Design verändert auch den Beobachtungsfokus: Dieser liegt jetzt auf der „väterlichen Vermittlungsgüte", wobei neben „sensitiver Herausforderung" auch die „gewährende" Komponente der Feinfühligkeit auf einer Einstufungsskala erfasst wird (vgl. Kindler et al. 2002).

Aufgrund der Befunde dieser Untersuchungen stellen die Autoren der mütterlichen Feinfühligkeit, die zuerst als Hauptfaktor für gelingendes Bindungsverhalten identifiziert wurde, einen „sensitiv herausfordernden" Interaktionsstil gegenüber, den sie als spezifisch väterliche Qualität klassifizieren:

„Wir sehen als Gemeinsamkeit in den aufgezählten väterlichen im Vergleich zu mütterlichen Verhaltensweisen, dass Väter sich eher als Herausforderer kindlicher Kompetenzen zu verstehen scheinen, indem sie mehr von ihren Kindern in den Bereichen Selbstregulation, Exploration, Kommunikation, Verhaltenskontrolle und Selbständigkeit verlangen" (Kindler et al. 2002, S. 710).

Durch diesen Befund kommt eine zusätzliche geschlechtliche Dimension in die ursprünglich von Bowlby entwickelte Modellvorstellung einer Bindungs-Explorations-Balance: Waren es in der experimentellen Trennungssituation die Mütter, deren Verhalten in der Hauptsache das kindliche Bindungsmuster beeinflusst, sprechen die Ergebnisse der Spielsituation dafür, dass die explorative Seite des kindlichen Verhaltens in besonderer Weise durch einen „sensitiv herausfordernden Vater" gefördert wird, da der bei den Vätern registrierte Interaktionsstil einhergeht „mit der Bereitschaft und dem Selbstvertrauen, durch eine gedankliche Exploration von Schwierigkeiten zu Lösungen zu gelangen" (Kindler et al. 2002, S. 718).

Im amerikanischen Raum ist es insbesondere Michel Lamb (1997c), der diese Forschungsergebnisse insofern bestätigt, als er Väter im Vergleich zu Müttern im Spiel als stärker handlungs- und lösungsorientiert, die kindliche Selbstregulation fördernd, die Fähigkeiten des Kindes herausfordernd sowie bei älteren Kindern als eher aufgabenbezogen charakterisiert.

Die bindungstheoretisch orientierten Forschungen legen somit die Interpretation nahe, dass zwar Vater wie Mutter zum Bindungs- und Erkundungsverhalten der Kinder beitragen, dabei aber das Bindungsverhalten der Kinder stärker durch die „einfühlsame Mutter" und das Erkundungsverhalten stärker durch den „herausfordernden Vater" beeinflusst wird. Dies bestätigt in der Grundtendenz in anderen entwicklungspsychologischen Studien erhobenen Befunden, die Le Camus dahingehend zusammenfasst, dass im Durchschnitt

„Mütter sich als flexibler, beschützender, sanfter, auch vorhersehbarer und die Väter als körperlicher, grober, störender, idiosynkratischer erweisen" (Le Camus 2001, S. 99).

Folgt man Le Camus, wäre insgesamt damit auf dem aktuellen Forschungsstand ein eigenständiger und wichtiger männlicher Beitrag zur kindlichen Entwicklung identifiziert:

„Alles sieht danach aus, als ob die anregende Wirkung der Väter derjenigen der Mütter überlegen ist, anders gesagt, als sei das Kind im Bereich der Anregung aufgeschlossener gegenüber dem Vater als der Mutter" (Le Camus 2001, S. 91).

Vergleichbare Schlussfolgerungen finden sich auch in anderen Kontexten, beispielsweise bei Martin Dornes, der vor dem Hintergrund seiner Kenntnis einschlägiger Forschung und bezogen auf den Umgang der Kinder mit Aggressionen formuliert, es sei

„der am besten gesicherte Befund zum differenziellen Umgang ..., dass Mütter stärker pflegerische, Väter stärker spielerische Aktivitäten im Umgang mit ihren Kindern entfalten und beide sich auch in der Art des Spielens unterscheiden. Mütter spielen sanfter, Väter rauer, und zwar sowohl mit Mädchen als auch mit Jungen, wobei sie sich von den Mädchen im Laufe der Zeit zu sanfterem Spiel erziehen lassen... Das vor allem mit Jungen praktizierte grobmotorische, körperbetonte Spiel (Hochwerfen; akzentuierte Wechsel zwischen aktiven und passiven Phasen) hat verschiedenen Untersuchungen zufolge ... einen Effekt auf die Fähigkeit zum gekonnten Umgang mit Aggressionen" (Dornes 2006, S. 294).

Die Bindungstheoretiker Grossmann und Grossmann gehen sogar noch weiter, wenn sie als Resultat ihrer jahrelangen Forschung die väterliche Funktion für die kindliche Entwicklung dahingehend zusammenfassen, dass dem Vater die Aufgabe zukomme

„- als interessanter, weil andersartiger Interaktionspartner, der andere und oft aufregendere Dinge mit dem Kind macht als die Mutter, und zwar schon im Säuglingsalter…;

- als Herausforderer, der das Kind auffordert, Neuartiges zu tun, dass es sich ohne seine Hilfe nicht zutrauen würde…;

- als Vermittler von Bereichen der Umwelt, die ohne seine sorgsame Umsicht für das Kind gefährlich wären, z.b. Feuer, Wasser, Abgründe und Höhen…

- als Vermittler von Spielen und Festivitäten der jeweiligen Kultur…;

- als Lehrer und Mentor…" (Grossmann & Grossmann 2004, S. 223).

4.3 Der systemische Faktor

Trotz oder gerade wegen der scheinbaren Evidenz der oben angeführten Forschungsergebnisse ist Vorsicht geboten, wenn man Unterschiede in den Verhaltensweisen und Interaktionsstilen von Männern und Frauen im Sinne allgemeingültiger geschlechtypischer Muster interpretiert. Denn viele der vorangehend referierten Befunde erfassen zumeist lediglich einen Ausschnitt der alltäglichen Interaktion zwischen Erwachsenen und Kindern. Jeffery Evans vom renommierten amerikanischen National Institute of Child Health and Human Development (NICHD) ist jedenfalls 2004 noch wenig von der Verallgemeinerbarkeit bisheriger Forschungsergebnisse überzeugt und meint, dass wir nicht wirklich wüssten, „ob väterspezifische Verhaltensweisen existieren oder was sie sind" (Evans 2004, XII).

Evans steht mit seiner Skepsis nicht alleine: Von verschiedenen einschlägig ausgewiesenen Autorinnen und Autoren wird die Eindimensionalität der bisherigen Untersuchungsdesigns beklagt und vor allem eine stärker systemische Ausrichtung der Forschung eingefordert, die das Zusammenwirken väterlichen und mütterlichen Verhaltens und den Effekt wechselseitiger Arrangements der Beteiligten stärker berücksichtigt (vgl. Rohner & Veneziano 2001; Allen & Daly 2007).

Insbesondere Catherine Tamis-LeMonda (2004) kritisiert, dass die meisten Forschungsansätze jeweils nur Väter oder Mütter in den Blick nehmen bzw. auf lediglich eine Dimension des Erziehungshandelns fokussieren. Dabei würden beispielsweise die frühen herausfordernden Spiele der Mütter mit ihren Säuglingen übersehen oder auch die pflegenden und bindungsbezogenen Qualitäten, die Väter zeigen, die viel Zeit mit ihren Neugeborenen verbringen. Sie betont deshalb, dass Spielaktivitäten nur einen Teil des komplexen „Puzzles" männlicher Erziehungstätigkeit erfassen und „Väter viel mehr sind als Herausforderer, wie auch Mütter viel mehr als Pflegende" (Tamis-LeMonda 2004, S. 224). Zudem beharrt Tamis-LeMonda auf dem Argument, dass es von großer Bedeutung sei, dass Mütter beispielsweise erheblich mehr Zeit mit ihren kleinen Kindern verbringen als Väter und dass dies bei beiden Elternteilen erhebliche Auswirkungen auf ihr Spielverhalten habe. So führe die geringere Zeit, die Männer in westlichen Industrienationen mit ihren Kindern verbringen, beispielsweise dazu, dass sie sich im Spiel in einer Weise engagieren, die zu kürzeren Rhythmen führt und zum schnellen Appell an die Kinder. Insofern könnte es sein, dass viele einschlägige Untersuchungsergebnisse weniger geschlechtstypische Umgangsformen mit Kindern widerspiegeln, als vielmehr die Auswirkung eines spezifischen Lebensstiles und einer spezifischen familiären Situation auf das Erziehungsverhalten der Eltern.

Tamis-LeMondas Argumentation zielt darauf ab, dass alle relevanten Dimensionen elterlicher Erziehungsfunktion prinzipiell von beiden Elternteilen ausgefüllt werden können. Deshalb hält sie die Charakterisierung von Vätern als in erster Linie herausfordernde Spielkameraden für historisch und kulturell einseitig. Bei den meisten Elternpaaren zeige sich vielmehr so etwas wie eine intuitive, weitgehend unbewusst praktizierte Arbeitsteilung auch im konkreten Erziehungshandeln, weshalb sie es für notwendig hält, die väterlichen und mütterlichen Beiträge hierzu immer mit Blick auf das „Tandem" zu untersuchen, d.h. aus einer konsequent systemischen Perspektive:

„Eltern und andere Betreuer konstituieren ein System von interagierenden Partnern, jeder von ihnen beeinflusst andere und ist von ihnen beeinflusst. Deshalb sind die Beiträge der Familienmitglieder komplementär und werden kontinuierlich ausgehandelt" (Tamis-LeMonda 2004, S. 225).

Tamis-LeMondas Argumentation steht nicht grundsätzlich im Widerspruch zur Bindungsforschung, insofern auch diese durchaus postuliert, „dass sich optimalerweise Eltern in ihren Rollen und Aufgaben hinsichtlich der Entwicklung des Kindes ergänzen" (Grossmann & Grossmann 2004, S. 224).
Tamis-LeMonda deckt aber insofern eine Schwachstelle der Bindungsforschung auf, als diese ihren Vergleich unterschiedlicher Bindungsqualitäten von Müttern und Vätern auf Basis unterschiedlicher experimenteller Settings vornimmt: der sogenannten „Fremden Situation" bezogen auf anderthalb Jahre alte Kinder und ihre Mütter und der „Spielsituation" von etwa vierjährigen Kindern mit ihren Vätern. Damit werden ungleiche Situationen verglichen und zugleich wird im Design dieser experimentellen Situationen eine spezifische zeit- und kulturabhängige familiäre Arbeitsteilung abgebildet. Deshalb muss zumindest kritisch hinterfragt werden, ob die genannten Ergebnisse tatsächlich isoliert zu betrachtende und verallgemeinerbare geschlechtsspezifische Muster ausdrücken oder ob sie nicht vielmehr selbst

schon Ausdruck einer kultur- und zeitspezifischen Arbeitsteilung zwischen den Eltern sind. Das heißt nicht, dass wir nicht immer wieder auf Merkmale im erzieherischen Handeln von Vätern und Müttern stoßen, die die bindungstheoretischen Forschungsergebnisse idealiter widerspiegeln. Aber vermutlich finden sich genauso Väter mit ausgeprägt fürsorglichem und sanftem Bindungsverhalten, wie Mütter mit deutlich herausforderndem Spielverhalten. Für eine solche Hypothese spricht auch, dass beispielsweise erwerbstätige Mütter in ihrem Spielverhalten mit dem Kind dem väterlichen Muster ähnlicher sind als nicht erwerbstätige Mütter (vgl. Lamb 1997b).

Diese Diskussionen innerhalb der Entwicklungspsychologie und Bindungsforschung verweisen darauf, dass wir zuerst einmal gut beraten sind, einer eindeutigen geschlechtlichen Zuschreibung von erzieherischen Fähigkeiten und Funktionen mit Zurückhaltung zu begegnen.

Zumindest gibt es Gründe für die Annahme, dass hier soziale Konstruktionsprozesse und familiäre Erziehungsarrangements mit im Spiel sind und die in den Untersuchungen auftauchenden Verhaltensunterschiede noch keineswegs zweifelsfrei Belege dafür sind, dass Männer oder Frauen quasi ‚aufgrund ihres Geschlechts‘ mehr oder weniger unterschiedlich agieren. Besonders gegenüber dem seit den 1980er Jahren geführten Nachweis einer generell positiven Wirkung engagierter Vaterschaft auf die kognitive oder soziale Entwicklung der Kinder (vgl. Fthenakis 1988a; 1988b, Allen & Daly 2007) ist Skepsis angebracht. Hierbei bleibt nämlich weitgehend unberücksichtigt, dass engagierte und einfühlsame Väter häufig auch mit einfühlsamen und engagierten Müttern liiert sind. So gibt es Belege dafür, dass die Kinder engagierter Väter hinsichtlich ihrer kognitiven und sozialen Kompetenz in erster Linie davon profitieren, dass sie *zwei* hoch engagierte Eltern haben (vgl. Lamb1997b, S. 12). Dabei müsste der hierin zum Ausdruck kommende positive systemische Effekt nicht unbedingt darin begründet sein, dass die Eltern sich in ihren Erziehungsqualitäten angleichen. Vielmehr könnte er auch darauf zurückgehen, dass die Eltern sich in diesen ergänzen. Jedenfalls nimmt die Forschungsgruppe um Le Camus an,

„dass die für die soziale Entwicklung des Kindes günstigste Familienkonstellation diejenige ist, bei der die Erziehungsfunktion des Vaters sowohl ausreichend vorhanden ist als sich auch genügend von der der Mutter unterscheidet" (Le Camus 2001, S. 48).

4.4 Unterscheiden sich männliche und weibliche Fachkräfte in ihrem pädagogischen Verhalten?

Pädagogisches Handeln erfordert im professionellen Bereich ganz andere Bezugspunkte als im familiären. Während im familiären Kontext die besondere Nähe zum eigenen Kind, spontane Kommunikationsweisen und intuitives Einfühlungsvermögen Grundlage des Handelns sind, sind es im professionellen Bereich sowohl Fachwissen und wie auch systematisch geschultes Kommunikations- und Einfühlungsvermögen. Angesichts dessen, was heute als Standards für eine professionelle Tätigkeit im Bereich der Kindertageseinrichtungen gesetzt wird, ist weder hinsichtlich der Qualifikation weiblicher Pädagoginnen vertretbar, auf deren ‚intuitive Mütterlichkeit' zu spekulieren, noch lässt sich professionelles männliches Erziehungshandeln auf ‚Väterlichkeit als Beruf' reduzieren.

Insofern sind die Ergebnisse entwicklungspsychologischer Forschungen zum Elternverhalten nur sehr bedingt auf professionelle Erziehung übertragbar. Will man valide Aussagen über professionelles Erziehungsverhalten von Männern und Frauen machen, führt letztlich kein Weg daran vorbei, entsprechendes Fachpersonal zu untersuchen und dabei sowohl weibliche wie männliche Fachkräfte einzubeziehen. Wie anfangs bereits thematisiert, besteht aber allein schon aufgrund der Tatsache, dass bislang in öffentlichen Erziehungseinrichtungen kaum männliche Pädagogen anzutreffen waren, diesbezüglich ein erhebliches Forschungsdefizit.

Trotzdem gibt es zumindest vereinzelt Studien, die Geschlechtsaspekte des Erziehungsverhaltens in professionellen Kontexten aufgreifen. Dabei wird zwar nur weibliches Fachpersonal einbezogen, aber immerhin wird das Geschlecht der Kinder berücksichtigt.

So gibt es aus dem Bereich der Bindungsforschung zumindest punktuell bemerkenswerte Befunde hinsichtlich unterschiedlicher Bindungen von Mädchen und Jungen an ihre Erzieherinnen. Basierend auf Meta-Analysen verschiedener Studien stellen Lieselotte Ahnert (2004) sowie Ahnert, Pinquart und Lamb (2006) fest, dass die Betreuungsangebote, die Erzieherinnen machen, zumeist von deren geschlechtstypischen Neigungen getragen sind und dass sich „häufiger sichere Erzieherinnen-Mädchen-Bindungen als sichere Erzieherinnen-Jungen-Bindungen" entwickeln (Ahnert 2004, S. 272).

Vor diesem Hintergrund formuliert Ahnert die weitergehende Annahme, „dass Erzieherverhalten und -erwartungen deutlicher durch Geschlechtsstereotype geprägt sind als ursprünglich angenommen" (ebd. 2004, S. 272). Mit Bezug auf eine eigene Untersuchung streicht sie dabei heraus, dass geschlechtsstereotype Tendenzen besonders in der Gruppenarbeit zum Tragen kommen, weil Jungen im Gruppenkontext stärker zu Dominanzverhalten und physischer Aktivität neigen würden, während Mädchengruppen eher egalitäre Strukturen ausbilden und empathisches und prosoziales Verhalten zeigen. Erzieherinnen würden auf diese unterschiedlichen Verhaltensweisen oft wertend reagieren und es falle ihnen schwer, diese auszubalancieren. Deshalb hält es Ahnert für nachvollziehbar,

„wenn Jungen kaum sichere Bindungen aufbauen und auch dann noch schwieriger zu betreuen sind, wenn sie sich in ihre Peer-Gruppe zurückziehen. Beobachtungen in Kitas lassen manchmal Erzieherinnen erkennen, die Jungen-Gruppen hilflos gegenüberstehen – vor allem, wenn sie aggressiv entgleiten, dies jedoch aufgrund der sozialen Subkultur der Gruppe positiv verstärkt wird" (Ahnert 2004, S. 273).

Verschiedene andere Untersuchungen, die überwiegend oder ausschließlich weibliche Pädagoginnen einbeziehen, liefern Hinweise in die gleiche Richtung: Cahill und Adams (1997) befragten 103 fast ausschließlich weibliche „childhood teachers" in den USA mit quantitativen Skalen nach ihren Einstellungen zu Geschlechterrollen von Erwachsenen und Kindern. Dabei zeigt sich, dass die Pädagoginnen zwar durchaus offen für Abweichungen vom traditionellen Geschlechterverhalten sind, aber gegenüber Mädchen eine größere Akzeptanz für vermeintlich maskulines Verhalten zeigen als gegenüber femininen Zügen bei Jungen. Diesen Befund führen Cahill und Adams darauf zurück, dass sich die gesellschaftlichen Normen für das Spielverhalten von Mädchen im Gegensatz zu Jungen erweitert hätten.

Kuger, Kluczniok, Sechtig und Smidt (2011) haben Ergebnisse von Befragungen und standardisierten Beobachtungen aus dem elementarpädagogischen Teilprojekts der BiKS-Studie einer Analyse unter dem Geschlechteraspekt unterzogen. Auf dieser bereiten Datenbasis bezweifeln sie zwar einen generellen geschlechtstypisierenden Effekt der Kita-Erziehung und finden keinen Beleg für unterschiedliches Verhalten von Erzieherinnen im Alltag gegenüber Jungen und Mädchen. Dennoch vermuten auch diese Autoren aufgrund ihres Datenmaterials, dass im Alltag von Kindertagesstätten die Frage der „Geschlechterpassung" durchaus eine Rolle spielt und zwar im Sinne geschlechtsabhängiger Affinität des Personals „bezüglich der von den Kindern gewählten Aktivitäten" (Kuger et al. 2011, S. 281).

In einer kürzlich veröffentlichten Studie haben Wolter, Glüer und Hannover (2014) Vorläuferkompetenzen (wie beispielsweise ‚Literacy') von Jungen und Mädchen verglichen. Als wichtigsten Befund stellen sie dabei neben höherer Bindungsqualität auch größere Vorläuferkompetenzen von Mädchen fest, weshalb sie vermuten, dass Erzieherinnen aufgrund ihrer eigenen Kompetenzen eher angemessenere Lernangebote für Mädchen machen als für Jungen.

Allen diesen Untersuchungen ist gemeinsam, dass sie im Wesentlichen nur weibliches Personal erfassen, was vor allem der starken Unterrepräsentanz männlicher Fachkräfte geschuldet ist. Damit erlauben sie folglich keinen direkten Vergleich des Verhaltens männlicher und weiblicher Fachkräfte, sondern geben nur Hinweise darauf, dass die Geschlechtsdimension generell und unter unterschiedlichen Aspekten für das Geschehen in Kindertageseinrichtungen von Bedeutung ist.

Inzwischen liegen aus den letzten Jahren aber auch erste Studien vor, die männliche Fachkräfte einbeziehen und auf deren Vergleich mit weiblichen Fachkräften abzielen. In der Mehrzahl sind diese in ihrer methodischen Anlage aber noch auf Interviews oder standardisierte Befragungen der Fachkräfte beschränkt.

In einer schwedischen Interviewstudie von Sandberg und Pramling-Samuelsson (2005) kommen je zehn männliche und weibliche Fachkräfte zu Wort. Dabei äußern weibliche „preschool teacher" ihre Vorliebe für ruhiges Spiel und heben die Bedeutung der sozialen Entwicklung der Kinder hervor, während ihre männlichen Kollegen körperliche Fähigkeiten höher bewerten und eher bereit sind, sich entsprechend ins direkte Spiel mit den Kindern zu begeben. Bemerkenswert ist, dass die Erzieherinnen und Erzieher dieser Stichprobe ihr Handeln als Erwachsene auch mit eigenen Erfahrungen in ihrer Kindheit begründeten.

Aussagekräftiger ist eine Untersuchung von Michael Glüer (2014), die auf einem Vergleich des erzieherischen Verhaltens zwischen 77 weiblichen und 37 männlichen Fachkräften beruht. Diese Stichprobe wird über verschiedene standardisierte Skalen befragt (u.a. „Swiss Teaching Style Questionnaire"). Im Ergebnis dieser Erhebung unterscheiden sich männliche und weibliche Fachkräfte in ihrem explorationsunterstützenden Verhalten nicht, wenngleich Männer angeben, diesbezüglich mehr Angebote zu machen, während ihre Kolleginnen angeben, den Kindern mehr verbale emotionale Unterstützung geben.

Ähnlich angelegt ist eine kürzlich veröffentlichte Studie von Sak, Şahin und Yerlikaya (2015). Hier sind männliche und weibliche Fachkräfte in türkischen Kindertageseinrichtungen mit einer Skala zum „behavior management" (BM), die Strategien zum Umgang mit Verhaltens- und Disziplinproblemen der Kinder erfasst, befragt worden. Auch hier finden sich keine Unterschiede zwischen männlichen und weiblichen Fachkräften in der Frequenz oder sinnvollen Anwendung solcher Strategien. Männliche Fachkräfte zeigen sich aber subjektiv überzeugter von ihrer diesbezüglichen Kompetenz, was damit korrespondiert, dass in der Türkei Männer häufiger in großen Kindergruppen zum Einsatz kommen, Frauen dagegen häufiger in kleinen (vgl. Sak et al. 2015, S. 334).

Ein erster auf *Verhaltensbeobachtungen* beruhender direkter Vergleich männlichen und weiblichen Fachpersonals liegt mit der österreichischen Studie von Aigner et al. (2013) vor. In dieser multimethodal angelegten Studie sind fünf männliche Erzieher bzw. gemischtgeschlechtliche Erzieherteams mit Erzieherinnen verglichen worden. Dabei zeigen sich im direkten Geschlechtervergleich nur geringfügige Unterschiede. Die männlichen Fachkräfte interagieren lediglich „etwas häufiger positiv sowie weniger durchsetzungsorientiert" (Aigner et al. 2013, S. 74) mit den Kindern und weisen hinsichtlich des Kriteriums der „Nachgiebigkeit" höhere Wertausprägungen auf. Darüber hinaus verweist diese Studie auf einen Zusammenhang zwischen dem Geschlecht der Fachkräfte und dem der Kinder, insofern Jungen häufiger Kontakt zu männlichen Fachkräften aufnehmen. Die Autoren sprechen von

Anzeichen für einen „Mann-Junge-Effekt" (ebd., S. 110) und schließen hieraus zudem, „dass es die Kinder selbst sind, die von sich aus einen Unterschied zwischen den Fachkräften machen" (ebd., S. 111).

Trotz dieser vereinzelten Befunde bestätigt sich Alles in Allem auch bezogen auf den aktuellen Forschungsstand das von verschiedenen Autoren konstatierte Forschungsdefizit. Dies sowohl generell bezüglich geschlechtlicher Aspekte professioneller Erziehungstätigkeit als auch und besonders hinsichtlich der Effekte männlichen Fachpersonals. Zwar kann bezogen auf Mütter und Väter und deren Verhalten gegenüber ihren Kindern inzwischen auf eine breitere Forschungsaktivität zurückgegriffen werden, es bleibt aber fraglich, ob deren Befunde generalisiert und auf pädagogische Fachkräfte übertragen werden können. Hinsichtlich professioneller Erziehung bezieht sich der deutlichste Befund auf unterschiedliche Beziehungsqualitäten pädagogischer Fachkräfte zu Jungen und Mädchen, diese Erkenntnis basiert aber weiterhin nur auf Stichproben mit weiblichen Fachkräften. Untersuchungen unter Einbezug männlichen Fachpersonals sind bislang nur vereinzelt und dann entweder auf Basis von Befragungen oder aber auf Grundlage äußerst kleiner und deshalb nur begrenzt aussagefähiger Stichproben vorgenommen worden. Insofern hat weiterhin die Feststellung Bestand, die Tim Rohrmann 2009 in seiner Expertise für das Deutsche Jugendinstitut formuliert hat:

„Das große Problem aller aufgeführten Studien ist, dass lediglich weibliche Pädagoginnen untersucht wurden. So bleibt offen, inwieweit es sich hier um Auswirkungen des Geschlechts der Pädagoginnen handelt oder ‚nur' um ihre Reaktion auf geschlechtstypisch unterschiedliches Verhalten von Jungen und Mädchen. Würden männliche Pädagogen tatsächlich anders reagieren?" (Rohrmann 2009, S.54).

4.5 Kinder als Akteure der Geschlechterkonstruktion

Nach heutigem entwicklungspsychologischem Verständnis sind Kinder nicht nur passives ‚Objekt' ihrer Entwicklung, sondern werden schon vom Säuglingsalter insofern als „kompetent" charakterisiert, als sie ihre eigene Entwicklung aktiv mitgestalten (vgl. Dornes 1993). Es wäre also eine einseitige und unzureichende Perspektive, würde man im Sinne eines vereinfacht gedachten Modells der Rollenübernahme davon ausgehen, dass Kinder ihre Geschlechterbilder lediglich durch Imitation (erwachsener) Vorbilder gewinnen.

In diesem Zusammenhang ist bemerkenswert, dass die Annahme, geschlechtstypisches Verhalten würde in erster Linie durch Beobachtung und Nachahmung gleichgeschlechtlicher Vorbilder erlernt, wesentlich auf Albert Bandura (1976) und dessen sozialkognitive Theorie des Modelllernens zurückgeht. Bandura selbst hat aber wegen widersprüchlicher empirischer Befunde[8] seinen theoretischen Ansatz des „Modelllernens" inzwischen erheblich relativiert. Zusammen mit Kay Bussey erweiterte er seinen ursprünglichen Ansatz zu einer multifaktoriellen Theorie der Geschlechtsrollenentwicklung. Dabei haben die Autoren ein zunehmend breiteres Spektrum sozialer Einflüsse berücksichtigt und verweisen insbesondere auf die aktiven, selbstregulativen und selbstreflexiven Prozesse aufseiten der Kinder (vgl. Bussey/Bandura 1992, 1999).

Hieran anschließend hat insbesondere Maccoby (2000) die bis heute noch weit verbreitete Annahme angezweifelt, dass Kinder geschlechtstypisches Verhalten primär durch Nachahmung gleichgeschlechtlicher erwachsener Vorbilder erwerben. Ihrer Ansicht nach entwickeln Kinder unabhängig von konkreten Vorbildern früh und eigenständig ein Verstehen davon, welches Verhalten in ihrer Gesellschaft für das eigene wie das andere Geschlecht als angemessen gilt und bewerten auf dieser Grundlage auch das Verhalten Erwachsener.

Vor diesem Hintergrund ist fraglich, ob es angemessen ist, hinsichtlich der Bedeutung des Geschlechts für pädagogisches Interaktionsgeschehen den Fokus einzig und allein auf den Einfluss des Geschlechts der Fachkräfte zu richten. Vielmehr spricht einiges dafür, von einem *Wechselwirkungszusammenhang* auszugehen, bei dem sich die Fachkräfte zwar am Kind orientieren, die Kinder ihrerseits aber auch aktiv geschlechtstypische Orientierungen in die Situationen einbringen und an die Fachkräfte herantragen. Auch wenn die in diesem Buch eingenommene Untersuchungsperspektive auf den Vergleich männlicher und weiblicher Erwachsener hinsichtlich ihres Umgangs mit Kindern ausgerichtet ist, muss also dennoch die aktive Rolle der Kinder berücksichtigt werden.

Insofern sind wir gut geraten, uns zumindest kurz zu vergegenwärtigen, was wir über die Geschlechtsentwicklung von Kindern bislang gesichert wissen. Außerdem ist danach zu fragen, wie sich Kinder von sich aus in einer ‚vergeschlechtlichten' Welt orientieren und welche eigenen Impulse sie diesbezüglich setzen.

Zum heutigen entwicklungspsychologisch gesicherten Wissen gehört, dass Kinder schon sehr früh, spätestens mit Ende ihres ersten Lebensjahres deutlich unterschiedlich auf Männer und Frauen reagieren:

„Bereits Säuglinge nehmen wahr, dass Frauen anders riechen als Männer, sich ihre Haut anders anfühlt (besonders im Gesicht: Bartstoppeln!) und sich weibliche und männliche Stimmen unterscheiden" (Rohrmann & Wanzeck-Sielert 2014, S. 37).

---

[8] Unter anderem zeigte sich in verschiedenen Experimenten zu geschlechtlichen Rollenübernahme, dass Kinder nicht einfach gleichgeschlechtliche Modelle nachahmten, sondern insbesondere solche, die sich konform zu gängigen Geschlechterstereotypen verhielten. Abweichende Modelle wurden dagegen weniger imitiert (vgl. Bussey & Bandura 1992).

Ab wann Kleinkindern dann auch die bewusste Geschlechtsunterscheidung gelingt, ist nicht genau zu sagen. Bereits im zweiten Lebensjahr können sie aber zumindest Erwachsene entsprechend klassifizieren, und man geht davon aus, dass sie zudem in diesem Alter so etwas wie eine geschlechtliche „Kernidentität" entwickelt haben (vgl. Mertens 1994).

Vermutlich vollzieht sich die Entwicklung der Fähigkeit zur bewussten Erfassung des Geschlechtsunterschiedes in einem mehrjährigen Prozess, den die Kinder vom dritten bis sechsten Lebensjahr durchlaufen. Trautner (2002, S. 658) spricht bezogen auf dieses Alter vom „dramatische(n) Anwachsen der Bedeutung der Geschlechterkategorien". In dieser Zeit wird die Frage der Geschlechtszuordnung für die Kinder zu einer Art permanentem ‚Forschungsprojekt'. Dabei orientieren sie sich zuerst an äußeren, sozial bestimmten Merkmalen wie Kleidung, Haartracht und Tätigkeiten und erst gegen Ende dieser Altersphase werden auch die genitalen Unterschiede hierfür herangezogen. In dieser Zeit entwickelt sich auch ein Verständnis von der Geschlechtskonstanz.

Insofern kann man also sagen, dass gerade die sogenannte ‚Kindergartenzeit' in die Altersphase einer intensiven Auseinandersetzung mit der Geschlechterfrage fällt.

Entwicklungspsychologische Arbeiten zu dieser Altersphase betonen dabei häufig die Neigung der Kinder zu klischeehaften und stereotypen Vorstellungen und dass die Kinder zumeist darauf bedacht sind, möglichst ‚typisches' Jungen- oder Mädchenverhalten zu zeigen:

„Kinder pochen mitunter unerbittlich auf die Einhaltung von Geschlechtsrollen und können sich selbst und anderen gegenüber äußerst rigide in der Befolgung stereotyper Rollenmerkmale sein" (Mertens 1994, S.25).

„Viele Mädchen und Jungen äußern allerdings ab dem Ende des Kindergartenalters sehr klischeehafte Vorstellungen von Männlichkeit und Weiblichkeit: Männer fahren Auto, Frauen kochen; rosa ist weiblich, Pistolen sind männlich […] Dies liegt nicht zuletzt daran, dass sie in diesem Alter die Geschlechterstereotype erlernen, von denen unsere Gesellschaft geprägt ist. Dabei verallgemeinern sie, was sie tagtäglich sehen und erleben, und Ausnahmen bestätigen dabei nur die Regel" (Rohrmann & Wanzek-Sielert 2014, S. 39).

Diese Neigung zum Klischeehaften und Stereotypen dürfte damit zusammenhängen, dass die Kinder gerade in diesem Alter nach klaren, eindeutigen Unterscheidungen und Zuordnungen (‚entweder-oder') suchen, um sich in der Welt zu orientieren. Und der Geschlechtsunterschied gehört zu den fundamentalsten Orientierungskategorien zur ‚Sortierung' von Phänomenen der sozialen Welt und zur Entwicklung des eigenen Selbstbildes (vgl. Bourdieu 1976).

Obwohl in der Geschlechterforschung zu Recht darauf hingewiesen wird, dass unsere Sicht auf den menschlichen Körper und die Unterscheidung von männlich und weiblich sozial konstruiert sind (vgl. Kap. 3.2), folgt hieraus nur, dass diesbezüglich nicht unerhebliche Interpretationsspielräume bestehen, nicht aber, dass der Geschlechtsunterschied grundsätzlich aufgehoben werden könnte. Vielmehr erweisen sich trotz aller Angleichungen der Lebenswelten von Frauen und Männern grundlegende, klischeehafte und stereotype Zuschreibungen von ‚männlich' und ‚weiblich' als so nachhaltig orientierend, dass sie auf jeweils anderem Niveau immer wieder neu reproduziert werden. Als Erwachsene neigen wir wahrscheinlich dazu, den Effekt unserer Versuche, Geschlechtsunterschiede zu nivellieren, zu überschätzen. Wir übersehen leicht, wie beharrlich in nur quasi neuem Gewand alte Muster immer wieder reproduziert werden. Kinder sind von den öffentlichen Geschlechterdiskursen unbeeinflusst und registrieren vermutlich deshalb viel unvoreingenommener als Erwachsene die immer neu wiederholte alltagspraktische Reproduktion dessen, was traditionell immer schon als genuin weiblich oder männlich angesehen wurde. Und sie suchen wohl zu Recht hierin auch die Sicherheit, die sie brauchen, um für sich überhaupt erst eine grundlegende Geschlechtsidentität auszubilden.

Dieser Differenz zwischen Erwachsenen- und Kinderperspektive dürfte geschuldet sein, dass in der Fachdiskussion gelegentlich den von Kindern inszenierten Geschlechtsrollen mit Unverständnis und Kritik begegnet wird. So unterstellt beispielsweise Margarete Blank-Mathieu, in den Rollenspielen der Kinder würden

„Geschlechtsrollenklischees weiter verfestigt und auf der Suche nach der Geschlechtsidentität Stereotypen von ‚männlich' und ‚weiblich' gespielt, die nicht (mehr) der Realität entsprechen" (Blank-Mathieu 2008, S. 65).

Hier drängt sich die Frage auf, inwieweit Kinder etwas spielen können, was nicht mehr der Realität entspricht und folglich auch nicht der Realität der Kinder? Viel plausibler ist die Annahme, dass Kinder Realität sowohl generell wie auch bezogen auf Geschlechtsrollen anders wahrnehmen als Erwachsene. Außerdem spricht viel dafür, dass Kinder sich Klischees zuerst aneignen müssen, um dann später, nämlich beginnend mit dem Schulalter, auch wieder mehr Distanz zu ihnen einnehmen zu können (vgl. Trautner 2002).

Wie dem auch sei. Tatsache ist jedenfalls, dass Jungen und Mädchen im Kindergartenalter entsprechende Verhaltensunterschiede und Stereotype zeigen. Dabei lassen sich erste Präferenzen für geschlechtstypisches Spiel und Spielmaterialien zumindest schon ab dem zweiten Lebensjahr der Kinder deutlich belegen (vgl. Rohrmann & Wanzeck-Sielert 2014, Maccoby 2000). Etwas später zeigt sich die zunehmende Bevorzugung gleichgeschlechtlicher Spielpartner. Eleonor Maccoby verweist in diesem Zusammenhang darauf, dass das „stabilste geschlechtsrelevante Phänomen der Kindheit" (2000, S. 101) die Geschlechtertrennung unter den Kindern sei, die „Vorliebe für Spielkameradinnen und -kameraden des eigenen Geschlechts" (ebd., S. 33) und die Entwicklung unterschiedlicher „Kinderkulturen" in homogenen Mädchen- beziehungsweise Jungengruppen. Jungen und Mädchen würden schon im dritten Lebensjahr beginnen, unterschiedliche Präferenzen für Materialien und Themen zu entwickeln und sich zu separieren, „wobei die Jungen bei dieser Geschlechtertrennung meist die treibende Rolle einnehmen" (ebd., S. 44).

Diese Geschlechtertrennung führt Maccoby nicht vornehmlich auf die Nachahmung Erwachsener zurück, sondern auf die selbstregulierenden Prozesse unter den Kindern selbst und in deren Gruppenkontexten:

„Jungen- und Mädchengruppen verfolgen eindeutig unterschiedliche 'Programme', wobei ein Hauptunterschied darin besteht, dass Jungen intensiver als Mädchen damit befasst sind, Dominanzhierarchien aufzubauen und ihren Status zu sichern. Dieser Unterschied lässt sich am jeweiligen Diskursstil sowie an den Themen phantasierter Rollenspiele beobachten, er zeigt sich aber auch in den Verhaltensmodi beim Austragen und Lösen von Konflikten" (ebd., S. 75).

Während Mädchen dabei „häusliche oder schulische Themen" wählen, lassen sich Jungen oft durch „Superhelden aus dem Fernsehen, die sich als Einzelgänger durchschlagen", anregen (ebd., S. 58). Maccoby hält es für wahrscheinlich, dass sich diese Vorlieben für geschlechtstypische Spielsachen, Themen und Vorbilder entwickeln, noch „bevor die Kinder jene Geschlechtsstereotypen kennenlernen, die ihren Präferenzen als Orientierungshilfe dienen könnten" (ebd., S. 218).

Auf Grundlage qualitativer Analysen berichtet Holger Brandes (2008), dass in geschlechtshomogenen Kindergruppen im Kindergartenalter die Mädchen bevorzugt szenisch Beziehungskonstellationen spielen, wobei sie gleichermaßen Puppen oder Plüschtiere als Akteure einsetzen oder sich selbst in erfundene Rollen bringen. Bei den Jungen würden dagegen deutlich Konstruktions- oder szenische Kampfspiele dominieren, wobei sie in vergleichbarer Weise selbst Rollen übernehmen oder diese stellvertretend mit Figuren ausgestalten.

Dass es dabei um mehr als nur die Imitation von Äußerlichkeiten geht, sondern ganz wesentlich um die (Re-)Konstruktion von Handlungsmustern und sozial strukturierter Praxis, wird am deutlichsten von Gunter Gebauer (1997) herausgearbeitet. Er findet es einleuchtend,

„dass typische Mädchen- und Jungenspiele einen starken effet de réel besitzen, insofern in ihnen das Typische des Mädchen-/Jungen-Sein aufgeführt wird. Sie wirken nicht über Ähnlichkeit, sondern dadurch, dass in die Alltagswelt und die Spiele die gleichen Transwelt-Elemente eingezogen sind" (Gebauer 1997, S. 273).

Mit Rückgriff auf eine von Roger Caillois (1982) entwickelte Unterscheidung von Spielprinzipien (Agon, Alea und Mimikry) beschreibt Gebauer die unterschiedlichen impliziten praktischen Logiken von Jungen- und Mädchenspielen. Während es beispielsweise beim vermutlich immer noch beliebtesten Jungenspiel, dem Fußballspiel, um Wettkampf (Agon) und Zufall (Alea) geht (weil der Ball sich nie ganz beherrschen lässt, ist Zufall im Spiel), sowie letztlich um Ehre, spielen in den Wettspielen der Mädchen der Zufall ebenso wie die Ehre eher eine untergeordnete Rolle:

„Typische Jungenspiele haben eine deutlich erkennbare agonale Struktur; vielen von ihnen [...] haben die Form des Gegeneinanders, [...], des Überbietens, des Ausscheidungskampfs; es geht in ihnen um die Herstellung von Rangordnungen, Auszeichnungen, Einmaligkeit und um symbolische Macht [...]. In den typischen Mädchenspielen können ebenfalls agonale Züge vorkommen, aber sie funktionieren etwas anders" (Gebauer 1997, S. 276).

Gebauer verweist darauf, dass es im Unterschied hierzu bei den Hüpfspielen der Mädchen nicht in erster Linie darum geht, den Spielraum oder das Spielobjekt zu beherrschen, sondern dass vielmehr das Springseil wie die Mitspielerinnen eher Partner als Gegenspieler sind:

„Ein Mädchen führt gemeinsam mit dem Seil den zuschauenden anderen Spielerinnen ihre Bewegungen vor, die den Charakter einer gestalteten Darbietung haben. Das Agonale verbindet sich hier, wie auch in anderen typischen Mädchenspielen, mit dem Prinzip der Mimikry. Die Kategorie der Alea fehlt fast vollständig und damit auch der Charakter der Prüfung und der Konkurrenz [...] die Mädchen spielen sich selbst als Aufführende" (ebd., S. 277).

Noch deutlicher sieht Gebauer dies im von Mädchen bevorzugten Puppenspiel, bei dem es darum gehe, einem Spielobjekt Leben zu verleihen und auf den „Bühneninnenraum" ausgerichtet eine Person darzustellen. Hier wie dort seien bei den Mädchenspielen

„alle Beteiligten tatsächliche oder potentielle Mitspielerinnen; wenn Zuschauerinnen hinzukommen, beteiligen sie sich am Geschehen durch die gleiche Art der Empathie, die das Puppenspiel ermöglicht. Typische Jungenspiele, wie Fußball, werden gegenüber Zuschauern präsentiert. Sie richten eine öffentliche Bühne ein, die sich der Betrachtung darbietet. Selbst wenn niemand zusieht, ist die Unterscheidung von Bühne und Zuschauerraum konstitutiv für diese Spiele" (ebd., S. 279).

Hinsichtlich der entwicklungspsychologischen Bedeutung dieser unterschiedlichen Spielprinzipien schließt Gebauer an Lew Wygotski an, wenn er als theoretische Annahme formuliert, dass Kinder zuerst einmal etwas inszenieren, d.h. in einer äußeren Form aufführen müssen, um es in ihr Selbstbild als soziale Person integrieren zu können. Gebauer hält es deshalb für plausibel, dass

„die soziale Person, die ein Mädchen/Junge darstellt, selbst in einer Art von primärem Spiel eingeführt und erworben wurde. Das Spiel organisiert diese Elemente noch einmal, aber anders, indem es den Spielsinn [...] der Alltagswelt zum Gegenstand der Aufführung macht. Die Spiel-Person setzt die soziale Person in Form einer subjektiven Aneignung im Spiel fort" (ebd., S. 274).

Aus dieser Perspektive geht es um mehr als nur begrenzte Fähigkeiten und deren Aneignung durch Einübung, Sozialisation oder Modelllernen. Vielmehr geht es um das, was Bourdieu als „praktischen Sinn" oder „Geschmack" bezeichnet (vgl. Bourdieu 1976), also um das scheinbar ‚natürliche' Gespür für Situationen, das sichere Bewegen hierin und die Bevorzugung beziehungsweise Abneigung gegenüber bestimmten Aktivitäten und Praxisformen.

„Kinderspiele sind lustvolle Gelegenheiten, einen bestimmten Praktischen Sinn, d.h. eine Fähigkeit auszubilden, sich in einem besonderen sozialen Feld (mit spezifischen Feldstrukturen) mit nicht bezweifelbarer Handlungssicherheit, ohne Überlegung ‚richtig' zu verhalten, als habe man eine ‚zweite Natur' erworben: den Normen, Regularien und Erwartungen entsprechend, mit einem ‚Verständnis für die Situation', einer ‚untrüglichen' Wahrnehmung (die auch außerhalb des Spiels auf gleiche Weise funktioniert), einem Engagement im Spiel und einem Glauben an dessen Wichtigkeit und Ernst" (Gebauer 1997, S. 281).

Jungen spielen deshalb nicht nur andere Thematiken als Mädchen, sondern sie setzen diese auch in einer anderen Art und Weise um. Hierin drückt sich aus, dass sie ihr soziales Selbst in der geschlechtlichen Dimension auf spezifische Weise und unterschiedlich von Mädchen konstruieren:

„In ihren typischen Spielen eignen sich Jungen subjektiv das an, was in der Gesellschaft als Junge-Sein gilt. In Spielen, die nach den Prinzipien von Agon und Alea organisiert sind, wird die soziale Person ‚des Jungen' aufgeführt, von Spielern und Zuschauern begriffen und in die Glaubensgrundlage des eigenen Handelns übernommen. Es gehört zu dem sozialen Titel ‚des Jungen', dass er seinen wettkämpferischen Spielsinn in solchen Situationen ausspielt, die von der Gesellschaft – im Spiel und im Alltagsleben – als Wettkämpfe angeboten werden" (ebd., S. 280).

Damit ist nicht gesagt, dass Mädchen nicht zu Wettkampfhandeln oder zur Meisterung des Zufalls fähig seien und Jungen nicht zu Kooperation oder Empathie, es geht vielmehr auf der einen wie der anderen Seite um Nuancen, an denen sich in der Ausgestaltung der Spiele das Mädchen- oder Junge-Sein festmacht.

„Bei Mädchen ist das Prinzip des Agons anders ausgerichtet […], sie handeln auf agonale Angebote hin eher mit Betonung auf dem Prinzip des Mimikry; das bedeutet: nicht nach dem Ritual der Adversität, der Herausforderung und Ehre, sondern mit Bevorzugung von Kooperation und Einbeziehung in einen intimen Raum, mit Ansprechen der anderen und dem Bestreben, Spielobjekte mit Persönlichkeitszügen auszustatten. In den für sie typischen Spielen eignen sie sich die soziale Person ‚des Mädchens' subjektiv an und in eins damit den entsprechenden Spielsinn, gekennzeichnet durch Fähigkeiten des Gestaltens von sich und anderen" (ebd., S. 281).

Empirische Studien stützen die theoretische Interpretation Gebauers. So hat beispielsweise Charlotte Röhner (2007) in einer ethnographisch orientierten Studie die Prozesse der Geschlechtskonstituierung in der Kommunikation von Kindern aus Familien mit Migrationshintergrund in Kindergartengruppen untersucht. Dabei zeigen sich deutliche Unterschiede hin sichtlich Themen, Inhalten und Interaktionsstilen von Jungen und Mädchen. Jungen sind auffällig begeistert von Heldenspielen, Kampf und Auseinandersetzung, während sich Mädchen vor allem mit schulischen und familiennahen Inhalten spielerisch auseinandersetzen. Auch Röhner ist der Meinung, dass sich diese Unterschiede nicht durch die Rollenvorbilder von Erwachsenen bilden, sondern Folge einer Selbstsozialisierung auf der Grundlage unterschiedlicher evolutionär erworbener Prädispositionen sind. Jungen geraten durch Konkurrenz und Anforderung in Erregung, während Mädchen aufgrund von beschleunigten sprachlichen und emotionalen Reifungsprozessen eher zu diskursorientiertem Spiel neigen.

5 Die Tandem-Studie: Gesamtkonzeption und Stichprobe

5.1 Ziel und leitende Fragestellungen

Als das Bundesministerium für Familie, Senioren, Frauen und Jugend im Zusammenhang mit dem Bundesprogramm „MEHR Männer in Kitas" die Tandem-Studie initiierte, war das Ziel, eine national wie international bestehende Forschungslücke zu schließen und empirisch begründete Hinweise zu pädagogischen Effekten eines höheren Männeranteils in Kindertageseinrichtungen zu generieren. Hierzu sollte das Verhalten von männlichen und weiblichen Fachkräften in Kindertageseinrichtungen möglichst alltagsnah und konkret untersucht und verglichen werden.

Ausgehend von den öffentlichen und fachwissenschaftlichen Diskussionen um Männer in Kindertageseinrichtungen sowie unter Einbeziehung des bisherigen Standes der einschlägigen Forschung zum Untersuchungsfeld sind bei der Konzeption dieses Forschungsvorhabens sechs untersuchungsleitende *Fragestellungen* herausgearbeitet worden:

1. Unterscheiden sich männliche und weibliche Fachkräfte hinsichtlich fachlicher Kriterien in ihrem konkreten Interaktionsverhalten gegenüber den Kindern?
2. Lassen sich im professionellen Kontext die bindungstheoretischen Annahmen bestätigen, dass Frauen stärker einfühlsam-bindungsorientiert interagieren und Männer eher herausfordernd und explorationsorientiert?
3. Verhalten sich die Fachkräfte unterschiedlich gegenüber Jungen und Mädchen und bestehen diesbezüglich Unterschiede zwischen Männern und Frauen?
4. Gibt es geschlechtsabhängige Neigungen der Fachkräfte, mit Mädchen und Jungen unterschiedliche Tätigkeiten zu realisieren und unterschiedliche Inhaltsbereiche zu bedienen?
5. Lassen sich Hinweise finden, ob und wie Fachkräfte als geschlechtliche Rollenvorbilder wirken und wie diesbezügliche Interaktionsprozesse (im Sinne eines ‚doing gender') ablaufen?
6. Lassen sich Hinweise finden auf geschlechtsabhängige Arrangements und Arbeitsteilungen zwischen den Fachkräften?

5.2 Theoretische Vorannahmen

Im Vorhergehenden ist als Anspruch an vergleichende Geschlechterforschung formuliert worden, dass sie sich ihrer theoretischen Ausgangspositionen und Vorannahmen vergewissert und diese transparent macht (vgl. Kapitel 3.3).

Entsprechend sollen im Folgenden zuerst der theoretische Rahmen, in den sich die Tandem-Studie einfügt sowie die grundlegenden theoretischen Vorannahmen und Ausgangspunkte, die das Design der Studie und später auch die Interpretation der Ergebnisse wesentlich beeinflussen, explizit benannt werden:

Die Tandem-Studie knüpft an die theoretische Vorannahme an, dass es kein Handeln ohne Körper und damit auch ohne Einfluss des Geschlechtes gibt, und es folglich allein schon deshalb vermutlich für Kinder eine Rolle spielt, ob ihnen eine Frau oder ein Mann gegenübertritt. Dabei wird ungeachtet theoretischer Kontroversen um die Bedeutung der gesellschaftlichen Konstruktion von Geschlecht von einer durch die Anatomie nahelegten dualen Geschlechterklassifikation ausgegangen. Pragmatisch liegt dem als alltagspraktisches Kriterium zugrunde, diejenigen als Frauen bzw. Männer anzunehmen, die sich selbst als solche klassifizieren. Dabei schließen wir an Michael Meuser an, der vorschlägt,

„Weiblichkeit bei Personen zu vermuten, die in der Manier des Alltagsverstandes als Frauen identifiziert werden, und Männlichkeit bei nach der gleichen Logik als solche wahrgenommenen Männern" (Meuser 2006, S. 68).

Diese theoretische Positionierung impliziert insofern mehr als ein Ausgehen vom ‚biologische Geschlecht‘, als unterstellt wird, dass es keinen ‚vorsozialen Körper‘ gibt und somit auch keine von sozialer Herkunft, Milieu, Lebensalter und Ausbildung unabhängige Deutung von Geschlechtlichkeit. Geschlecht, so wie es in der Tandem-Studie zugrundegelegt und verstanden wird, ist also bis in die Selbstwahrnehmung der eigenen Körperlichkeit in fundamentaler Weise sozial geprägt. Dieser Zusammenhang zwischen Sozialem und Biologischem wird als in sinnlich-symbolischer sozialer *Praxis* hergestellt gedacht. Dabei wird in Anlehnung an Pierre Bourdieu davon ausgegangen, dass sich die soziale Strukturiertheit dieser Praxis auf Seiten der Individuen in der Aneignung eines entsprechenden sozialen Habitus niederschlägt. Wir siedeln den Zusammenhang zwischen Sozialem und Körperlichem also nicht auf der Ebene der Diskurse an, sondern auf der Ebene des sinnlichen und damit den Körper einschließenden Handelns.

Aus dieser theoretischen Perspektive ist Geschlecht weder auf eine soziale Rolle noch auf eine individuelle Eigenschaft reduzierbar. Eher ist diese Perspektive anschlussfähig an ein Verständnis von Geschlecht als „gesellschaftlicher Praxis" (Connell 1995a, S. 63) sowie Diskussionen in der Geschlechterforschung, die auf den Begriff des ‚doing gender' abzielen. Hiermit ist gemeint, dass Geschlecht im Alltag in erster Linie durch die Art und Weise des Handelns in sozialen Praxen, in Darstellungen und Interpretationen dieser Darstellungen zum Ausdruck kommt und sich über diese definiert. Während West und Zimmermann (1987) noch davon ausgingen, dass jede Tätigkeit eine geschlechtliche Dimension aufweist und insofern ‚doing gender' unvermeidbar ist („Doing gender is unavoidable"; ebd., S. 137), wird in der anschließenden Fachdiskussion eher angezweifelt, ob die Kategorie Geschlecht immer und überall in gleicher Weise interaktiv bedeutsam wird. Für die Tandem-Studie wird deshalb davon ausgegangen, dass es beim gegenwärtigen Diskussionsstand noch als prinzipiell offen gelten muss, worin sich im Einzelnen ‚doing gender' ausdrückt und ob es auch Handlungszusammenhänge von ‚undoing gender' gibt, in denen das Geschlecht keine Rolle spielt. Des Weiteren wird unterstellt, dass die durch den Zusammenhang zwischen sozialen Strukturen und Körperlichkeit nahegelegten Handlungs-, Denk- und Wahrnehmungsmustern den Akteuren selbst zumeist weitgehend unbewusst sind (vgl. Brandes 2002). Oder mit den Worten von Pierre Bourdieu: Bei Geschlecht im Sinne eines sozialem Habitus haben wir es zu tun mit „Spontanität ohne Willen und Bewusstsein" (Bourdieu 1987, S. 105).

Darüber hinaus wird hinsichtlich der Interpretation empirischer Befunde davon ausgegangen, dass in Rechnung zu stellen ist, dass es selbst innerhalb einer Gesellschaft – abhängig von unterschiedlichen sozialen Milieus – unterschiedliche und miteinander konkurrierende Deutungsmuster von Männlichkeit und Weiblichkeit gibt (vgl. Meuser 2006). Insofern ist davon auszugehen, dass alltagstheoretische Klassifikationen im Sinne ‚typisch männlichen' oder ‚typisch weiblichen' Verhaltens kritisch reflektiert werden müssen und bei der Generalisierung empirischer Befunde Vorsicht geboten ist.

Bezogen auf den besonderen Fokus der Tandem-Studie, den Vergleich des Erziehungsverhaltens von Männern und Frauen, wird dem theoretischen Hinweis gefolgt, dass systemische Effekte zu berücksichtigen sind, die durch das Zusammenwirken und Aushandlungsprozesse zwischen Männern und Frauen entstehen (vgl. Lamb 1997b, Tamis-LeMonda 2004). Dies gilt für familiäre Kontexte ebenso wie den Arbeitszusammenhang in einer Kindertageseinrichtung, in der Männer und Frauen zusammenwirken und sich in ihren konkreten Handlungsweisen und möglicherweise auch in ihrer Deutung von Geschlecht wechselseitig beeinflussen.

5.3 Konzeption und Design

Die oben genannten theoretischen Vorannahmen fließen auf verschiedenen Ebenen in die Konzeption und das Design sowie die Interpretation der Befunde der Tandem-Studie ein.

Zuerst einmal beeinflussen die theoretischen Vorannahmen die grundlegende *methodische Anlage* der Studie: Da davon auszugehen ist, dass den Akteuren die geschlechtliche Dimension ihres Verhaltens häufig nur begrenzt bewusst ist, kommt Befragungen grundsätzlich nur eine eingeschränkte Aussagekraft zu. Hierdurch lässt sich lediglich die subjektive Wahrnehmung der Akteure erfassen, die möglicherweise durch stereotype Deutungsmuster beeinflusst ist und keineswegs das tatsächliche Verhalten der Befragten widerspiegeln muss. Diese subjektive Dimension ist zwar bedeutsam, wenn man zum Beispiel nach der Einstellung gegenüber Männern in Kitas fragt. Will man aber belastbare Aussagen darüber machen, wie es sich auswirkt, wenn den Kindern eine männliche oder eine weibliche Fachkraft gegenübersteht, dann ist eine Fokussierung auf das direkt beobachtbare Verhalten der Akteure in alltagsnahen Situationen unumgänglich.

Dabei besteht die grundsätzliche Schwierigkeit, dass sich interaktives Handeln im Alltag einer Kindertagesstätte in seiner ganzen Vielfältigkeit nur sehr begrenzt kontrolliert erfassen lässt. Denn dieses Handeln umfasst außerordentlich viele Facetten: beispielsweise Ankommens- und Verabschiedungssituationen, vielfältige und unterschiedliche Einzel- und Gruppeninteraktionen mit den Kindern, Aktivitäten im Innenraum wie im Außengelände der Einrichtung, Essen- und Schlafsituationen, Toilettengänge und vieles mehr. Da sich das ganze Spektrum dieser Aktivitäten in einer einzigen Studie kaum abbilden lässt, ist es unumgänglich, diesbezüglich eine mehr oder minder enge Auswahl zu treffen. Darüber hinaus sind alle diese Alltagssituationen immer vielschichtig und überdeterminiert, also von unzähligen Einflussfaktoren bestimmt. Hieraus entsteht für die Forschung ein prinzipielles Dilemma: Je alltagsnäher sie ausgerichtet ist, umso mehr wächst die Komplexität des Gegenstandes und umso schwieriger wird es, in angemessener Weise einen Vergleich von Verhaltensweisen und Aktivitäten zu realisieren. Will man einen hinreichend kontrollierten Vergleich vornehmen, erfordert dies ein experimentelles Setting, über das die Komplexität der Alltagssituation soweit wie möglich reduziert wird, was aber zugleich die Repräsentativität der Befunde für diesen Alltag einschränkt.

Diesem prinzipiellen Dilemma kann man nur über einen Kompromiss begegnen: Die Untersuchungsdesign muss einerseits einen hinreichenden Grad der Standardisierung aufweisen, um möglichst viele Variablen kontrollieren zu können, gleichzeitig sollten die hiermit erfassten Situationen exemplarisch sein für ein möglichst großes Spektrum von komplexen Alltagssituationen.

Aus diesen Überlegungen heraus ist die vorliegende Untersuchung zuerst einmal als eine ‚naturalistische' Studie konzipiert worden, d. h., dass sie in den Einrichtungen und mit den Kindern, mit denen die in die Untersuchung einbezogenen Fachkräfte tagtäglich arbeiten, durchgeführt wird. Darüber hinaus erfolgte für die Tandem-Studie die Entscheidung für ein quasiexperimentelles Untersuchungsdesign, in dessen Zentrum eine standardisierte Einzelsituation mit Fachkraft und jeweils einem Kind steht. Diese Situation orientiert sich an in heutigen Kindertageseinrichtungen alltäglich stattfindenden und häufig von den Fachkräften angeregten Konstruktionsspielen. Diese Einzelsituation wird ergänzt durch eine teilstandardisierte Gruppensituation mit mehreren Kindern und beiden Tandempartnern, welche die alltägliche Praxis von gemeinsamen (Regel-)Spielen in einer Kindergartengruppe aufgreift.

Die zweite aus den theoretischen Vorannahmen folgende konzeptionelle Entscheidung betrifft die *Stichprobe*: Diese besteht aus Tandems miteinander arbeitender männlicher und weiblicher Fachkräfte. Diese Entscheidung, nicht lediglich voneinander unabhängige, zufällig zusammengesetzte Teilsamples von Männern und Frauen zu vergleichen, sondern auf Tandems miteinander arbeitender Fachkräfte zurück zu greifen, geht wesentlich auf Tamis-LeMonda (2004) zurück. Sie hat bezogen auf den Vergleich mütterlichen und väterlichen Erziehungshandelns auf bislang vernachlässigte systemische Effekte verwiesen und deshalb dafür plädiert, die Forschungsstrategie bei Geschlechtervergleichen auf Vater/Mutter-Tandems auszurichten. Die Tandem-Studie greift diesen Gedanken für den professionellen Bereich auf. Sie vergleicht also nicht zwei Zufallssamples männlicher und weiblicher Fachkräfte, sondern Tandems von Fachkräften, die seit längerer Zeit in jeweils einer Einrichtung und mit einer Kindergruppe zusammen arbeiten. Durch diese Stichprobenkonstruktion wird es prinzipiell möglich, neben dem generellen Geschlechtervergleich auch mögliche systemische Effekte zu identifizieren, indem die zueinander gehörenden Tandempartner direkt miteinander verglichen werden. Bezogen auf die Gruppensituation mit beiden Tandempartnern und ihrer Kindergruppe erlaubt dieses Design zusätzlich eine qualitative Interaktionsanalyse zwischen den Partnern. In Hinblick auf das Feld professioneller Erziehung ist der Rückgriff auf Fachkräfte-Tandems zudem mit dem bedeutenden Vorteil verbunden, dass hierdurch der Einfluss des Faktors der pädagogischen Konzeptionen, vor deren Hintergrund die untersuchten Fachkräfte arbeiten, kontrolliert werden kann. Da aufgrund der Tandem-Konstruktion unterschiedliche pädagogische Konzepte und Arbeitsbedingungen in beiden Teilgruppen, Männern wie Frauen, in exakt gleicher Weise vertreten sind, kann weitgehend ausgeschlossen werden, dass äußere oder konzeptionelle Einflüsse den geschlechtsbezogenen Vergleich wesentlich verfälschen.

Die dritte konzeptionelle Entscheidung betrifft die Beschränkung auf den *Kindergartenbereich* und das Verhalten von Fachkräften gegenüber Kindern zwischen drei und sechs Jahren. Diese Beschränkung ist dadurch begründet, dass das Gesamtspektrum von Kindern zwischen unter einem und bis zu zehn Jahren – also von der Krippe, über Kindergarten bis zum Hort – mit den altersgemäß unterschiedlichen Aktivitäten und Interaktionsformen in einer einzigen Forschungsstudie kaum angemessen zu erfassen ist. Die Konzentration auf den Bereich des Kindergartens liegt nahe, weil hier der Anteil der männlichen Fachkräfte (im Vergleich zur Krippe) ausreichend hoch ist, um überhaupt auf eine nennenswerte Zahl gemischt geschlechtlicher Tandems zurückgreifen zu können. Zudem fällt dieser Altersbereich mit der sensiblen Entwicklungsphase der Kinder bezüglich ihres Geschlechts zusammen (vgl. Kapitel 4.5).

Vor dem Hintergrund dieser konzeptionellen Überlegungen wurden für das *Untersuchungsdesign* der Tandem-Studie mehrere unterschiedliche methodische Zugänge verknüpft. Die Studie basiert also auf einem komplexen, methodenkombinierenden Ansatz (vgl. Abbildung 1, folgende Seite).

Dabei sind für die Gesamtstudie die per Videoaufnahmen dokumentierten standardisierten Einzel- und Gruppensituationen von zentraler Bedeutung. Sie bilden gewissermaßen den ‚Kern' der Untersuchung. Nach streng methodischen Maßstäben handelt es sich hierbei insofern um ein ‚quasiexperimentelles' Setting, als eine zufällige Auswahl (Randomisierung) der Akteure wegen der festliegenden Zuordnung zum Geschlecht (als unabhängiger Variable) und der Zusammengehörigkeit der Tandems und der Kinder, die den natürlichen Kindergartengruppen entstammen, nicht möglich ist (vgl. Bortz/Döring 1995).

Das Verhalten der Fachkräfte in den standardisierten Einzelsituationen wurde in einem Ratingprozess mit einem eigens entwickelten Instrumentarium und durch eine unabhängige Ratinggruppe eingeschätzt. Diese Einschätzungen liefern die Datenbasis für einen geschlechtsbezogenen Vergleich mit Hilfe statistischer Verfahren. Zusätzlich sind qualitative Analysen der Interaktionen in diesen Einzelsituationen vorgenommen worden, um exemplarisch Hinweise auf geschlechtlich konnotierte ‚Schlüsselsituationen' zu gewinnen. Die im Rahmen der Tandem-Studie videografierten Gruppensituationen erwiesen sich trotz Standardisierung als so vielfältig und komplex, dass die ursprüngliche Intention eines Ratings analog der Einzelsituationen aufgegeben werden musste und hier die Fokussierung auf eine qualitative Analyse erfolgt.

Zur Erweiterung der Untersuchungsperspektive um die subjektive Sicht der Fachkräfte und auf das Gesamtspektrum von Aktivitäten im pädagogischen Alltag sind darüber hinaus ausführliche Leitfadeninterviews mit allen Tandems durchgeführt und qualitativ ausgewertet worden. Zudem sind die Beteiligten um Ausfüllung eines Persönlichkeitsfragebogens gebeten worden.

Dabei handelt es sich um das Persönlichkeitsinventar NEO-PI-R (Ostendorf & Angleitner 2004). Die Ergebnisse der Leitfadeninterviews und der Befragung mit dem Persönlichkeitsinventar gehen an verschiedenen Stellen als zusätzliche Informationen in die Auswertung mit ein.

Abbildung 1: Überblick über das Design der Tandemstudie[9]

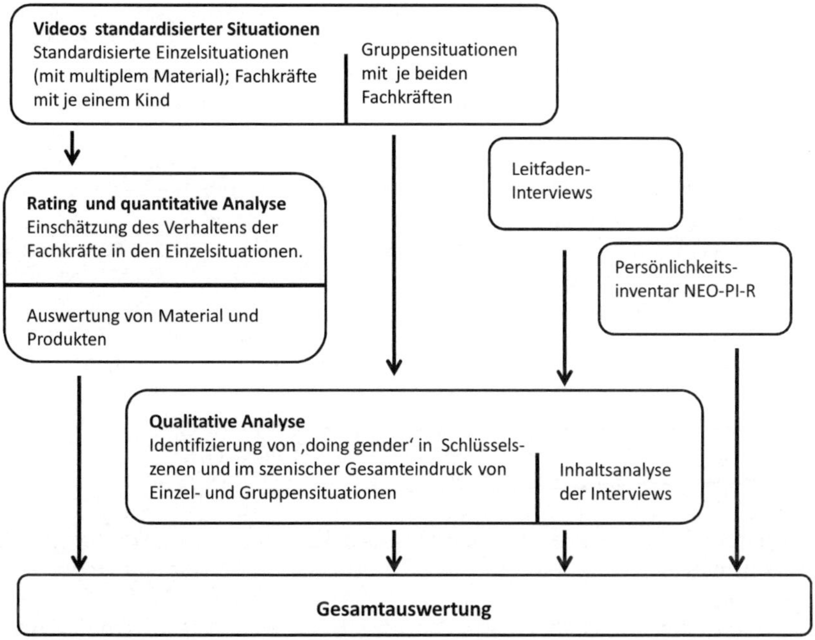

[9] Quelle: Eigene Abbildung. Da es sich bei allen Abbildungen in diesem Buch ausnahmslos um eigene handelt, wird im Folgenden auf diese Quellenangabe verzichtet.

5.4 Die Stichprobe

5.4.1 Rekrutierung und Besonderheiten der Stichprobe

Im Bereich der Forschung zu geschlechtlichen Aspekten professionellen Erziehungsverhaltens basiert die Tandem-Studie auf der bislang größten Stichprobe unter Einbezug männlicher Fachkräfte. Wie schon ausgeführt, ist das wesentlichste Charakteristikum dieser Stichprobe, dass sie nicht aus zwei voneinander unabhängigen Teilsamples männlicher und weiblicher Fachkräfte besteht, sondern aus Tandems miteinander arbeitender Fachkräfte.

Für die Rekrutierung der Stichprobe ist diese Entscheidung natürlich von erheblicher Konsequenz gewesen: Zum einen wird dadurch der Kreis möglicher Teilnehmer und Teilnehmerinnen stark eingeschränkt. Zu den Zeitpunkten der Erhebungen gab es in Deutschland 2011 insgesamt 11.280 und 2013 insgesamt 15.157 ausgebildete männliche Fachkräfte in Kindertageseinrichtungen (vgl. Rohrmann & Wanzeck-Sielert 2014, S. 97). Diese arbeiten aber unter sehr unterschiedlichen Bedingungen und in unterschiedlichen personellen Konstellationen. Der Anteil von männlichen Fachkräften, die in einer gemischtgeschlechtlichen Tandem-Situation mit Kindern zwischen drei und sechs Jahren arbeiten, ist dabei nicht quantifizierbar, aber erheblich geringer als die Gesamtzahl männlicher Fachkräfte. Daher ergab sich für die Studie die Notwendigkeit eines aufwendigen Suchprozesses nach Einrichtungen mit derartigen gemischtgeschlechtlichen Fachkraft-Tandems.

Insgesamt konnte eine Stichprobe von jeweils 41 Männern und 41 Frauen, die als Tandems mit einer Kindergruppe ihrer Einrichtung arbeiten, zusammengestellt und untersucht werden. Zusätzlich sind als Kontrollgruppe 12 Tandems von jeweils zwei miteinander arbeitenden Frauen einbezogen worden. Insgesamt erfasst die Tandem-Studie somit 106 Fachkräfte, 65 Frauen und 41 Männer, aus 40 verschiedenen Einrichtungen in mehreren deutschen Bundesländern. Die Mehrzahl der Tandems wurde in Sachsen rekrutiert, einzelne auch in Nordrhein-Westphalen, Schleswig-Holstein, Niedersachsen, Thüringen, Hessen und Berlin. Die meisten Einrichtungen befanden sich in städtischen Ballungsgebieten, es gab aber auch teilnehmende Einrichtungen in ländlichen Regionen des Erzgebirges, Harzes oder des Bergischen Landes. Die Datenerfassung erfolgte in zwei aufeinander folgenden Erhebungsphasen zwischen Januar 2011 und April 2013.

Vorgabe für die Stichprobengenerierung war, dass die einbezogenen Fachkräfte mindestens über eine abgeschlossene Erzieherausbildung verfügen und zum Zeitpunkt der Erhebung mindestens sechs Monate als Tandem gemeinsam in einer Gruppe mit Kindern von drei bis sechs Jahren arbeiten.

Bei den 41 Mann/Frau- und 12 Frau/Frau-Tandems handelt es sich nach den Kriterien empirischer Forschungsmethodik um eine sogenannte ‚ad hoc-

Stichprobe'. Das heißt, die Teilnehmenden wurden nicht über ein Zufallserfahren unter allen weiblichen und männlichen Fachkräften ermittelt, sondern rekrutiert durch gezielte Werbung in Einrichtungen, die einerseits bereits über männliches Fachpersonal verfügen, andererseits eine Arbeitsstruktur mit Tandems (d.h., definierten Kindergruppen mit jeweils zwei zugeordneten Fachkräften) aufweisen.

Es muss davon ausgegangen werden, dass die Bereitschaft zur freiwilligen Teilnahme an der Untersuchung größer gewesen ist bei Fachkräften, die generell eher positive Erfahrungen mit der Zusammenarbeit in einer gemischtgeschlechtlichen Konstellation gewonnen haben. Auch unter diesem Aspekt haben wir es also mit einer besonderen und vermutlich von der Grundgesamtheit der Fachkräfte abweichenden Stichprobe zu tun. Bezogen auf den unmittelbaren Verhaltensvergleich zwischen den Tandempartnern muss sich dies nicht zwingend auf die Ergebnisse auswirken, aber zumindest bei einigen Teilbefunden ist diese Besonderheit zu berücksichtigen.

Ungeachtet dessen gilt aber auf jeden Fall, dass nach statistischen Kriterien die in dieser Untersuchung erhobenen Befunde nur für die untersuchte Stichprobe Gültigkeit haben und nicht prinzipiell generalisierbar sind auf die Gesamtpopulation der pädagogischen Fachkräfte in deutschen Kindertageseinrichtungen.

5.4.2 Weisen die Fachkräfte der Stichprobe Besonderheiten in Ihren Persönlichkeiten auf?

Einen Hinweis darauf, ob die Fachkräfte der Stichprobe mit der Gesamtpopulation der Bevölkerung vergleichbar sind, geben die Werte der Persönlichkeitsfragebögen. Mit Hilfe des NEO-Persönlichkeitsinventars in der revidierten Fassung von Ostendorf und Angleitner (2004), das zentrale Bereiche der Persönlichkeit in Anlehnung an die ,Big Five' Dimensionen[10] erfasst, wurden die pädagogischen Fachkräfte gebeten, eine Selbsteinschätzung über ihr eigenes Erleben und Verhalten abzugeben. Dabei ist zu berücksichtigen, dass die Teilnahme an dieser Fragebogenerhebung freigestellt war und nur 59 der 106 in die Studie einbezogenen Fachkräfte einen solchen Persönlichkeitsfragebogen ausgefüllt haben.[11]

---

[10] In dem in der Psychologie etablierten Fünf-Faktoren-Modell der Persönlichkeit wird postuliert, dass Unterschiede zwischen Personen, die sich im Erleben und Verhalten ausdrücken, auf fünf zentrale Persönlichkeitsdimensionen zurückzuführen sind: Neurotizismus, Extraversion, Offenheit, Gewissenhaftigkeit und Verträglichkeit (vgl. Anhang G).
[11] Die Fragebögen wurden den Fachkräften in den Kitas ausgehändigt. Das Ausfüllen des Persönlichkeitsbogens war optional und für die an der Studie Teilnehmenden nicht verpflichtend. Eine Rücksendung wurde mit einem frankierten Rückantwortkuvert erleichtert. Um die Teilnahme für die Fachkräfte attraktiv zu machen, wurde eine Auswertung mit dem individualisierten Persönlichkeitsprofil in Aussicht gestellt und nach Übersendung der ausgefüllten Fragebögen

Die Auswertung der Persönlichkeitsfragebögen (vgl. Tabelle G.1 im Anhang) ergibt, dass die in der Tandem-Studie untersuchten Fachkräfte in den Persönlichkeitsdimensionen ‚Neurotizismus' (als Ausdruck für psychische Stabilität) sowie ‚Extraversion' (als Kontaktfreude umschrieben) weitgehend der Verteilung in der Normalbevölkerung entsprechen. Auch für den Bereich ‚Offenheit' gibt es keine gravierenden Abweichungen von der Vergleichswerten der Normstichprobe. Abweichend ist jedoch die Verteilung der Stichprobe für den Bereich der ‚Verträglichkeit'. Bei den in der Tandem-Studie erfassten Fachkräften haben wir es folglich mit ausgeprägt ‚verträglichen' Menschen zu tun, die Anderen „mit Wohlwollen" begegnen; sie „neigen zu Gutmütigkeit, sind in Auseinandersetzungen bereit nachzugeben…" (Ostendorf & Angleitner 2004, S. 44). Diese Qualitäten erscheinen auch durchaus angemessen und notwendig für einen beruflichen Alltag, der vom Zusammensein mit Kindern bestimmt wird. Ein weiterer Unterschied im Vergleich zur allgemeinen Bevölkerung liegt bei den Frauen der Stichprobe im Bereich der ‚Gewissenhaftigkeit'. Im Bezug zu altersgleichen Frauen erscheinen die befragten Erzieherinnen als besonders gewissenhaft, arbeitsam, zielstrebig, ordentlich und genau. Dieser Befund wird auch durch die in der Tandem-Studie durchgeführten Interviews bestätigt, insofern dort vielfach die Neigung der weiblichen Fachkräfte zu Ordnung und Struktur im Umgang mit den Kindern zum Ausdruck kommt (vgl. Kapitel 8.4).

In einschlägigen Untersuchungen zu Persönlichkeitseigenschaften pädagogischer Fachkräfte (vgl. Hülsheger et al. 2006; Tietze et al. 2012) werden vor allem Eigenschaften wie niedrige Neurotizismuswerte sowie hohe Werte im Bereich ‚Extraversion', als relevant für den Berufserfolg von Pädagoginnen und Pädagogen genannt. In diesen Dimensionen weicht die Tandem-Stichprobe nicht von der Normstichprobe in der Bevölkerung ab. Trotzdem spricht einiges für die Annahme, dass das Persönlichkeitsprofil der Tandem-Stichprobe relativ typisch ist für Fachkräfte in der frühkindlichen Erziehung und Bildung. Jedenfalls gibt es Hinweise darauf, dass zumindest die Männer, die in einen pädagogischen Beruf eintreten, spezifische Dispositionen und Orientierung mitbringen, wie sie beispielsweise hinsichtlich ‚Verträglichkeit' deutlich werden (vgl. Melcher 2012; Buschmeyer 2014). Für Erzieherinnen ist dies bislang nicht systematisch untersucht worden.

zugeschickt. Die Rücklaufquote von 56 Prozent lag daher weit über den üblichen Rückläufen (um 20 Prozent) bei postalischen Befragungen (vgl. Dieckmann 1995).

6 Die standardisierte Einzelsituation und der Vergleich auf Basis quantifizierter Daten

6.1 Setting und Auswertungsmethode

6.1.1 Design der standardisierten Einzelsituation

Mit der standardisierten, quasiexperimentellen Einzelsituation knüpft die Tandem-Studie an die Bindungsforschung und dabei insbesondere die mit Blick auf Väter entwickelte experimentelle Spielsituation an (Grossmann & Grossmann 2004). Diese Situation wurde für die Tandem-Studie aber dahingehend abgewandelt, als nicht ein einzelnes Spielmaterial, sondern ein Angebot verschiedener Materialien und Werkzeuge zur Auswahl vorgegeben ist.

Dabei sind die verwendeten Materialien nach verschiedenen Gesichtspunkten ausgewählt: Zum einen sollen sie dem Kita-Alltag entsprechen, um eine möglichst alltagsnahe Situation zu schaffen. Dementsprechend sind verschiedene typische Bastelmaterialien und entsprechende Hilfsmittel berücksichtigt. Gleichzeitig sollen die Materialien in verschiedenste Richtungen anregend sein und auch Möglichkeiten für Herausforderungen bieten. Daher ist die Auswahl um handwerkliche Inhalte (Hammer, Nägel, Zange, Draht, Unterlegscheiben) erweitert worden (vgl. Tabellen A.1 und A.2 im Anhang). Die Auswahl der Materialien ist also von der Intention geleitet, dass ein möglichst großes Spektrum an Themen umgesetzt werden kann und Fachkräfte wie Kinder in der Situation unterschiedlichen Interessen und Neigungen nachgehen können.

Das Material und die Werkzeuge sind in jeweils zwei neutral gestalteten Pappkoffern verpackt und werden in immer gleicher Zusammensetzung und Ordnung am Anfang der Aufnahmesituationen bereitgestellt. Der Zeitrahmen zur Arbeit mit diesem Material hat jeweils 20 Minuten betragen.

Abbildung 2: Materialien und Werkzeuge der standardisierten Einzelsituation

Vor der Datenerhebung sind die Fachkräfte und die Eltern der Kinder über das Vorhaben informiert und um Einverständnis für die Videoaufzeichnung gebeten worden. Kinder ohne ein vorliegendes Einverständnis konnten nicht teilnehmen.

Die Erzieherinnen und Erzieher haben die Anweisung bekommen, sich für die standardisierte Einzelsituation jeweils ein Kind aus ihrer Gruppe auszuwählen. Dabei wurde nur vorgegeben, dass sich eine Fachkraft für einen Jungen und die andere für ein Mädchen entscheiden soll, aber nicht beide für Mädchen oder Jungen.

Die Experimentalsituation wurde jeweils in einem abgetrennten Raum in der Einrichtung durchgeführt. Die Aufnahme erfolgte über eine Kamera mit Stativ. Die jeweilige Fachkraft und das Kind sollten möglichst nebeneinander oder über Eck an einem Tisch sitzen. Vor ihnen standen die beiden Koffer mit Werkzeug und Materialien. Zur Anzeige der Zeit befand sich auf dem Tisch eine Uhr, die die ablaufenden Minuten neben Zahlen auch mit einem sich verkleinernden roten Feld darstellt und zum Schluss einen Signalton abgibt. Die Situation wurde dann mit folgender standardisierter Vorgabe eingeleitet: „Schaut Euch den Inhalt der Koffer an. Überlegt gemeinsam, was man damit tun könnte und versucht es dann. Ihr habt 20 Minuten Zeit." Dann verließ das Mitglied des Untersuchungsteams den Raum bei laufender Kamera und kehrte erst nach Ablauf der vorgegebenen 20 Minuten zurück.

6.1.2 Spielqualität Vergleichsskala und Ratingprozess

Das zentrale und generelle Problem bei der Nutzung von Videomaterial für sozialwissenschaftliche Forschung ist die Übertragung des hierdurch gewonnenen komplexen Bildmaterials in messbare und vergleichsfähige empirische

Daten. Hierzu bedarf es einer *Beobachtungs- oder Einschätzungsskala*, die es ermöglicht, die Komplexität des Bildmaterials dadurch zu reduzieren, dass die Beobachtung durch Vorgabe definierter Interaktionsmerkmale und Verhaltensqualitäten (Items) fokussiert wird. Um über diesen Weg zu möglichst objektiven Bewertungen zu kommen, ist zudem notwendig, zu jedem dieser Beobachtungsaspekte möglichst präzise Einschätzungskriterien vorzugeben und ihre Einhaltung zu kontrollieren. Darüber hinaus lässt sich die verbleibende Subjektivität der Bewertungen noch dadurch kontrollieren, dass die Einschätzungen von *mehreren* einschätzenden Personen (Rater) vorgenommen werden. Die dem Vergleich letztlich zugrundeliegenden Daten sind folglich Durchschnittswerte jeweils mehrerer Einschätzungen, wobei die Übereinstimmung der Rater statistisch überprüft wird und nur solche Bewertungen als Daten in die Analyse eingehen, bei denen die Abweichungen der einzelnen Einschätzungen innerhalb eines definierten Toleranzspielraums verbleiben.

Die für die Tandemstudie entwickelte *Spielqualität Vergleichsskala* ist so konzipiert, dass sie geschulten Ratern der Videosequenzen erlaubt, mit hoher intersubjektiver Übereinstimmung definierte Verhaltensaspekte der beteiligten Erzieherinnen oder Erzieher in ihrer Ausprägung valide einzuschätzen. Hierzu werden konkrete Aussagen (Items) zu Interaktions- und Verhaltensmerkmalen vorgegeben, die im Grad ihres Zutreffens von den Ratern und Raterinnen einzuschätzen sind (vgl. Anhang C).

Dabei ist die Entwicklung der Items der Skala wesentlich von der Intention bestimmt gewesen, einerseits der Komplexität des vorliegenden Bildmaterials Rechnung zu tragen, andererseits die aktuelle Fachdiskussion um gute Qualität frühpädagogischer Praxis abzubilden und die Beobachtung und Einschätzung des Bildmaterials auf die hieraus abgeleiteten Kriterien zu fokussieren. Hierzu wurde einerseits auf die Bindungsforschung und hier insbesondere die Untersuchungen zur Bedeutung von Feinfühligkeit und sensitiver Herausforderung zurückgegriffen. Andererseits wurden Studien zur Qualitätsforschung im Elementarbereich sowie Hypothesen aus der Geschlechterforschung berücksichtigt.

Neben diesem deduktiven Herangehen wurden in einem induktiven Verfahren aus der ersten Sichtung des vorliegenden Videomaterials weitere Unterscheidungsdimensionen (z.B. hinsichtlich der Arbeitsteilung im Prozess) und ergänzende Items (z.B. zum Grad der Langeweile beim Kind oder Gestaltung der Situation als Leistungssituation) gewonnen.

Für die Auswertung sind die Items später gruppiert und in fünf Dimensionen des pädagogischen Handelns zusammengefasst worden. Diese Dimensionierung hat sich insgesamt im Auswertungsprozess als tragfähig und praktikabel erwiesen. Die in der Skala erfassten Dimensionen sind: Einfühlsamkeit, Herausforderung, dialogische Interaktion, Art der Kooperation und Kommunikationsinhalte.

Im Einzelnen umfasst die dem Rating zugrunde liegende Skala folgende Items:

Items der Dimension Einfühlsamkeit

1.1 Erzieher/in reagiert auf Äußerungen und Regungen des Kindes angemessen und prompt.
1.3 Erzieher/in unterstützt das Kind angemessen (ohne unerbetene Einmischungen und Vorschriften).
1.4 Erzieher/in gibt angemessen positive und wertschätzende Rückmeldungen.

Items der Dimension Herausforderung

1.2 Erzieher/in ermutigt das Kind zum Experimentieren und zur Auseinandersetzung mit unbekannten Problemstellungen.
2.3 Erzieher/in stellt Fragen, die zum Nachdenken anregen.
2.4 Erzieher/in benutzt für das Kind ungewohnte Begriffe.
3.5 Das Kind verliert während der Aktivität das Interesse und zeigt Anzeichen von Langeweile.
3.6 Erzieher/in gestaltet die Aktivität als Leistungssituation.

Items der Dimension Dialogischen Interaktion

2.1 Erzieher/in greift Vorschläge und/oder Initiativen des Kindes auf.
2.2 Erzieher/in wartet geduldig Entscheidungen des Kindes ab.
2.8 Erzieher/in ist dem Kind zugewandt und sucht den Blickkontakt.

Items der Dimension Art der Kooperation

3.1 Erzieher/in beobachtet das Kind und beteiligt sich nur verbal.
3.2 Erzieher/in handelt selbst und lässt das Kind zuschauen.
3.3 Erzieher/in und Kind verfolgen unterschiedliche Teilprojekte in paralleler Aktivität und nur punktueller Abstimmung.
3.4 Beide arbeiten gemeinsam an einem Objekt bei kontinuierlicher Abstimmung.
3.7 Wem ist das in der Videosequenz entstandene materielle Produkt der in der Hauptsache zuzuschreiben?

Items der Dimension Kommunikationsinhalte

2.5 Erzieher/in äußert sich primär sachlich-gegenstandsbezogen und funktional über die Aktivität bzw. greift auf, wenn dies vom Kind kommt.
2.6 Erzieher/in begleitet die Aktivität durch assoziative Phantasien und Narrationen bzw. greift auf, wenn dies vom Kind kommt.
2.7 Erzieher/in thematisiert die Beziehung oder Persönliches oder greift auf, wenn dies vom Kind kommt.

Für das Training der Rater-Gruppe wurden alle Items mit Verhaltensbeispielen unterlegt. Die vollständige Skala einschließlich der Vorlage mit Verhaltensbeispielen findet sich in den Anlagen in diesem Buch (vgl. Anhang B und C).

Die Antwortskalierung für die Items orientiert sich an der Prämisse, dass Antwortskalen einerseits hinreichend differenzieren müssen und andererseits dem Kriterium der Äquidistanz (gleiche Abstände zwischen den Antwortkategorien) nahe kommen sollten. Anschließend an Bernd Rohrmann (1978), der unterschiedliche Ausprägungsformen der Antworten bei sozialwissenschaftlichen Einschätzskalen empirisch untersucht hat, wurde für das Ratinginstrument eine fünfstufige Antwortskala gewählt. Die Abstufungen sind dabei verbal definiert und folgen Rohrmanns Vorschlag für die Formulierung einer äquidistanten Intensitätsabstufung:

Trifft nicht zu	Trifft wenig zu	Trifft mittelmäßig zu	Trifft ziemlich zu	Trifft sehr zu

Lediglich bei Item 3.7 wird abweichend von den anderen Items eine qualitative Bewertung vorgenommen, wobei die Alternativen sind:

Dem Kind	Beiden Akteuren zu gleichen Teilen	Dem/der Erzieher/in

In der ursprünglichen Version enthält die Skala zusätzlich die Aufforderung, in offener Form eine metaphorische Beschreibung des szenischen Gesamteindrucks von der Videosequenz zu geben („Beschreiben Sie abschließend in eigenen Worten den szenischen Charakter der Beziehung zwischen Erzieher/in und Kind, so wie er für Sie in der Videosequenz zum Ausdruck kommt"). Hier ergaben sich in der Auswertung der ersten Ratings aber keine verwertbaren und aussagekräftigen Ergebnisse, so dass dieser offene Zusatz aus der Skala herausgenommen wurde.

Eine Zwischenform der Skala wurde in einem Expertenworkshop mit einschlägig arbeitenden Kolleginnen und Kollegen aus Deutschland, Österreich und der Schweiz getestet (Pretest) und nach Auswertung und Diskussion dann in die abschließende Form gebracht.

Für das eigentliche Rating sind dann Studierende der Elementarpädagogik bzw. Sozialpädagogik gewonnen worden, die mit Grundlagen der Bindungstheorie bzw. elementarpädagogischen Standards vertraut sind. Dabei wurde nach einem ersten Training aus einer größeren Gruppe ein Team von drei Studentinnen und drei Studenten gebildet, das in gleichbleibender Zusammensetzung sämtliche Einzelsituationen eingeschätzt hat (vgl. ausführlicher zum Training und Rating-Ablauf Anhang D).

Um die Zuverlässigkeit der Messung im Ratingverfahren zu überprüfen, ist in Anlehnung an Wirtz und Caspar (2002) für jedes der Items die Interklassenkorrelation (ICC) als Maß für die Stärke des Zusammenhanges der Raterurteile berechnet (vgl. Anhang D).

Im Ergebnis zeigten sich sehr gute Werte für die Interrater-Reliabilität, die Gruppenvergleiche von Merkmalen mittels Ratingdaten zulassen, da sie über ICC = .70 liegen. Lediglich Item 2.4 („Erzieher/in benutzt für das Kind ungewohnte Begriffe") genügt dieser Anforderung nicht ausreichend und wurde deshalb in der weiteren Auswertung nicht berücksichtigt (vgl. Tabelle D.1).

6.2 Verhalten sich männliche Fachkräfte in der Einzelsituation anders als ihre Kolleginnen?

Im Folgenden werden zunächst die Ergebnisse der deskriptiven Auswertung des Ratings der 82 Videosequenzen der 41 *Mann/Frau-Tandems* (jede Fachkraft in der Einzelsituation mit einem Kind) hinsichtlich des Interaktionsverhaltens der männlichen und weiblichen Fachkräfte dargestellt. Dabei werden die in die Auswertung eingehenden 18 Items unter den genannten fünf Dimensionen zusammengefasst: Einfühlsamkeit, Herausforderung, dialogische Interaktion, Art der Kooperation und Kommunikationsinhalte.

Anschließend wird ein Vergleich dieser Ergebnisse mit denen des Ratings der Kontrollgruppe von Frau/Frau-Tandems vorgenommen.

6.2.1 Dimension Einfühlsamkeit

Diese Dimension umfasst Items, die unter verschiedenen Aspekten auf die unter bindungstheoretischer Perspektive zentrale Qualität der Feinfühligkeit abzielen. Dabei orientiert sich die Skala an publizierten Beschreibungen der

SCIP (Sensitive Challenging Interactive Play) von Grossmann und Grossmann (2004). Diese verstehen unter „genereller Feinfühligkeit":

„alle Äußerungen des Kindes als Mitteilung wahrnehmen, richtig interpretieren sowie angemessen und prompt beantworten" sowie die „feinfühlige Unterstützung der Neugier, der Erkundungen und der Tüchtigkeit des Kindes durch Schaffung einer angemessenen Struktur, durch positive, wertschätzende Interaktionen und angemessene Herausforderungen, sowie ohne unerbetene Einmischungen und Vorschriften." (Grossmann & Grossmann 2004, S. 210).

Tabelle 1: Ratingergebnisse für Männer und Frauen bezüglich der Dimension Einfühlsamkeit[12]

Item (1= trifft nicht zu, 5= trifft sehr zu)	Frauen Median n=41	Männer Median n=41	p-Wert MWU-Wert[13]
Erzieher/in reagiert auf Äußerungen und Regungen des Kindes angemessen und prompt (1.1)	3,83	3,83	.74
Erzieher/in unterstützt das Kind angemessen (ohne unerbetene Einmischungen und Vorschriften) (1.3)	3,33	3,67	.47
Erzieher/in gibt angemessen positive und wertschätzende Rückmeldungen (1.4)	3,50	3,17	.29

Wie Tabelle 1 zeigt, ergibt der Vergleich der Werte für die zentrale Tendenz (Mediane) für die männlichen und weiblichen Fachkräfte nur minimale und nicht signifikante Differenzen, die sich zudem über die Items ausgleichen. Die vor dem Hintergrund von Ergebnissen der Bindungsforschung naheliegende Erwartung, dass sich Frauen in der Aktivität mit Kindern als einfühlsamer erweisen könnten, bestätigt sich also bezogen auf die untersuchte Stichprobe für pädagogische Fachkräfte nicht.

[12] In allen Tabellen drücken niedrige Werte auch einen niedrigen Ausprägungsgrad (Minimum 1) aus, hohe einen hohen (Maximum 5).
[13] Die zugrundeliegende Verteilung der Ratingergebnisse ist nicht normalverteilt. Um die Ergebnisse miteinander zu vergleichen, wurden daher nichtparametrische Verfahren eingesetzt. Zum Einsatz kam der Man-Whitney-U-Test. Das Signifikanzniveau wurde generell auf eine 5% Irrtumswahrscheinlichkeit (α=0,05) festgelegt. Die Hypothesenprüfung erfolgte zweiseitig, da zwar Vorannahmen aus der Literatur zum Teil abgeleitet werden können, jedoch kein wirklich belastbares Material für den Bereich des Geschlechtereinflusses auf professionelles Erzieherverhalten vorliegt.

6.2.2 Dimension Herausforderung

Diese Dimension umfasst Items, die auf Aspekte einer herausfordernden und Exploration fördernden Interaktionsweise abzielen. Auch hier wird wieder auf die inhaltlichen Bestimmungen zurück gegriffen, die sich diesbezüglich in den Untersuchungen von Grossmann und Grossmann (2004) finden. Ergänzend sind in Anlehnung an König (2009) auch das Aktivitätsniveau des Kindes und die Frage nach der Leistungssituation einbezogen worden, da sie korrespondierende Aspekte beinhalten.

Tabelle 2: Ratingergebnisse für Männer und Frauen bezüglich der Dimension Herausforderung

Item (1= trifft nicht zu, 5= trifft sehr zu)	Frauen Median n=41	Männer Median n=41	p-Wert MWU-Wert
Erzieher/in ermutigt das Kind zum Experimentieren und zur Auseinandersetzung mit unbekannten Problemstellungen (1.2)	2,67	2,67	.77
Erzieher/in stellt Fragen, die zum Nachdenken anregen (2.3)	2,33	2,83	.22
Das Kind verliert während der Aktivität das Interesse und zeigt Anzeichen von Langeweile (3.5)	1,50	1,67	.89
Erzieher/in gestaltet die Aktivität als Leistungssituation (3.6)	1,67	1,33	.36

Auch hier ergibt der Vergleich der Werte der zentralen Tendenz für die männlichen und weiblichen Fachkräfte ebenfalls nur minimale und nicht signifikante Differenzen. Lediglich bezüglich zum Nachdenken anregende Fragen zeigt sich ein deutlicherer und annähernd signifikanter Unterschied. Auch hier bestätigt sich für pädagogische Fachkräfte die durch die Bindungsforschung nahegelegte Vermutung, dass Männer Kinder stärker herausfordern, bezogen auf die in der Stichprobe erfassten Fachkräfte folglich nicht.

6.2.3 Dimension Dialogische Interaktion

Diese Dimension umfasst Items, die an verschiedene Untersuchungen zur Qualität frühkindlicher Bildung und zum Interaktionsverhalten von Erziehern (vgl. Sylva et al. 2004a, 2004b, König 2009) anknüpfen. Dabei wurde versucht, die von diesen Autorinnen entwickelten umfangreichen Skalen auf wenige und besonders aussagekräftige Items zu reduzieren.

Tabelle 3: Ratingergebnisse für Männer und Frauen bezüglich der Dimension
Dialogische Interaktion

Item (1= trifft nicht zu, 5= trifft sehr zu)	Frauen Median n=41	Männer Median n=41	p-Wert MWU-Wert
Erzieher/in greift Vorschläge und/oder Initiativen des Kindes auf (2.1)	4,00	3,83	.96
Erzieher/in wartet geduldig Entscheidungen des Kindes ab (2.2)	3,17	3,67	.18
Erzieher/in ist dem Kind zugewandt und sucht den Blickkontakt. (2.8)	3,83	3,67	.80

Der Vergleich der Werte für die zentrale Tendenz ergibt auch in dieser Dimension für männliche und weibliche Fachkräfte keine statistisch signifikanten Differenzen. Bei zwei Items sind die Unterschiede minimal. Lediglich hinsichtlich des Items 2.2 zeigt sich als Tendenz, dass die männlichen Fachkräfte geduldiger sind und in höherem Maße Entscheidungen des Kindes abwarten. Aber auch dieser Unterschied erreicht nur annähernd einen Wert im statistischen Signifikanzbereich und ist deshalb in seiner Aussage nicht belastbar.

6.2.4 Dimension Art der Kooperation

Die Items dieser Dimension sind induktiv aus dem vorhandenen Material entwickelt worden. Bei der Erarbeitung des Ratinginstruments und dessen Abgleichung an exemplarischen Sequenzen zeigten sich deutlich interindividuelle Unterschiede bzgl. der verbalen bzw. handelnden Aktivität der Fachkräfte und im Aspekt der Arbeitsteilung und Abstimmung zwischen Fachkraft und Kind (vgl. Tabelle 4, folgende Seite).

Tabelle 4: Ratingergebnisse für Männer und Frauen bezüglich der Dimension
Art der Kooperation

Item (1= trifft nicht zu, 5= trifft sehr zu)	Frauen Median n=41	Männer Median n=41	p-Wert MWU-Wert
Erzieher/in beobachtet das Kind und beteiligt sich nur verbal. (3.1)	2,17	2,00	.86
Erzieher/in handelt selbst und lässt das Kind zuschauen (3.2)	2,17	1,83	.66
Erzieher/in und Kind verfolgen unterschiedliche Teilprojekte in paralleler Aktivität und nur punktueller Abstimmung (3.3)	1,17	1,17	.87
Beide arbeiten gemeinsam an einem Objekt bei kontinuierlicher Abstimmung (3.4)	4,00	4,00	.67

Zwar zeigen sich in der gesamten Stichprobe große Unterschiede hinsichtlich der Arten der Kooperation zwischen Fachkräften und Kindern, aber auch hier ergibt der Vergleich der Zentralwerte für männliche und weibliche Fachkräfte keine statistisch signifikanten und damit überzufälligen Unterschiede.

Gesondert ausgewertet wurde das Item 3.7, das im Unterschied zu den anderen keine abgestufte Einschätzung vorsieht, sondern qualitativ kategorial erfasst, wem das in der Situation entstandene materielle Produkt in der Hauptsache zuzuschreiben ist, dem Erzieher bzw. der Erzieherin, dem Kind oder beiden Akteuren gleichermaßen.

Auch bezogen auf dieses Item hier ergibt sich bezogen auf die Gesamtheit der in die Untersuchung einbezogenen Kinder keine statistisch aussagekräftige Differenz zwischen den beiden Gruppen der männlichen und weiblichen Fachkräfte, sondern vielmehr sogar fast eine Gleichverteilung (vgl. Abbildung 3, folgende Seite).

Abbildung 3: Häufigkeitsverteilung Item 3.7 (absolute Zahlen)

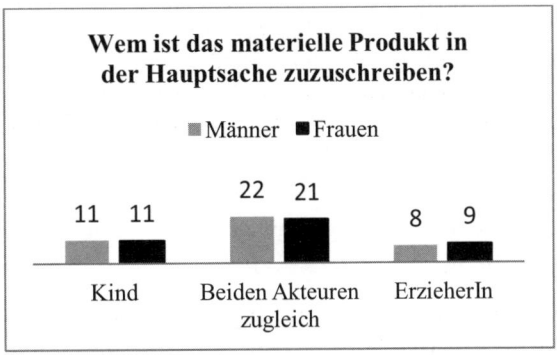

6.2.5 Dimension Kommunikationsinhalte

In der fünften Dimension geht es um Kommunikationsinhalte oder -stile, wobei einerseits das Ausmaß primär sachlich-gegenstandsbezogener und funktionaler Äußerungen beurteilt wird und andererseits die Thematisierung von persönlichen Inhalten oder der Beziehung der Akteure sowie assoziative Phantasien oder Narrationen während der Spielphase registriert werden. Diese Dimension ergibt sich deduktiv aus der Annahme unterschiedlicher Kommunikationsstile von Männern und Frauen, so wie sie beispielsweise Aries (1996) in Gruppendiskussionen gefunden hat.

Tabelle 5: Ratingergebnisse für Männer und Frauen bezüglich der Dimension
Kommunikationsinhalte

Item (1= trifft nicht zu, 5= trifft sehr zu)	Frauen Median n=41	Männer Median n=41	p-Wert MWU-Wert
Erzieher/in thematisiert die Beziehung oder Persönliches (Attribute, Erfahrungen, Gefühle) oder greift auf, wenn dies vom Kind kommt (2.7)	2,00	1,67	.45
Erzieher/in äußert sich primär sachlich-gegenstandsbezogen und funktional über die Aktivität bzw. greift auf, wenn dies vom Kind kommt (2.5)	4,00	4,17	.57
Erzieher/in begleitet die Aktivität durch assoziative Phantasien und Narrationen bzw. greift auf, wenn dies vom Kind kommt (2.6)	1,83	2,00	.92

Auch bezogen auf die Items dieser Dimension bestätigt sich für die in der Stichprobe erfassen pädagogische Fachkräfte nicht die durch die Fachliteratur nahe gelegte Erwartung, dass Männer und Frauen unterschiedliche Kommunikationsstile realisieren. Zumindest bezogen auf das Verhalten gegenüber Kindern als Gesamtgruppe, d.h. ohne Berücksichtigung des Geschlechts der Kinder, zeigen sich in der untersuchten Stichprobe zwischen männlichen und weiblichen Fachkräften nur minimale und statistisch nicht signifikante Unterschiede in den Kommunikationsinhalten.

6.2.6 Vergleich der gemischtgeschlechtlichen Tandems mit den Frau/Frau-Tandems

Die als Kontrollgruppe fungierenden Frau-Frau-Tandems wurden nach dem gleichen Verfahren ausgewertet wie die gemischtgeschlechtlichen Tandems, nur dass hier lediglich die gemeinsamen Werte der zentralen Tendenz ermittelt wurden und zwischen den Tandempartnerinnen kein Vergleich von Verhaltensausprägungen möglich und sinnvoll war.

Die Ergebnisse für die weiblichen Tandems wurden aber mit denen der gemischtgeschlechtlichen verglichen. Dabei zeigen sich insgesamt nur marginale Unterschiede zur Gesamtgruppe der Mann-Frau-Tandems (vgl. Tabelle 6, folgende Seite). Lediglich bei Item 3.4 zeigt sich eine tendenzielle Signifikanz: Mann-Frau-Tandems arbeiten demnach insgesamt häufiger an einem Objekt mit kontinuierlicher Abstimmung mit den Kindern als Frau-Frau-Tandems. Aufgrund der weit geringeren Zahl an Frau-Frau-Tandems (12) gegenüber Mann-Frau-Tandems (41) ist dieser Befund jedoch mit Vorsicht zu interpretieren.

Insgesamt zeigen sich im Vergleich der gemischtgeschlechtlichen mit den weiblichen Tandems bezogen auf alle fünf Dimensionen vergleichbare Werte. Die Mitarbeit eines Mannes wirkt sich offenbar nicht relevant auf die gemeinsam erreichten Durchschnittswerte der Tandems aus. Zumindest auf dieser Vergleichsebene ergibt sich somit kein Hinweis auf einen bedeutsamen systemischen Effekt im Sinne einer besonderen Beeinflussung innerhalb der gemischtgeschlechtlichen Tandems.

Tabelle 6: Vergleich der Mann/Frau-Tandems mit der Kontrollgruppe der Frau/Frau-Tandems[14]

Item (1= trifft nicht zu, 5= trifft sehr zu)	Median Mann/ Frau- Tandems n=82	Median Frau/ Frau- Tandems n=24	p-Wert KSZ- Test[15]
Item 1.1 Erzieher/in reagiert auf Äußerungen und Regungen des Kindes angemessen und prompt	3,83	3,67	.881
Item 1.2 Erzieher/in ermutigt das Kind zum Experimentieren und zur Auseinandersetzung mit unbekannten Problemstellungen	2,67	2,92	.514
Item 1.3 Erzieher/in unterstützt das Kind angemessen (ohne unerbetene Einmischungen und Vorschriften)	3,33	3,08	.725
Item 1.4 Erzieher/in gibt angemessen positive und wertschätzende Rückmeldungen	3,33	3,33	.840
Item 2.1 Erzieher/in greift Vorschläge und/oder Initiativen des Kindes auf	4,00	3,75	.876
Item 2.2 Erzieher/in wartet geduldig Entscheidungen des Kindes ab	3,33	3,08	.542
Item 2.3 Erzieher/in stellt Fragen, die zum Nachdenken anregen	2,33	2,50	.942
Item 2.5 Erzieher/in äußert sich primär sachlich-gegenstandsbezogen und funktional über die Aktivität bzw. greift auf, wenn dies vom Kind kommt	4,00	3,83	.917
Item 2.6 Erzieher/in begleitet die Aktivität durch assoziative Phantasien und Narrationen bzw. greift auf, wenn dies vom Kind kommt	1,83	2,25	.746
Item 2.7 Erzieher/in thematisiert die Beziehung oder Persönliches (Attribute, Erfahrungen, Gefühle) oder greift auf, wenn dies vom Kind kommt	1,83	1,50	.864
Item 2.8 Erzieher/in ist dem Kind zugewandt und sucht den Blickkontakt	3,83	3,83	.999
Item 3.1 Erzieher/in beobachtet das Kind und beteiligt sich nur verbal	2,00	1,92	.991
Item 3.2 Erzieher/in handelt selbst und lässt das Kind zuschauen	2,00	2,08	.563
Item 3.3 Erzieher/in und Kind verfolgen unterschiedliche Teilprojekte in paralleler Aktivität und nur punktueller Abstimmung	1,17	1,17	.938
Item 3.4 Beide arbeiten gemeinsam an einem Objekt bei kontinuierlicher Abstimmung	**4,00**	**3,83**	**.079**
Item 3.5 Das Kind verliert während der Aktivität das Interesse und zeigt Anzeichen von Langeweile	1,50	1,58	.725
Item 3.6 Erzieher/in gestaltet die Aktivität als Leistungssituation	1,58	1,50	.997
Item 3.7 Wem ist das in der Situation entstandene materielle Produkt in der Hauptsache zuzuschreiben?	2,00	1,83	.834

[14] In Abweichung von den anderen Items drückt aufgrund der qualitativen Differenzierung bei Item 3.7 ein Wert um 1 in der Tabelle die Nähe zur Einschätzung aus, dass das Produkt vornehmlich vom Kind hergestellt wurde, ein Wert um 2, dass beide gleichermaßen daran beteiligt sind und ein Wert um 3 drückt aus, dass das Produkt in der Hauptsache der Fachkraft zugeschrieben wird.
[15] Aufgrund der kleineren Stichprobe der Frau/Frau-Tandems wurde der robustere Kolmogorov-Smirnov-z-Test eingesetzt.

Aus dem Vergleich der gemischtgeschlechtlichen Tandems mit den weiblichen Tandems ergibt sich aber noch eine weitere Erkenntnis: Die Werte für die weiblichen Fachkräfte in den gemischten Tandems entsprechen in hohem Maße denen der Fachkräfte in den weiblichen Tandems. Damit zeigen sich hinsichtlich der weiblichen Fachkräfte auch bei Einbeziehung der Frau/Frau-Tandems und damit bei einer um 50% größeren Stichprobe keine wesentlich veränderten Resultate. Dies spricht dafür, dass zumindest bezogen auf die weiblichen Fachkräfte die Daten, die auf Basis der gemischtgeschlechtlichen Tandems für den unmittelbaren Vergleich männlicher und weiblicher Fachkräfte herangezogen wurden, trotz der begrenzten Stichprobe relativ gut belastbar und aussagefähig sind.

6.3 Verhaltensunterschiede gegenüber Jungen und Mädchen

6.3.1 Mann/Frau-Tandems: Verhalten gegenüber Jungen und Mädchen

Der bisherige Vergleich männlicher und weiblicher Fachkräfte erfolgte unabhängig vom Geschlecht der Kinder. Die Größe der Stichprobe ermöglicht aber auch, in der Auswertung die Ratingergebnisse abhängig vom Geschlecht des Kindes anzugeben und Differenzen hinsichtlich ihrer Signifikanz zu bewerten. Dabei ergeben sich, wie zu sehen sein wird, gegenüber der ersten Auswertung doch einige bemerkenswerte geschlechtsspezifische Unterschiede. Im Folgenden werden über alle Items getrennt für männliche und weibliche Fachkräfte die durchschnittlichen Ratingwerte (Mediane) der Verhaltensausprägungen gegenüber Jungen und Mädchen dargestellt.

Tabelle 7 (folgende Seite) bildet die Ausprägung von Interaktions- und Verhaltensmerkmalen der weiblichen Fachkräfte (der Mann/Frau-Tandems) gegenüber Mädchen und Jungen ab. Signifikante Differenzen im Verhalten gegenüber Jungen und Mädchen sind in der Tabelle fett gedruckt.

Unter drei Aspekten werden hier signifikante Ratingunterschiede hinsichtlich der Behandlung von Jungen und Mädchen deutlich. Besonders ausgeprägt ist, dass die Erzieherinnen mit Jungen signifikant weniger in parallelen Teilprojekten mit nur punktueller Abstimmung arbeiten als mit Mädchen (Item 3.3). Außerdem sprechen die Frauen der Mann-Frau-Tandems häufiger sachlich-gegenstandbezogen und funktional mit den Jungen als mit den Mädchen (Item 2.5). Drittens begleiten sie die Aktivität von Mädchen öfter durch assoziative Phantasien und Narrationen oder greifen die der Mädchen auf als dies mit Jungen der Fall ist (Item 2.6).

Tabelle 7: Kennwerte des Verhaltens der weiblichen Fachkräfte gegenüber Jungen und Mädchen

Item	Median Frau/ Junge n=19	Median Frau/Mädchen n=22	p-Wert MWU-Test[16]
Item 1.1 Erzieher/in reagiert auf Äußerungen und Regungen des Kindes angemessen und prompt	3,67	3,83	.193
Item 1.2 Erzieher/in ermutigt das Kind zum Experimentieren und zur Auseinandersetzung mit unbekannten Problemstellungen	2,67	2,33	.212
Item 1.3 Erzieher/in unterstützt das Kind angemessen (ohne unerbetene Einmischungen und Vorschriften)	3,33	3,33	.875
Item 1.4 Erzieher/in gibt angemessen positive und wertschätzende Rückmeldungen	3,17	3,83	.104
Item 2.1 Erzieher/in greift Vorschläge und/oder Initiativen des Kindes auf	4,00	3,92	.536
Item 2.2 Erzieher/in wartet geduldig Entscheidungen des Kindes ab	3,17	3,25	.763
Item 2.3 Erzieher/in stellt Fragen, die zum Nachdenken anregen	**2,50**	**2,25**	**.089**
Item 2.5 Erzieher/in äußert sich primär sachlich-gegenstandsbezogen und funktional über die Aktivität bzw. greift auf, wenn dies vom Kind kommt	**4,33**	**3,58**	**.038**
Item 2.6 Erzieher/in begleitet die Aktivität durch assoziative Phantasien und Narrationen bzw. greift auf, wenn dies vom Kind kommt	**1,67**	**2,42**	**.050**
Item 2.7 Erzieher/in thematisiert die Beziehung oder Persönliches (Attribute, Erfahrungen, Gefühle) oder greift auf, wenn dies vom Kind kommt	**1,67**	**2,25**	**.055**
Item 2.8 Erzieher/in ist dem Kind zugewandt und sucht den Blickkontakt	3,83	4,00	.906
Item 3.1 Erzieher/in beobachtet das Kind und beteiligt sich nur verbal	2,50	2,08	.325
Item 3.2 Erzieher/in handelt selbst und lässt das Kind zuschauen	2,00	2,17	.813
Item 3.3 Erzieher/in und Kind verfolgen unterschiedliche Teilprojekte in paralleler Aktivität und nur punktueller Abstimmung	**1,00**	**1,67**	**.008**
Item 3.4 Beide arbeiten gemeinsam an einem Objekt bei kontinuierlicher Abstimmung	4,00	3,75	.537
Item 3.5 Das Kind verliert während der Aktivität das Interesse und zeigt Anzeichen von Langeweile	1,33	1,50	.812
Item 3.6 Erzieher/in gestaltet die Aktivität als Leistungssituation	2,00	1,58	.185
Item 3.7 Wem ist das in der Situation entstandene materielle Produkt in der Hauptsache zuzuschreiben?	1,67	2,00	.144

[16] Mann-Whitney-U-Test (MWU-Test), nonparametrisches Verfahren, das Unterschiede hinsichtlich der zentralen Tendenz der Verteilungen prüft.

Tendenzielle Signifikanzen und somit Unterschiede zeigen sich in Tabelle 7 zudem bei den Items 2.3 (Erzieher/in stellt Fragen, die zum Nachdenken anregen) und 2.7 (Erzieher/in thematisiert Erfahrungen oder Persönliches oder greift auf, wenn dies vom Kind kommt). Jungen werden demnach zumindest in der Tendenz mehr anregende Fragen gestellt. Mit Mädchen werden hingegen tendenziell häufiger Erfahrungen oder Persönliches thematisiert.

In der Tendenz ähnlich, in der Ausprägung aber teilweise abweichend, stellt sich das Bild für das Verhalten der männlichen Fachkräfte in Relation zu Jungen und Mädchen dar (vgl. Tabelle 8, folgende Seite).

Tabelle 8: Kennwerte des Verhaltens der männlichen Fachkräfte gegenüber Jungen und Mädchen

Item	Median Mann/ Junge n=21	Median Mann/ Mädchen n=20	p-Wert MWU-Test
Item 1.1 Erzieher/in reagiert auf Äußerungen und Regungen des Kindes angemessen und prompt	3,83	3,75	.814
Item 1.2 Erzieher/in ermutigt das Kind zum Experimentieren und zur Auseinandersetzung mit unbekannten Problemstellungen	2,83	2,25	.295
Item 1.3 Erzieher/in unterstützt das Kind angemessen (ohne unerbetene Einmischungen und Vorschriften)	3,50	3,75	.497
Item 1.4 Erzieher/in gibt angemessen positive und wertschätzende Rückmeldungen	3,17	3,17	.763
Item 2.1 Erzieher/in greift Vorschläge und/oder Initiativen des Kindes auf	3,83	3,83	.774
Item 2.2 Erzieher/in wartet geduldig Entscheidungen des Kindes ab	3,67	3,58	.666
Item 2.3 Erzieher/in stellt Fragen, die zum Nachdenken anregen	3,00	2,42	.432
Item 2.5 Erzieher/in äußert sich primär sachlichgegenstandsbezogen und funktional über die Aktivität bzw. greift auf, wenn dies vom Kind kommt	**4,33**	**4,00**	**.062**
Item 2.6 Erzieher/in begleitet die Aktivität durch assoziative Phantasien und Narrationen bzw. greift auf, wenn dies vom Kind kommt	1,83	2,00	.471
Item 2.7 Erzieher/in thematisiert die Beziehung oder Persönliches (Attribute, Erfahrungen, Gefühle) oder greift auf, wenn dies vom Kind kommt	1,67	1,67	.424
Item 2.8 Erzieher/in ist dem Kind zugewandt und sucht den Blickkontakt	4,00	3,67	.472
Item 3.1 Erzieher/in beobachtet das Kind und beteiligt sich nur verbal	1,83	2,17	.574
Item 3.2 Erzieher/in handelt selbst und lässt das Kind zuschauen	1,83	1,83	.969
Item 3.3 Erzieher/in und Kind verfolgen unterschiedliche Teilprojekte in paralleler Aktivität und nur punktueller Abstimmung	**1,17**	**1,67**	**.039**
Item 3.4 Beide arbeiten gemeinsam an einem Objekt bei kontinuierlicher Abstimmung	4,17	4,00	.417
Item 3.5 Das Kind verliert während der Aktivität das Interesse und zeigt Anzeichen von Langeweile	1,83	1,33	.156
Item 3.6 Erzieher/in gestaltet die Aktivität als Leistungssituation	1,50	1,33	.741
Item 3.7 Wem ist das in der Situation entstandene materielle Produkt in der Hauptsache zuzuschreiben?	2,00	2,00	.546

Bei den männlichen Fachkräften zeigt sich ein signifikantes Ergebnis für das Item 3.3: Mit Mädchen arbeiten Männer demnach eher in unterschiedlichen Teilprojekten mit paralleler Aktivität und nur punktueller Abstimmung als mit Jungen. Auch bei Item 2.5 zeigt sich ein tendenziell signifikanter Unterschied: Mit Jungen reden auch die Männer eher primär sachlich-gegenstandsbezogen und funktional als mit Mädchen. Die anderen Unterschiedswerte sind bezogen auf die männlichen Fachkräfte nicht signifikant.

Zusammengefasst kann festgehalten werden, dass hinsichtlich des Verhaltens gegenüber Jungen und Mädchen bei den Fachkräften der Mann/Frau-Tandems der Stichprobe nur ein geringer Geschlechtseffekt auftritt. Männliche und weibliche Fachkräfte agieren zumeist in vergleichbarer Weise unterschiedlich gegenüber Jungen und Mädchen. Auf Seiten der Frauen kommt dieses differenzierende Verhalten bei einer größeren Zahl von Items zum Ausdruck und ist deshalb etwas ausgeprägter als auf Seiten der Männer.

6.3.2 Vergleich der gemischtgeschlechtlichen Tandems mit den Frau/Frau-Tandems

Differenziert man auch bezogen auf die Frau/Frau-Tandems die Ergebnisse des Verhaltensratings nach dem Geschlecht der Kinder, ergibt sich ein ähnlicher Befund wie bezüglich der weiblichen Fachkräfte aus den gemischtgeschlechtlichen Tandems (vgl. Tabelle 9, folgende Seite).

Dabei kommt bei Item 2.3 zum Ausdruck, dass Fragen, die zum Nachdenken anregen, signifikant häufiger an Jungen gestellt werden als an Mädchen. Diese schon bei den weiblichen Fachkräften aus den Mann/Frau-Tandems festgestellte Tendenz zeigt sich bei den Frau/Frau-Tandems mit höherer Deutlichkeit.

Weiterhin verhalten sich die Erzieherinnen aus den Frau/Frau-Tandems gegenüber Jungen signifikant häufiger beobachtend und beteiligen sich nur verbal an der Aktivität (Item 3.1). Bei Mädchen hingegen handeln die Erzieherinnen der Frau-Frau-Tandems häufiger selbst und lassen auch eher das Kind zuschauen (Item 3.2).

Bei diesen deutlichen Unterschieden erstaunt nicht, dass sich auch bezogen auf das (dreistufig qualitativ differenzierte) Item 3.7 ein signifikanter Unterschiedswert zeigt: Die in der Einzelsituation entstandenen Produkte werden bei der Frau/Junge-Konstellation von den Ratern eher als Ergebnis der Tätigkeit des Jungen gesehen, während Produkte eher als gemeinsames Ergebnis beider Akteurinnen eingeschätzt werden, wenn weibliche Fachkräfte mit Mädchen interagieren.

Tabelle 9: Vergleich des Verhaltens der Fachkräfte der Frau/Frau-Tandems gegenüber Jungen und Mädchen

Item	Median Frau/ Junge n=12	Median Frau/ Mädchen n=12	p-Wert KSZ-Test
Item 1.1 Erzieher/in reagiert auf Äußerungen und Regungen des Kindes angemessen und prompt	3,75	3,50	.996
Item 1.2 Erzieher/in ermutigt das Kind zum Experimentieren und zur Auseinandersetzung mit unbekannten Problemstellungen	3,17	2,00	.249
Item 1.3 Erzieher/in unterstützt das Kind angemessen (ohne unerbetene Einmischungen und Vorschriften)	3,42	2,92	.847
Item 1.4 Erzieher/in gibt angemessen positive und wertschätzende Rückmeldungen	3,42	3,17	.847
Item 2.1 Erzieher/in greift Vorschläge und/oder Initiativen des Kindes auf	4,00	3,50	.249
Item 2.2 Erzieher/in wartet geduldig Entscheidungen des Kindes ab	3,08	3,00	.996
Item 2.3 Erzieher/in stellt Fragen, die zum Nachdenken anregen	2,58	2,17	.034
Item 2.5 Erzieher/in äußert sich primär sachlichgegenstandsbezogen und funktional über die Aktivität bzw. greift auf, wenn dies vom Kind kommt	4,17	3,75	.518
Item 2.6 Erzieher/in begleitet die Aktivität durch assoziative Phantasien und Narrationen bzw. greift auf, wenn dies vom Kind kommt	2,25	2,00	.847
Item 2.7 Erzieher/in thematisiert die Beziehung oder Persönliches (Attribute, Erfahrungen, Gefühle) oder greift auf, wenn dies vom Kind kommt	1,50	1,83	.847
Item 2.8 Erzieher/in ist dem Kind zugewandt und sucht den Blickkontakt	3,92	3,58	.518
Item 3.1 Erzieher/in beobachtet das Kind und beteiligt sich nur verbal	2,50	1,58	.034
Item 3.2 Erzieher/in handelt selbst und lässt das Kind zuschauen	1,50	2,92	.010
Item 3.3 Erzieher/in und Kind verfolgen unterschiedliche Teilprojekte in paralleler Aktivität und nur punktueller Abstimmung	1,00	1,33	.249
Item 3.4 Beide arbeiten gemeinsam an einem Objekt bei kontinuierlicher Abstimmung	4,00	3,67	.847
Item 3.5 Das Kind verliert während der Aktivität das Interesse und zeigt Anzeichen von Langeweile	1,42	1,83	.249
Item 3.6 Erzieher/in gestaltet die Aktivität als Leistungssituation	1,50	1,50	.996
Item 3.7 Wem ist das in der Situation entstandene materielle Produkt in der Hauptsache zuzuschreiben?	1,42	2,17	.010

Insgesamt entsprechen die Einschätzungen der Verhaltensausprägungen der Fachkräfte der Frau/Frau-Tandems weitgehend denen für die Frauen der Mann/Frau-Tandems: Die Erzieherinnen, die in Frau/Frau-Tandems arbeiten, verhalten sich in vergleichbarer Weise und ähnlich ausgeprägt unterschiedlich gegenüber Jungen und Mädchen wie die weiblichen Fachkräfte der gemischtgeschlechtlichen Tandems.

Damit zeigt sich im Vergleich zu den männlichen Fachkräften, sowohl bei den Frau/Frau-Tandems, als auch bei den weiblichen Fachkräfte bei einer höheren Anzahl von Items, dass sie sich gegenüber Jungen signifikant anders verhalten als gegenüber Mädchen.

Dieser Befund ist insofern bemerkenswert, als es aus der Elternforschung Hinweise gibt, dass Väter sich in höherem Maße gegenüber ihren männlichen Kindern anders verhalten als gegenüber weiblichen. In der Stichprobe pädagogischer Fachkräfte zeigt sich diesbezüglich folglich eine gegenläufige Tendenz, die vielleicht damit zusammenhängen könnte, dass die männlichen Fachkräfte aufgrund ihrer eigenen Minderheitsposition eine gesteigerte Sensibilität für die Geschlechterdifferenz aufweisen.

6.4 Geschlechtsspezifische Neigungen zu Material und Themen

Das Untersuchungsdesign der Tandem-Studie erlaubt wegen des vorgegebenen vielfältigen Materials und der diesbezüglichen Entscheidungsmöglichkeit über das Rating von Verhaltensaspekten hinaus auch Aussagen zur unterschiedlichen Neigung von Männern und Frauen bzw. Jungen und Mädchen, auf bestimmte Materialien zurückzugreifen und je nach Interesse unterschiedliche Projekte zu realisieren.

6.4.1 Geschlecht und realisiertes Produkt

Die in den Einzelsituationen in der Zusammenarbeit von Fachkräften und Kindern aus dem vorgegebenen Material entstandenen Produkte weisen eine große Vielfalt und Originalität auf. Diese kann hier nur beispielhaft dokumentiert werden.

Wie die folgende Auswahl (Abbildungen 4 und 5) zeigt, lassen sich diese Produkte aus den Einzelsituationen dahingehend unterscheiden, ob sie ‚Subjekte‘ im Sinne lebender Wesen symbolisieren, wie Menschen oder Tiere (operationalisiert als ‚verfügt über Augen‘), oder ‚Objekte‘ wie Autos, Bauwerke oder Flugzeuge (‚verfügt nicht über Augen‘).

Abbildung 4: Beispiele für ‚Subjekte‘

 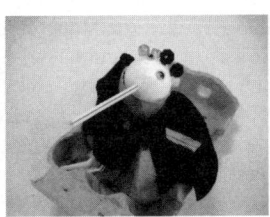 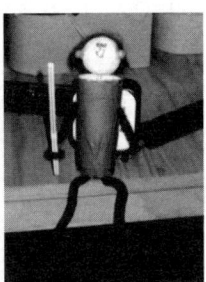

Abbildung 5: Beispiele für ‚Objekte‘

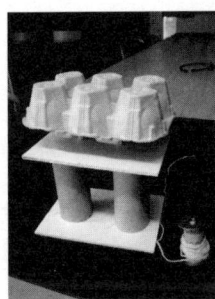 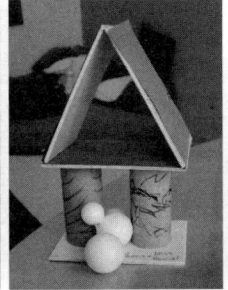 

Setzt man diese zwei Grundtypen von Produkten (Subjekte und Objekte) mit dem Geschlecht der Fachkräfte und der Kinder in Relation, zeigen sich bezogen auf die Mann/Frau-Tandems abhängig vom Geschlecht der Akteure deutlich unterschiedliche Häufigkeitsverteilungen:

Bezogen auf männliche und weibliche Fachkräfte ergibt sich als Befund, dass Frauen signifikant mehr an der Herstellung von Subjekten beteiligt sind, während die männlichen Fachkräfte mit Kindern signifikant mehr Objekte bauen (Chi-Quadrat nach Pearson=3,961; p=.047).

Auch zwischen dem Geschlecht der Kinder und der Art des hergestellten Produktes zeigt sich ein Zusammenhang, der in die gleiche Richtung weist: Mädchen bauen mit den Fachkräften signifikant mehr Subjekte, während Jungen vermehrt bei der Herstellung von Objekten beteiligt sind (Chi-Quadrat nach Pearson=5,917; p=.015).

Fragt man nach dem Einfluss von Wechselwirkungsfaktoren zwischen dem Geschlecht der Erzieher und dem Geschlecht der Kinder auf das entstandene Produkt, so wird auch hier ein wiederum signifikanter Effekt deutlich (Chi-Quadrat-Wert nach Pearson=10,449; p=.015): In der Zusammenarbeit zwischen Jungen und männlichen Fachkräften entstehen im Vergleich zu anderen Teamkonstellationen die meisten Objekte, also Produkte ohne Augen, und die wenigsten Subjekte. Frauen und Mädchen, die zusammenarbeiten, stellen im Vergleich am häufigsten Subjekte, also eher Figuren mit Augen, und am wenigsten Objekte her (vgl. Abbildung 6). In den gleichgeschlechtlichen Konstellationen (Mann/Junge, Frau/Mädchen) scheint sich der Effekt der Geschlechter demnach zu verstärken. Dies schlägt sich bezogen auf die Kinder noch deutlicher nieder als bei den Erwachsenen.

Abbildung 6: Entstandene Produkte in Relation zum Geschlecht der Fachkraft und des Kindes

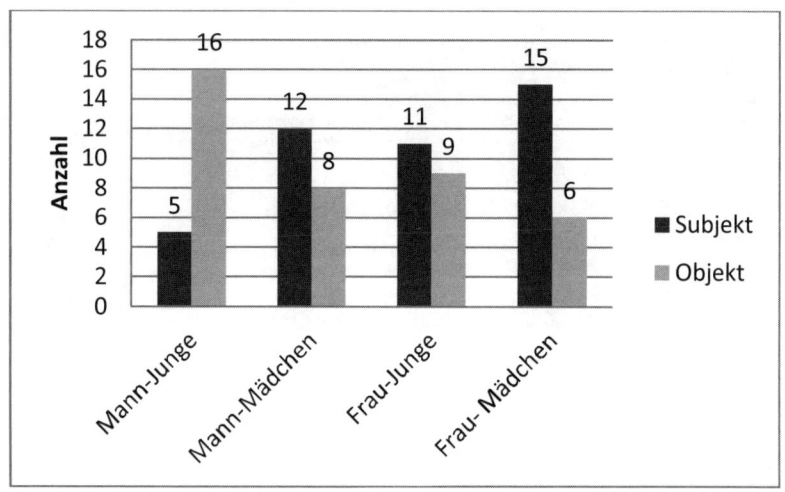

Bezieht man die Frau/Frau-Tandems und die dort entstandenen Produkte als Vergleich mit ein, bestätigt sich die für die Mann/Frau-Tandems festgestellte Tendenz der weiblichen Fachkräfte, eher Subjekte als Objekte mit den Kindern herzustellen. Auch hier ist dies noch ausgeprägter, wenn die Fachkräfte mit Mädchen arbeiten.

Abbildung 7: Hergestellte Produkte getrennt nach Geschlecht und Art des Tandems (Mann/Frau-Tandems, Frau/Frau-Tandems)

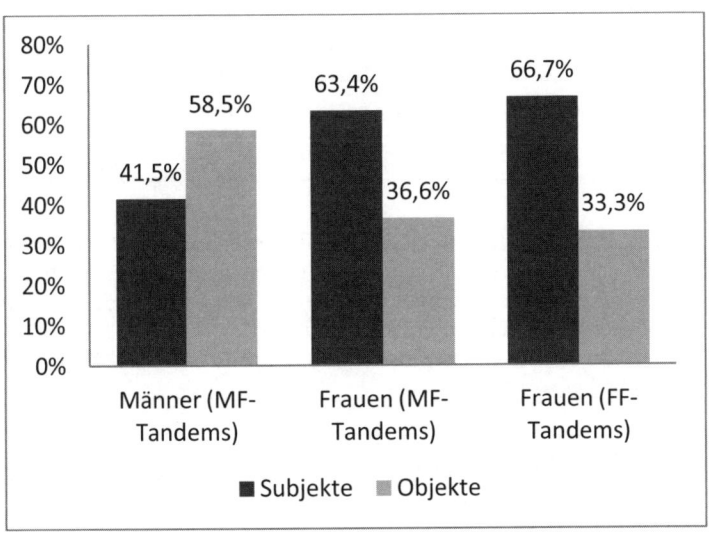

6.4.2 Material- und Werkzeuggebrauch

Die Geschlechtsabhängigkeit der Produkte, die sich unter der Differenzierung von Subjektorientierung und Objektorientierung in den Einzelsituationen zeigt, bestätigt sich auch in der quantitativen Auswertung des Material- und Werkzeuggebrauches.

Bei der Fertigung der Produkte greifen die Fachkräfte zum Teil auf ähnliche Materialien und Werkzeuge zurück, dennoch gibt es auch hier bemerkenswerte Unterschiede. Männliche Fachkräfte verwenden im Vergleich zu weiblichen Fachkräften bevorzugt Unterlegscheiben, während von den Erzieherinnen Perlen signifikant häufiger benutzt werden. Tendenziell signifikant häufiger benutzen die weiblichen Fachkräfte auch Pfeifenreiniger (Biegeplüsch) und Scheren. In der folgenden Tabelle 10 sind die signifikanten Unterschiede wiedergegeben (vgl. vollständige Liste der Häufigkeiten von Material- und Werkzeuggebrauch, Tabellen F.1 und F.2 im Anhang).

Tabelle 10: Signifikante Unterschiede im Material- und Werkzeuggebrauch durch Männer und Frauen

Material/Werkzeug	Erzieher	Erzieherin	p-Wert[17]
Biegeplüsch	56,1%	75,6%	.06
Perlen	22,0%	43,9%	.03
Unterlegscheiben	17,1%	2,4%	.03
Schere	68,3%	85,4%	.07

Vergleicht man Jungen und Mädchen hinsichtlich des Material- und Werkzeuggebrauchs, so wird deutlich, dass Jungen überzufällig häufiger Nägel, Hammer und Zange gebrauchen, auch tendenziell häufiger die Heißklebepistole. Mädchen hingegen benutzen signifikant häufiger als Jungen Märchenwolle, Pfeifenreiniger (Biegeplüsch), Buntpapier, Styroporkugeln und Stifte (vgl. Tabelle 11).

Tabelle 11: Signifikante Unterschiede im Material- und Werkzeuggebrauch durch Jungen und Mädchen

Material/Werkzeug	Jungen	Mädchen	p-wert
Märchenwolle	31,7%	53,7%	.04
Biegeplüsch	53,7%	78,0%	.02
Nägel	41,5%	14,6%	.01
Buntpapier	34,1%	63,4%	.01
Styroporkugeln	51,2%	75,6%	.02
Heißklebepistole	75,6%	56,1%	.06
Stifte	68,3%	90,2%	.01
Hammer	39,0%	17,1%	.03
Zange	46,3%	22,0%	.02

Interessant ist auch hier die Betrachtung des interaktionellen Geschehens. Eher männlich konnotierte Gegenstände wie Zange, Hammer, Nägel werden in Konstellationen mit männlichen Fachkräften fast ausgeglichen von Mädchen und Jungen gleichermaßen verwendet. In Konstellationen mit Frauen kommen sie in Abhängigkeit vom Geschlecht der Kinder unterschiedlich häufig zur Anwendung: in den Frau/Mädchen-Konstellationen eher selten, in den gemischten mit Jungen eher oft. Bei eher weiblich oder neutral konnotierten Gegenständen ist das Bild der Verwendung jedoch nicht so eindeutig.

---

[17] Chi-Quadrat-Test nach Pearson

Insgesamt zeigen sich also sowohl hinsichtlich bevorzugter Materialien wie auch bezüglich an den hergestellten Produkten erkennbarer Themen deutlich unterschiedliche Präferenzen, wobei die Unterschiede zwischen männlichen und weiblichen Fachkräften denen zwischen Jungen und Mädchen die gleiche geschlechtsspezifische Ausrichtung aufweisen und sich offenbar auch wechselseitig verstärken.

6.5 Spielt die Persönlichkeit eine Rolle?

In theoretischen Diskussionen innerhalb des Tandem-Projektes kam auch die Frage auf, welche Bedeutung Persönlichkeitseigenschaften für Unterschiede im pädagogischen Verhalten haben könnten. Zumindest ist nicht auszuschließen, dass geschlechtsunabhängige Merkmale oder Ausprägungen von Persönlichkeit eine nicht unerhebliche Auswirkung auf das Alltagsverhalten der Akteure haben.

In den Interviews, die im Rahmen der Studie mit den einbezogenen Fachkräften geführt wurden, taucht dieser Aspekt ebenfalls auf, insofern mehrfach dem Geschlecht eine geringere Bedeutung für Verhaltensunterschiede zugesprochen wird als der Persönlichkeit der Tandempartner. Beispielhaft hierfür ein Erzieher, der ausführt:

„Es ist eigentlich egal, ob Mann oder Frau, die Arbeit ist die gleiche ... Jeder macht das Gleiche. Nur ist er von seiner Art und von seiner Persönlichkeit unterschiedlich und wirkt auf die Kinder anders. Das ist das Gravierende."

Nun ist naheliegend, dass aus der Perspektive der konkreten Zusammenarbeit mit einer Person, deren spezifische Persönlichkeitszüge einschließlich deren persönliche Interpretation beispielsweise von Männlichkeit und Weiblichkeit viel mehr im Fokus stehen als die Geschlechtszugehörigkeit im Sinne eines Gruppenmerkmals. Im konkreten individuellen Einzelfall sind Geschlecht und Persönlichkeit überhaupt nicht getrennt zu betrachten.

Auch aus wissenschaftlicher Perspektive lassen sich Persönlichkeit und Geschlecht nur sehr bedingt isoliert erfassen, zumal das Konstrukt der Persönlichkeit hochkomplex ist und die Geschlechtsdimension notwendig mit einschließt. Um trotzdem der Frage systematisch nachzugehen, ob konkrete Verhaltensweisen eventuell durch andere als geschlechtsbedingte Einflüsse geprägt sind, bietet sich als Annäherung an, die Ratingergebnisse mit Ausprägungen in einem Persönlichkeitstest in Relation zu setzen.

Hierzu wurden, wie schon angeführt, die in die Untersuchung einbezogenen Fachkräfte zusätzlich gebeten, einen standardisierten Persönlichkeitsfragebogen, den NEO-PI-R (Ostendorf & Angleitner 2004) auszufüllen (vgl. Anhang G).

Vergleicht man die Persönlichkeitseigenschaften der männlichen und weiblichen Fachkräfte in den verschiedenen Dimensionen, so wie sie aus den Fragebögen hervorgehen, zeigen sich keine signifikanten und somit belastbaren Hinweise auf tatsächliche Unterschiede zwischen den männlichen und weiblichen Pädagogen der Stichprobe (vgl. Anhang, Tabelle G.1). Vergleicht man darüber hinaus die Ratingergebnisse zur standardisierten Einzelsituation hinsichtlich Personengruppen mit niedrigen, mittleren und hohen Ausprägungen in einzelnen Persönlichkeitsdimensionen, ergeben sich zumindest für drei Persönlichkeitsbereiche statistisch aussagekräftige Ergebnisse (vgl. Anhang, Tabelle G.2). Dabei unterscheiden sich die in den Ausprägungen jeweils als niedrig, mittel oder hoch eingestuften Fachkräfte insbesondere hinsichtlich der Dimensionen ‚Kommunikationsinhalte‘ und ‚Herausforderung‘.

Offenheit für neue Erfahrungen

In der Persönlichkeitsdimension *Offenheit für neue Erfahrungen* gibt es Unterschiede in den Kommunikationsinhalten für die einzelnen Gruppen. Personen mit hohen Ausprägungen erreichen signifikant höhere Werte in Item 2.7 (thematisiert die Beziehung oder Persönliches oder greift dies auf). Offenere Fachkräfte scheinen demnach eher gewillt, neben Sachthemen auch auf Persönliches oder Beziehungsthemen in den Gesprächen mit Kindern einzugehen.

Verträglichkeit

Die Teilnehmer der Stichprobe beschreiben sich ausschließlich als mittel bzw. als hoch ausgeprägt verträglich. Dabei gibt es signifikante Unterschiede zwischen beiden Gruppen (Item 2.3: „ErzieherIn stellt Fragen, die zum Nachdenken anregen" und Item 2.5: „ErzieherIn äußert sich primär sachlich-gegenstandsbezogen und funktional über Aktivität bzw. greift auf, wenn dies vom Kind kommt"). Mittel verträgliche Fachkräfte erreichen hier höhere Ratingwerte als hoch verträgliche. Denkbar wäre es, dass die Persönlichkeitseigenschaft Verträglichkeit herausforderndes Verhalten bei den Fachkräften eher einschränkt. Bei dieser Dimension muss jedoch auch der immerhin tendenziell signifikante Einfluss des Geschlechtes der Kinder berücksichtigt werden. Fachkräfte mit einer mittleren Ausprägung arbeiten häufiger mit Jungen zusammen, während hoch verträgliche Fachkräfte mit Mädchen arbeiten (χ^2 (2, N = 59) = 3,56; p = 0.06). Und wie bereits dargelegt (vgl. Kapitel 6.2), wird mit Jungen eher sachlich-gegenstandsbezogen gesprochen als mit Mädchen und es werden ihnen häufiger Fragen gestellt, die zum Nachdenken anregen.

Fachkräfte, die sich als gewissenhaft in mittlerer Ausprägung beschreiben, stellen signifikant mehr Fragen, die zum Nachdenken anregen (Item 2.3). Die niedrig gewissenhaften und die hoch gewissenhaften Fachkräfte gestalten die Situation signifikant häufiger als Leistungssituation im Vergleich zu den Fachkräften mit mittlerer Ausprägung (Item 3.6). Diese Ergebnisse lassen sich intuitiv nur schwer nachvollziehen. Möglicherweise spielt auch hier die Tatsache, dass Fachkräfte mit mittleren Ausprägungen vermehrt mit Jungen zusammenarbeiten eine Rolle, allerdings wird der Unterschied in den Häufigkeitsverteilungen der Konstellationen mit Jungen bzw. Mädchen noch nicht signifikant.

Auch wenn man diese Ergebnisse wegen der kleineren Stichprobe (n=59) nur sehr vorsichtig interpretieren sollte, deutet sich hier doch zumindest hinsichtlich der beiden Verhaltensdimensionen 'Kommunikationsinhalte' und 'Herausforderung' ein gewisser Einfluss von Persönlichkeitsausprägungen an. Insofern liegen die Fachkräfte mit ihrer subjektiven Einschätzung des Persönlichkeitsfaktors offenbar nicht ganz falsch. Ein Einfluss des Geschlechts auf diesen Befund kann hierbei weitgehend ausgeschlossen werden, da sich weibliche und männliche Fachkräfte in den Ausprägungen der Persönlichkeitsdimensionen nicht signifikant unterscheiden.

6.6 Zusammenfassung

Bezogen auf die vorliegende Stichprobe ergibt sich aus der quasi-experimentellen Einzelsituation als zentraler Befund, dass sich hinsichtlich des Umgangs mit den Kindern und wichtiger Dimensionen fachlicher Qualität – wie Einfühlsamkeit, Herausforderung, dialogische Interaktion und auch Arbeitsformen und Kommunikationsinhalte – keine signifikanten Unterschiede zwischen den beiden Gruppen der männlichen und weiblichen Fachkräfte zeigen.

Zumindest solange man das Geschlecht der Kinder außer Acht lässt, also nicht zwischen Jungen und Mädchen als Gegenüber unterscheidet. Bezogen auf alle fünf erfassten Dimensionen sind insgesamt die Verhaltensunterschiede innerhalb der beiden Geschlechtergruppen größer als die Differenz der Mittelwerte zwischen ihnen.

Als ein weiterer Befund ergibt sich aus der Analyse der Ratings der Einzelsituationen, dass sowohl die männlichen wie die weiblichen Fachkräfte der Stichprobe mit Jungen anders umgehen als mit Mädchen. Am deutlichsten ist dies hinsichtlich der Dimension 'Kommunikationsinhalte', insofern mit Jungen in höherem Maße sachlich-gegenstandsbezogen und funktional kommuniziert wird, mit Mädchen dagegen eher persönlich-beziehungsorientiert bzw. narrativ und mit assoziativen Phantasien. Darüber hinaus bestehen Unterschiede in der Art der Kooperation: Mit Jungen wird häufiger in kontinuierlicher Abstimmung an einem gemeinsamen Projekt gearbeitet, während mit Mädchen häufiger parallele Teilprojekte bei nur partieller Abstimmung entstehen. Diese Unterschiede im Umgang mit Mädchen und Jungen finden sich in ähnlicher Form sowohl bei den männlichen wie bei den weiblichen Fachkräften. Auf Seiten der weiblichen Fachkräfte der Stichprobe ist die Neigung, Mädchen und Jungen unterschiedlich zu behandeln, etwas ausgeprägter und bei mehr Items signifikant.

Persönlichkeitsaspekte spielen bei den Verhaltensunterschieden zumindest punktuell und begrenzt auch eine Rolle; diesbezüglich ist aber aufgrund der eingeschränkteren Datenbasis eine differenziertere Einschätzung nicht möglich.

Ein wichtiger Befund ergibt sich aus den zusätzlich vorgenommenen Analysen der Materialauswahl und der in der Einzelsituation entstandenen Produkte: Sowohl hinsichtlich des Materials wie der in den Produkten erkennbaren Themen der gemeinsamen Aktivität von Fachkräften und Kindern kommen geschlechtstypische Neigungen zum Ausdruck.

Signifikant ist auf Seiten der männlichen Fachkräfte der häufigere Griff zu metallenen Unterlegscheiben und auf Seiten der weiblichen zu Perlen und Märchenwolle. Jungen und Mädchen unterscheiden sich bei noch weiteren ‚geschlechtstypischen‘ Materialien signifikant in der Auswahl.

Noch deutlicher ist die Differenz zwischen männlichen und weiblichen Fachkräften, wenn man die Produkte, die im Zusammenspiel von Kind und Erwachsenem in der Einzelsituation entstehen, nach Subjekten und Objekten unterscheidet. Hier kommt zum Ausdruck, dass in der Aktivität geschlechtstypisch unterschiedliche Themen umgesetzt werden und sich hierbei die Neigungen der Fachkräfte und der Kinder weitgehend entsprechen. Der größte und statistisch signifikante Kontrast besteht dabei zwischen den gleichgeschlechtlichen Konstellationen Mann/Junge und Frau/Mädchen.

7 Erweiterungen der Perspektive – qualitative Analysen

7.1 Qualitative Analyse der Einzelsituationen: Schlüsselszenen für ‚doing gender'

Die aus der standardisierten Situation erhobenen quantifizierten Befunde erlauben zwar einen Gruppenvergleich zwischen männlichen und weiblichen Fachkräften, dabei werden aber die ‚feinen Unterschiede' nivelliert, die im Videomaterial hinsichtlich des Verhaltens sowohl der einzelnen Fachkräfte wie der Kinder deutlich werden. Vor allem wird nicht erkennbar, ob und wie in den konkreten Interaktionen das Geschlecht von Fachkräften und Kindern im Sinne eines gemeinsamen ‚doing gender' zum Tragen kommt (vgl. Kapitel 3.2).

Deshalb sind die Interaktionen in den standardisierten Einzelsituationen zusätzlich qualitativ ausgewertet worden. Diese qualitative Analyse erfolgt nicht anhand vorgegebener und eindeutig definierter Kategorien wie im Rating, sondern hermeneutisch und bezogen auf den szenischen Gesamteindruck des beobachtbaren Geschehens. Methodisch orientierte sich dies u.a. an der von Tuma et al. (2013) entwickelten qualitativen Analysemethode der Videographie, insbesondere der dort beschriebenen Arbeit von Forschergruppen in Datensitzungen

Der theoretischen Grundannahme des ‚doing gender' folgend, wird dabei davon ausgegangen, dass geschlechtliches Verhalten ein *interaktives Phänomen* ist, wobei allein die Tatsache, ob die Akteure Mann oder Frau bzw. Junge oder Mädchen sind, dem jeweiligen Geschehen eine *zusätzliche Bedeutungsebene* verleiht. Diese Bedeutungsebene muss aber nicht notwendig als eigenständige sichtbar sein, sondern kann das Geschehen wie ein impliziter ‚Subtext' begleiten und den Akteuren (Erwachsenen wie Kindern) dabei auch weitgehend unbewusst bleiben.

Für diese theoretische Annahme spricht, dass es durch die qualitative Analyse des Videomaterials gelingt, *Schlüsselszenen* zu identifizieren, in denen der geschlechtliche Aspekt in den Vordergrund tritt und direkt oder indirekt von den Akteuren auch thematisiert wird. Solche Schlüsselszenen kann man im Sinne der sprichwörtlichen ‚Spitze des Eisbergs' verstehen: Hier wird die über die meiste Zeit des Interaktionsverlaufs nur unterschwellig und als Subtext im Hintergrund wirkende Geschlechterthematik manifest und damit auch für Beobachter sichtbar.

7.1.1 „Wir könnten ja eine Kanone bauen ...“

Bezogen auf die Einzelsituation lassen solche Schlüsselszenen häufiger in gleichgeschlechtlichen als in gemischtgeschlechtlichen Konstellationen identifizieren, was damit zusammenhängen dürfte, dass sich geschlechtsspezifische Neigungen in gleichgeschlechtlichen Konstellationen wechselseitig verstärken und damit an Deutlichkeit gewinnen, während sie sich in gemischtgeschlechtlichen relativieren und im Hintergrund verbleiben.

Darüber hinaus stehen sie außerdem häufig in Zusammenhang mit spezifischen Materialien oder Tätigkeiten, die eine passende geschlechtliche Konnotation aufweisen (Holz, Nägel, Hammer bei Junge/Erzieher, Perlen oder Märchenwolle bei Mädchen/Erzieherin), bzw. von entsprechenden Phantasien und Assoziationen begleitet sind (Pistole oder Flugzeug bei Junge/Erzieher; Haare oder Kleid bei Mädchen/Erzieherin).

Hierzu ein Beispiel, das sich am Thema einer ‚Ritterburg‘ entwickelt[18]:

Abbildung 8: Ritterburg

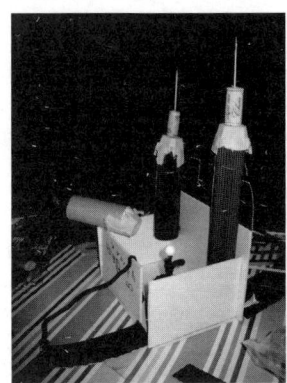

Eine männliche Fachkraft und ein etwa fünfjähriger Junge entschließen sich, aus den angebotenen Materialien eine Ritterburg (Abbildung 8) zu bauen. Dabei entwickelt insbesondere der Erzieher ein starkes Engagement für dieses Projekt. In kurzen Bemerkungen und Wortwechseln tauschen sich Erzieher und Kind während des Bauprozesses immer wieder aus. Dabei geht es z.B. um die Konstruktion der Zugbrücke oder darum, dass die Mauern einer

---

[18] In den folgenden Darstellungen von Sequenzen aus den Einzelsituationen werden aus Gründen sprachlicher Vereinfachung die Fachkräfte unabhängig von ihrer Ausbildung (berufsfachschulisch oder hochschulisch) zumeist als Erzieherin oder Erzieher bezeichnet.

Burg Zinnen haben. Als der Junge eine Papprolle hochhebt und fragt, was man damit machen könne, nimmt der Erzieher in auffälliger Weise seine Stimme zurück und flüstert dem Jungen zu: „Wir könnten daraus eine Kanone bauen." Der Junge nimmt dies begeistert auf und bestimmt deren Platz in der Burg.

Besonders in der kurzen Szene mit der Papprolle drängt sich der Eindruck einer Männergemeinschaft auf, wobei das Flüstern nicht nur die Nähe der Akteure ausdrückt, sondern auch die Assoziation erweckt, dass sie so etwas wie Komplizen sind und eine Idee austauschen, die man sonst vielleicht so nicht laut ausspricht. Was die ganze Interaktionssequenz in der Thematik der „Ritterburg" und begleitenden Kommentaren, aber auch in Materialauswahl und -bearbeitung unterschwellig begleitet und den szenischen Gesamteindruck ausmacht, tritt in dieser Schlüsselsequenz für einen Moment in den Vordergrund des Geschehens und wird manifest: Der männlich konnotierte Charakter der Konstruktionstätigkeit (durch den Bezug auf Burg, Waffen und damit Aggression und Kampf) und der Eindruck, dass die beiden Akteure sich in ihrer Begeisterung für diese männlich konnotierte Tätigkeit unterschwellig spiegeln und wechselseitig bestätigen.

Dabei wirkt der Erzieher die ganze Zeit über authentisch engagiert und scheint zunehmend in seiner Bautätigkeit aufzugehen. Ein Beleg für diesen Eindruck der Begeisterung des Erziehers für das Bauprojekt findet sich in der Aufzeichnung des anschließenden Interviews mit ihm und seiner Kollegin. Dort sagt er an einer Stelle, dass er die mit dem Material vorgegebene Situation zuerst als „Bastelsituation" assoziiert habe und fährt dann fort:

„bei uns Zuhause ist es aber eher so, dass Basteln das Ding meiner Frau ist und ich mach so … äh … Musikkram … Basteln ist nicht so meins. Das war jetzt aber nicht Basteln, sondern [tief, leidenschaftlich] … Bauen. Und das ist natürlich was ganz anderes. Und das hat mir richtig Freude gemacht."

Interviewerin: „Was ist der Unterschied zwischen Basteln und Bauen?"

Erzieher: „Basteln ist mit Schere ausschneiden und falten und so. Aber wenn man hier mit Holz kleben kann und so was, das ist schon was anderes."

Ähnlich wie bei der Ritterburg-Sequenz sehen wir bei einem anderen Erzieher und einem anderen Jungen ein ähnlich konzentriertes Arbeiten an einem Projekt. Hier ist es auf Vorschlag des Jungen ein Raumschiff. Der Junge hat während des Bauens auch Assoziationen zu „Panzer" und „Bombe"? Der Erzieher tendiert eher dazu, das Raumschiff als Flugzeug zu interpretieren:„Was braucht ein Raumschiff oder Flugzeug? Wie Vögel? – genau: Flügel." Obwohl der Erzieher also die mit Gewalt verbundenen Assoziationen des Jungen nicht aufgreift und eher ignoriert, entsteht auch hier ein intensiver Arbeitsprozess, in dem der Erzieher die führende Rolle einnimmt, sich engagiert in das Projekt hincinbegibt und den Jungen eher häufig nur zu ‚Hilfsarbeiten' heranzieht: „Halt das hier mal fest." Trotzdem ist der Junge ganz bei der Sache und als die beiden gestört werden, weil die Tür aufgeht und zwei Mädchen hereinschauen, ruft er: „Geht weg ... wir müssen uns konzentrieren!"

Später äußert er eine Assoziation, die erkennen lässt, dass es ähnliche Situationen zwischen ihm und seinem Vater gibt: „Ich habe es gerne, wenn mein Papa eine Seifenkiste bastelt."

7.1.2 „Ich liebe Rosa mit Glitzer"

Der männlich konnotierte Bedeutungsraum beim Bau der Ritterburg oder des Raumschiffs gewinnt an Deutlichkeit durch den Kontrast zu einem weiblichen Pendant. Deshalb stellen wir diesen Fallbeispielen eines zur Seite, bei dem eine Erzieherin mit einem Mädchen interagiert:

Beim gemeinsamen Auspacken des Materialkoffers äußert das Mädchen beim Anblick der Heißklebepistole die Assoziation einer „Feuerkanone", was von der Erzieherin belächelt, aber nicht weiter aufgegriffen wird. Dann spielt das Mädchen mit den Materialien und lässt mit sichtlichem Vergnügen einen Korken durch eine mit farbigem Plüschdraht geformte Spirale springen. "Guck mal, eine Kanone." "Die sogar schießen kann", kommentiert die Erzieherin kurz und schaut dann wieder zu den anderen Materialien. Als das Mädchen fragt, "Willst Du auch mal?", geht sie nicht auf dieses Angebot ein, sondern sagt, dass sie überlege, was man bauen könne. Ihr falle aber noch nichts ein. Als das Mädchen kurz darauf angesichts der Perlen „Kuchenstreusel" assoziiert, greift die Erzieherin dies auf und fragt, was man noch zu dem Kuchen machen könne. Das Mädchen entscheidet sich für eine Eistüte und die Erzieherin sagt: "Dann baue ich eine Frau, die das Eis isst". Als schließlich noch Zeit bleibt, um etwas anderes herzustellen, bietet die Erzieherin an: "Wir haben noch Schnur, wir haben noch Perlen", und das Mädchen greift gerne zu, um eine Perlenkette zu fädeln. Dabei tauschen sich beide schwärmerisch darüber aus, welche Perlen ihnen besonders gefallen: „Ich liebe Rosa mit Glitzer" (Erzieherin). „Bei mir ist es orange" (Mädchen).

Auch in dieser Szene besteht eine große Übereinstimmung und ein emotionaler Gleichklang und es drängt sich der Eindruck einer – in diesem Fall deutlich weiblich konnotierten – Gemeinschaft auf. Dabei ist bemerkenswert, dass die Erzieherin im anschließenden Interview zwar ihre eigene Neigung zu „typisch weibliche(m) Rosa und mit Glitzer und Blink-blink und immer Blümchen im Haar" und die „mehr Gesprächspunkte oder gemeinsamen Interessen" mit Mädchen kritisch reflektiert, aber bezogen auf die konkrete Szene und die Perlenkette als „klischeehaftes" Produkt ihren eigenen Beitrag übersieht:

Erzieherin: „Ich hatte das Gefühl, mit den Werkzeugen oder überhaupt Metall ... das waren unbekannte Sachen für sie [das Mädchen]. Und sie wusste auch selbst nicht, was sie damit anfangen soll. Mit diesen Metallscheiben oder auch Zahnstochern, da hat sie halt etwas versucht. Kam dann aber halt nicht wirklich zu einem Ergebnis und hat dann natürlich halt wieder zu den Perlen gegriffen und wo halt auch ein Ergebnis bei herauskam. Und ich habe mir hinterher gedacht: Na toll. Das Klischee wurde wieder erfüllt. Wobei ich glaube, dass das sowieso so ist."

Diese Beispiele, insbesondere der Austausch über die Kanone auf der Ritterburg und das Schwärmen über unterschiedlich farbige Perlen, illustrieren, dass das Handeln der Fachkräfte in solchen Schlüsselszenen häufig deutlich geschlechtsstereotype Züge zeigt, ohne dass dies den Akteuren bewusst ist. Deutlich werden aber auch der interaktive Charakter dieses Phänomens und die Beteiligung der Kinder hierbei.

7.1.3 Hämmern

Es gibt eine ganze Reihe von Einzelsituationen, bei denen mit Hammer, Nägeln und Holzbrettchen hantiert wird. Hierbei sind sowohl männliche wie weibliche Fachkräfte und auch Jungen und Mädchen involviert, so dass sich anbietet, am ‚Hämmern' exemplarisch der Frage nachzugehen, ob sich auch bei genau gleichem Material und Werkzeug unterschiedliche Interaktionsmuster im Sinne von ‚doing gender' identifizieren lassen.

Auf den ersten Blick und übergreifend lassen sich zwischen den Geschlechtergruppen keine charakteristischen Unterschiede feststellen. Sowohl männliche wie weibliche Fachkräfte gestalten das Interaktionsgeschehen und ihre Rolle hierin höchst unterschiedlich.

Wie auch schon in den oben genannten Beispielen zeigen sich aber Unterschiede im Engagement der Fachkräfte für diese Art der Aktivität. Und im Kontrast lassen sich auch zumindest vereinzelt charakteristische Interaktionsverläufe und in diesen implizite Aushandlungen und Präsentationen von ‚Geschlecht' wahrnehmen. Dies kommt in den Videoaufnahmen deutlicher zum Ausdruck als in der Verschriftlichung. Trotzdem soll versucht werden, es an zwei Beispielen zumindest andeutungsweise zu illustrieren.

Das erste Beispiel gibt die Interaktion einer männlichen Fachkraft mit einem etwa sechsjährigen Jungen wieder, die gemeinsam an einer Dachkonstruktion arbeiten.

Nachdem Erzieher und Junge sich geeinigt haben, dass sie ein ‚Dach' bauen wollen, beginnen sie, mit Hilfe von Nägeln Brettchen und dazwischen platzierte Korken zu verbinden. Dafür muss der Nagel jeweils durch eines der Brettchen getrieben werden.

Der Erzieher fragt den Jungen, ob er schon mal gehämmert habe. Der Junge (selbstbewusst): „Na klar, ich weiß, wie es geht."

Erzieher: „Das habe ich mir gedacht … jetzt den Nagel ansetzen."

Junge: „Hältst Du den?" Erzieher: „Den halte ich."

Junge: „Ich muss aufpassen, dass ich dir nicht auf den Finger hau."

Abbildung 9: Dachkonstruktion

Der Junge beginnt zart und vorsichtig zu hämmern, der Erzieher begleitet das verbal:„ Du musst aufpassen, dass du mir nicht auf den Finger schlägst … ich hab so breite Finger … Sooo … bisschen doller darfst du ruhig … So … du hast einen dollen Schlag … Ja, nicht zu doll … nicht auf die Finger, nicht auf die Finger."

Der Erzieher bemerkt, dass der Nagel nicht ins Brett geht, weil der Junge zu zurückhaltend draufschlägt und nimmt den Hammer: „Ich mach mal den ersten Schlag, der erste ist immer schwierig." Er schlägt mehrmals kräftig zu: „So, der erste ist drin … jetzt darfst du den reinschlagen."

Der Junge nimmt den Hammer und schlägt deutlich stärker als noch zu Beginn zu. Erzieher: „Super … der ist drin."

Junge: „Ist das jetzt fest?" Beide ziehen von zwei Seiten an der zusammengenagelten Konstruktion von Brettchen und Korken. „Das ist jetzt fest".

Junge: „Nehmen wir noch den anderen Nagel, weil … sonst geht das so ab!"

Erzieher: „Ist okay … soll ich wieder den ersten Schlag machen?"

Junge: „Ja, hier (gibt ihm den Hammer), du weißt ja, ich schlag dann selbst wieder."

Der Erzieher nimmt den Hammer und schlägt: „Ist gar nicht so leicht mit so großen Fingern." Dann schlägt wieder der Junge. Erzieher: „Sehr schön … So … meinst du, das hält?"

Dann nimmt der Junge einen zweiten Korken und beide unterhalten sich über die Korkenform (weil einer der Korken ein Sektkorken ist und nicht passt). Junge: „Da sind wieder zwei Nägel … den ersten Schlag machst du … hier ist der Hammer."

Erzieher: „Oh, das ist schwierig … Ja der erste Schlag ist klar, jetzt darfst du wieder … Ja gut, oh, der ist noch nicht drin, musst nochmal."

In dieser Szene sind beide Akteure hochkonzentriert in einer gemeinsamen Aktivität verbunden. Die handwerkliche Geübtheit des Erziehers kommt dabei in seinem Gebrauch des Hammers deutlich zum Ausdruck. Dabei hat man aber nicht den Eindruck, dass der Junge in seiner Kompetenz zurücksteht oder eingeschränkt wäre. Er betont auch ausdrücklich, schon Erfahrung mit dieser Tätigkeit zu haben. Trotzdem traut er sich aber im ersten Versuch nicht, kräftig zuzuschlagen. Der Erzieher übernimmt deshalb die ersten (und in der Tat wegen des wackligen Nagels ja schwierigsten) Schläge und gibt damit zugleich dem Jungen ein Vorbild. Beide sprechen dabei ihr Vorgehen dezidiert und kontinuierlich ab, bereiten jede Aktion verbal vor, kommentieren sie und schließen sie verbal ab. Dies geschieht im dialogischen Wechselspiel. Dabei ist deutlich, dass der Junge mit der sich einspielenden Arbeitsteilung sehr einverstanden ist und sie deshalb auch selbst mehrfach betont.

Die ganze Interaktion wirkt hochgradig stimmig und dialogisch auf Augenhöhe. Bemerkenswert ist auch die funktional-sachbezogene Form der Kommunikation, die nach den Ratingergebnissen exemplarisch für das Kommunikationsverhalten der Fachkräfte mit Jungen ist (vgl. Kapitel 6.3.1). Der Aspekt des ‚doing gender' wird in dieser Szene von den Akteuren nicht verbal kommuniziert, trotzdem ist er für die Beobachter manifest. Er stellt sich wesentlich durch die Einmütigkeit und das gemeinsame Engagement in der nach traditionellen Geschlechterstereotypen männlich konnotierten Aktivität her.

Es gibt eine vergleichbare Szene zwischen einer Erzieherin und einem etwas jüngeren Jungen, die sich aber im Interaktionsgeschehen und dem impliziten ‚doing gender' deutlich unterscheidet:

Beide haben die Material- und Werkzeugkoffer ausgepackt. Die Materialien sind auf dem Tisch ausgebreitet. Sie einigen sich auf die Idee des Jungen, eine ‚Kiste' zu bauen, wobei zuerst unklar bleibt, mit welchem Material und Werkzeug.

Junge: „Oh, da ist ein Hammer!" (greift den Hammer und hält ihn hoch.) „Den kann man auch dafür nehmen ... damit muss man das reinhammern ... Und du hälst fest und ich hammer."

Erzieherin: „Okay, und wo willste das jetzt reinhämmern?"

Junge: „In die Bretter." (zeigt auf die Brettchen)

Erzieherin: „In die Bretter ..." Sie überlegt, nimmt ein Brettchen und legt es vor den Jungen. Er öffnet den Behälter mit den Nägeln, während sie inzwischen schon andere Materialien beiseite räumt. Er nimmt einen Nagel und versucht ihn auf dem Brett zu platzieren.

Junge: „Das musst du jetzt festhalten."

Erzieherin: „Das muss ich jetzt festhalten ... Hier reindrücken?" (Sie versucht, den Nagel ins Brett zu drücken, schaut über das Werkzeug und greift dann zur Zange.) „Ich versuch's mal mit der Zange festzuhalten." Sie umfasst den Nagel mit der Zange. Der Junge nimmt den Hammer und schlägt auf den Nagelkopf.

Erzieherin: „Nicht, dass du mir auf den Finger klopfst."

Der Junge schlägt mehrfach auf den Nagel, sie kann die Zange wegnehmen.

Erzieherin: „Ja ... warte mal, nicht dass der Nagel in den Tisch kommt ..." Sie nimmt ein weiteres Brettchen und legt es unter das erste mit dem Nagel. Sie hält die Brettchen am Rande fest und er hämmert den Nagel ein.

Junge: „Warum soll das nicht in den Tisch gehen?"

Erzieherin: „Weil ... der Nagel ist so spitz und das Brettchen ist so dünn". Sie nimmt die Brettchen hoch und kontrolliert, ob der Nagel schon durchgedrungen ist. „Da würde näm- lich der Nagel unten rausgucken und wir würden das Holz am Tisch festnageln ... Du willst aber ja eine Kiste bauen."

Die Erzieherin gibt dem Jungen wieder die Brettchen mit dem Nagel und er hämmert weiter, bis der Nagel ganz eingeschlagen ist. Jetzt nimmt er die Brettchen, dreht sie um und prüft, ob der Nagel durchgedrungen ist.

Junge: „Uuh ..." Er streicht über das Holz, beide schauen auf die Stelle und er blickt sie fragend an.

Erzieherin: „Ja, da ist er etwas durch..." Sie streicht über den Tisch: „Und da ist ein kleines Loch im Tisch ... Siehste, da reicht ein zweites Brett gar nicht. Woll'n wir noch ein zwei- tes drunter legen?" Sie nimmt ein weiteres Brettchen.

Junge: „Nee ... ja." Sie legt das zweite Brett unter und schiebt ihm das Holz zu.

Junge: „Aber da nehm ich noch einen ..." Er greift wieder zu den Nägeln.

Erzieherin: „Möchtest du noch einen zweiten rein machen?"

Jungen: „Ja ..." Er platziert den Nagel auf den Brettchen. „Machst du das jetzt wieder mit der Schere?"

Erzieherin: „Mit der Schere? Du meinst, mit der Zange?"

Junge: „Mit der Zange." Die Erzieherin nimmt die Zange und hält den Nagel auf dem Brett fest.

Erzieherin: „Soll der Nagel hier rein oder woanders?"

Der Junge korrigiert die Platzierung des Nagels: „Hier her ..." Sie folgt seiner Anweisung, hält mit beiden Händen die Zange um den Nagel und der Junge schlägt diesen wieder ein.

Im Unterschied zur vorhergehenden Szene mit der männlichen Fachkraft ist es hier der Junge, der im Wesentlichen die funktionalen Abläufe dirigiert. Trotz seines Alters übernimmt er wie selbstverständlich die Rolle des Spezia- listen und dirigiert das Geschehen. Die Erzieherin nimmt eher eine Hilfsposi- tion ein und wirkt selbst hinsichtlich dieser Form der Aktivität auch weniger geübt. Vor allem entsteht in dieser Szene der Anschein, dass sie zwar dem Interesse des Jungen folgt, selbst aber dem Hämmern nur wenig abgewinnen kann. Ihr Hauptaugenmerk liegt vielmehr darauf, dass der Tisch nicht be- schädigt wird und die Materialien auf dem Tisch aufgeräumt sind.

Abbildung 10: Kiste

Beide Szenen unterscheiden sich letztlich nur in Nuancen und hier wie dort bildet sich ein an ‚Meister und Lehrling' erinnerndes Muster heraus. Bezogen auf die geschlechtliche Konstellation ist dieses aus der Beobachterperspektive aber in der ersten Szene durch den Eindruck einer gemeinsamen Begeisterung an der Aktivität und wechselseitiger Spiegelung zwischen der männlichen Fachkraft und dem Jungen geprägt, während in der zweiten der Junge durch die Einnahme der Expertenposition seine männliche Identität eher in Abgrenzung zu der Erzieherin und ihrem eher geringen Interesse an dieser Art von Aktivität ausdrückt.

7.1.4 „Ja, die Haare ...“

Sucht man im Kontrast zum Hämmern nach einer eher weiblich konnotierten Aktivität, so wird man beim Thema ‚Haare' fündig. Hier sind es insbesondere Mädchen, die aus dem vorgegebenen Material Styroporkugeln für die Darstellung von Köpfen wählen und auf Märchenwolle zurückgreifen, um diese mit ‚Haaren' zu versehen. Exemplarisch hierfür ist die Situation zwischen einer Erzieherin und einem Mädchen, bei denen sich als gemeinsames Thema ‚Rapunzel' heraus kristallisiert.

Erzieherin: „ ... was können wir noch machen?“

Das Mädchen legt Märchenwolle über die Styroporkugel: „Dann Haare drauf, blonde, wie Rapunzel.“ Es hält die Kugel mit der Märchenwolle hoch und schmunzelt.

Die Erzieherin blickt das Mädchen begeistert an und flüstert: „Genau, das ..., ach Rapunzel ist ne tolle Idee.“

Etwas später sagt die Erzieherin: „Klebst Du bitte das wallende Haar von unserem Rapunzel dran?“

Das Mädchen nimmt die gelbe Märchenwolle: „Ja ... Das ganze Haar, das alles?“

105

Erzieherin: „Nu klar. Der ruft doch immer unten: Ra... Wie ruft er? Ich hab's vergessen."

Mädchen: „Rapunzel, Rapunzel, lass' dein Haar herunter!"

Erzieherin: „Genau. Ja, und dann? Erst sieht's ja oben, wie sieht's denn aus? Das ... sieht der das gleich? Dass die so'n tolles langes Haar hat?" Mädchen: „Ja."

Erzieherin: „Hmhm. Die hat den ja geflochten, nu, den Zopf." Mädchen: „Ja."

Erzieherin: „Und warum lässt die den dann runter? Was macht er dann?"

Mädchen: „Der ... der zieht sich einfach hoch, am Haar. Aber der macht ein Stein dann ... tut ein Stein mit seinen Füßen hoch, nu, mit' n bisschen, dass er höher kommt."

Erzieherin: „Der benutzt das Haar vom Rapunzel als was?"

Mädchen: „Als ... als Seil, dass er da hoch kommt auf'n Turm."

Erzieherin: „Genau, weil er sonst da gar nicht, weil das ja so hoch ist." Mädchen: „Hmhm ... Das stimmt."

Die Erzieherin bestreicht die Styroporkugel mit Kleber, das Mädchen sieht ihr fasziniert zu. Erzieherin: „Jetzt muss das lange wallende Haar des Rapunzels hier auf den ... auf die Kugel geklebt werden." Sie hält den Mädchen die Kugel hin.

Erzieherin: „Ich würd' das mal so halten." Das Mädchen drückt konzentriert die Märchenwolle auf die Kugel, beide blicken auf das Objekt.

Erzieherin: „Toll, nu? Ooh ... du hast ne tolle Idee gehabt, die finde ich total schön. Guck mal, wie hübsch die aussieht!"

Abbildung 11: Rapunzel

An dieser Szene imponiert ebenfalls die dichte und emotional gefärbte Kommunikation, bei der sich beide Akteure wechselseitig in ihrer Begeisterung für das Thema (Rapunzel und ihre Haare) und die Aktivität spiegeln und bestätigen. Ähnlich wie in der oben dargestellten Szene zwischen Erzieher und Junge mit der Ritterburg entsteht eine intensive Interaktion, bei der die Erzieherin mit ihrem Engagement ausgesprochen authentisch wirkt. Darüber hinaus ist an dieser Szene bemerkenswert, wie parallel zur eigentlichen handwerklichen Aktivität das Märchen nacherzählt wird. Dieser narrative Charakter der Kommunikation ist exemplarisch für den besonders gegenüber Mädchen praktizierten Kommunikationsstil der Fachkräfte (vgl. entsprechende Ratingergebnisse Kapitel 6.3.1).

Zwischen männlichen Fachkräften und Mädchen gibt es zwar durchaus vergleichbare Situationen, bei denen es auch um Haare geht, hier kommt es aber nicht zu diesem ausgeprägten Gleichklang in Interesse und Engagement.

Beispielhaft hierfür ist eine Szene zwischen einem Erzieher und einem Mädchen, bei dem das Mädchen die Styroporkugel mit einer wallenden Haartracht versieht und den Erzieher animiert, seinerseits eine Figur mit Haaren zu gestalten:

Das Mädchen nimmt sich Märchenwolle und hält sie an die Styroporkugel. Der Erzieher ist währenddessen mit der Heißklebepistole beschäftigt und schaut dann dem Mädchen zu, das sich weiter mit Kugel und Märchenwolle beschäftigt.

Erzieher: „Hauptsache, die Haare sind schön, was?"

Erzieher und Mädchen sehen sich und ihre Figuren wechselseitig an und lachen. Der Erzieher nimmt dann auch eine Styroporkugel und greift zu der Märchenwolle.

Erzieher: „Ich mach' blaue Haare, aber nur ganz wenig … Ich mach nen Mittelscheitel. So, … au!" Er verbrennt sich am heißen Kleber.

Das Mädchen lacht über die Haare seiner Figur.

Erzieher: „Sieht bisschen komisch aus, oder? Wird schon passen."

Mädchen: „So siehst Du aber auch wieder nicht aus."

Erzieher: „Das stimmt, ja. Also mit den Haaren … das habe ich irgendwie nen bissel … ich kämm' die nen bissel nach hinten, mal gucken." Beide sehen sich das Ergebnis an.

Erzieher: „Nee, solche Haare habe ich wirklich nicht."

Das Mädchen sieht den Erzieher an, fährt sich selbst durch die Haare und sagt: „Musst die Haare ein bisschen an die Seite machen."

Erzieher: „Ja, stimmt. Ich lass' das erst mal kalt werden und dann kann man die vielleicht noch ein bisschen verteilen."

Auch in dieser Szene gibt es viel gemeinsames Einverständnis beziehungsweise gegenseitige Sympathie, die im Blickkontakt und im gemeinsamen Lachen zum Ausdruck kommen. Aber nicht wechselseitige Spiegelung und Gleichklang bestimmen die Szene, sondern unterschwellig ist das eigentlich zum Lachen reizende Thema der geschlechtstypisch unterschiedliche Umgang mit den Haaren und hierbei insbesondere, dass Männer hiermit nicht so viel anfangen können.

Abbildung 12: Haartrachten

Diese Thematik schwingt schon mit in der anfänglichen Aussage des Erziehers („Hauptsache, die Haare sind schön, was?") und sie findet sich wieder in dem abschließenden Hinweis des Mädchens an den Erzieher, wie er die Haare seiner Figur noch retten könne. Und auch hier ist bemerkenswert, dass der Kommunikationsstil mit den verschiedenen Hinweisen auf die eigenen Haare beispielhaft dem entspricht, was die Fachkräfte in der Stichprobe häufiger gegenüber Mädchen praktizieren, nämlich eher Persönliches zu thematisieren oder aufzugreifen, wenn dies vom Kind kommt (vgl. Kapitel 6.3.1).

Die Szenen zum Hämmern oder zur Gestaltung von Haaren sind genauso wenig verallgemeinerbar wie die vorhergehenden mit der ‚Kanone' oder der ‚Perlenkette'. Sie sind auch nicht wirklich ‚typisch' für die Beteiligung von männlichen oder weiblichen Fachkräften, insofern es immer zumindest vereinzelte Gegenbeispiele gibt.

Trotz dieser wichtigen Einschränkung zeigt sich insgesamt als Tendenz, dass in den gleichgeschlechtlichen Konstellationen häufiger Szenen entstehen, die durch einen intensiven Gleichklang und sich wechselseitig verstärkende Begeisterung am Thema oder an der Aktivität geprägt sind, während in gegengeschlechtlichen Konstellationen häufiger zu beobachten ist, dass die Fachkräfte zwar die Interessen und Vorlieben der Kinder aufgreifen, dies aber bei geringerem Engagement und geringerer eigener Beteiligung. Oder sie gehen im positiven Fall spielerisch und humorvoll mit der Differenz um, wie der Erzieher mit der blauhaarigen Figur. Insgesamt zeigt sich so in den meisten Einzelsituationen, dass nicht nur die Kinder, sondern auch die Fachkräfte in der Aktivität durch eigene geschlechtstypische Vorlieben beeinflusst sind. Häufig verstärken sich Kinder und Fachkräfte in den gleichgeschlechtlichen Konstellationen dabei wechselseitig in ihren Vorlieben, was zu der höheren emotionalen Verdichtung der Szenen führt, während wir in gegengeschlechtlichen Szenen eher Verläufe mit geringerer emotionaler Beteiligung und weniger ausgeprägtem Gleichklang vorfinden.

Deutlich wird in der qualitativen Analyse von Schlüsselszenen aber auch, dass die Fachkräfte in der konkreten Interaktion mit den Kindern eigene geschlechtstypische Neigungen offenbar wenig reflektieren, wenn sie sich durch die Kinder animiert von der Begeisterung für die gemeinsame Aktivität anstecken lassen. Zugleich wirken sie aber gerade in diesen Szenen authentisch und es kommt zu emotional dichten und damit vermutlich lerneffektiven Situationen.

7.2 Qualitative Analyse von Gruppensituationen: Zwischen Wettkampf und Choreographie

In Ergänzung zu der standardisierten Einzelsituation ist in der Tandem-Studie das Verhalten der Fachkräfte auch jeweils in einer Gruppensituation per Video dokumentiert worden. Hier sind jetzt beide Fachkräfte anwesend und können in ihrem Verhalten gegenüber den Kindern, aber auch untereinander eingeschätzt werden.

Durch dieses Gruppensetting wird eine wesentliche Erweiterung der Untersuchungsperspektive ermöglicht:

Zum Ersten wird hinsichtlich des Tätigkeitsspektrums der Blick erweitert auf Interaktionen, die im Rahmen der Kindergruppe und bezogen auf deren Dynamik stattfinden. Da in Kindertageseinrichtungen die meisten Aktivitäten in Gruppenkontexten stattfinden, ist dies eine wesentliche und unverzichtbare Perspektivenerweiterung (vgl. Brandes 2008).

Des Weiteren kommen hierdurch weitere Aspekte des pädagogischen Verhaltens der Fachkräfte in den Blick, die durch das Setting der standardisierten Einzelsituation nicht erfasst werden können. Dies betrifft einerseits Formen der Regelsetzung, anderseits die körperliche Präsenz der Fachkräfte im Umgang mit den Kindern und dabei insbesondere die Dimension grobmotorischen Spiels.

Zum Dritten kommen durch das Gruppensetting mit jeweils beiden Fachkräften die Wechselwirkungen innerhalb der Tandems in den Blick, also Aufgabenverteilungen und Interaktionen zwischen den Fachkräften.

7.2.1 Setting und Analysemethode der standardisierten Gruppensituation

Gruppensituationen sind in hohem Maße komplex und weisen in ihren Verläufen eine große Variationsbreite auf. Um eine Vergleichbarkeit der Situationen zu ermöglichen, wurde auch für diese eine Standardisierung eingeführt – diesmal durch die Vorgabe des kommerziellen Gruppenspiels Twister™. Dieses Spiel wird vom Hersteller für Kinder ab acht Jahren empfohlen und ist deshalb für eine Gruppenaktivität mit Kindern bis sechs Jahren eher nicht selbstverständlich. Es wurde als Vorgabe ausgewählt, um eine zwar alltagsnahe, aber die Fachkräfte und ihre Kinder auch herausfordernde Situation herzustellen.

Das Twister™-Spiel besteht aus einer etwa zwei Quadratmeter großen Matte mit vier großen farblichen Punktreihen (gelb, rot, blau, grün) sowie einer Drehscheibe, welche nach den Farben der Punkte sowie den vier Körpergliedmaßen eingeteilt ist. Es stellen sich jeweils zwei Personen einander gegenüber an der Matte auf und müssen nach den Anweisungen des Schiedsrichters, welcher eine Drehscheibe bedient, ihre Hände und Füße auf die angewiesenen Farbfelder der Matte setzen. Ziel ist es, ohne umzufallen auf die andere Seite zu gelangen. Wer zuerst dort ankommt, hat gewonnen. Wer umfällt, hat verloren. Das Spiel ist so angelegt, dass es jeweils mit bis zu vier Personen gespielt werden kann.

Den Tandems und ihren Gruppen wurde das Spiel inklusive einer modifizierten schriftlichen Spielanleitung zur Verfügung gestellt. Um das Spiel dem Alter der Kinder anzupassen, wurde die Spielanleitung so vereinfacht, dass rechts und links der Gliedmaßen vernachlässigt werden können. Außerdem wurde die Anleitung komprimiert, damit die Fachkräfte diese schneller erfassen können. Die Anweisung zu Beginn der Gruppensituation lautete jeweils: „Wir haben Ihnen das Spiel Twister mitgebracht. Vielleicht kennen Sie es. Hier ist eine Spielanleitung zum Überfliegen. Sie können auch davon abweichen. Wir würden Sie bitten, das Spiel mit Ihrer Gruppe auszuprobieren. Sie setzen selbst nach Ihrem Ermessen einen Schlusspunkt." Die Dauer der Gruppenaktivität blieb also den Fachkrafttandems überlassen.

Vorgegeben war weiterhin, dass die Fachkräfte diese Gruppenaktivität mit Kindern aus der auch im Alltag bestehenden Bezugsgruppe durchführen sollten. Da diese Gruppenaktivitäten zumeist nachmittags stattfanden, wenn in vielen Einrichtungen nur noch ein Teil der Kinder anwesend ist, wurde die Gruppengröße nicht festgelegt. Infolgedessen variiert die Gruppengröße erheblich und liegt auch häufig deutlich unter der durch den Personalschlüssel sich ergebenden Gruppengröße.

Die Gruppensituationen wurden lediglich in der ersten Projektphase mit 21 Mann/Frau-Tandems und 12 Frau/Frau-Tandems durchgeführt. In der zweiten Projektphase wurde auf das Gruppensetting verzichtet, weil zu diesem Zeitpunkt bereits die Entscheidung für ein qualitatives Auswertungsverfahren gefallen war, für das zusätzliche Fallzahlen keinen wesentlichen zusätzlichen Erkenntnisgewinn versprechen. Insgesamt sind somit 33 Gruppensituationen per Video dokumentiert und analysiert worden, welche in der

Dauer zwischen zehn bis 55 Minuten, in der Gruppengröße zwischen vier bis achtzehn Kindern sowie in der Geschlechterzusammensetzung variieren. Ursprünglich war geplant, zur Auswertung der Gruppensituationen ein der standardisierten Einzelsituation analoges Rating anhand vorgegebener Kategorien durchzuführen. Aufgrund der erheblich höheren Komplexität der Interaktionsprozesse in den Gruppensituationen erwies sich ein solches Ratingverfahren aber als nicht realisierbar. Zudem zeigte sich trotz der Standardisierung durch das Twister™-Spiel insgesamt eine erhebliche Variationsbreite von Gruppenverläufen, so dass letztlich jede einzelne Situation nur für sich steht und direkte Vergleiche sowie Verallgemeinerungen auf das gesamte Material nur sehr begrenzt möglich sind.

Infolge dessen erfolgte bezogen auf die Gruppensituationen die Entscheidung für eine qualitative Analyse des Materials. Die Gruppenprozesse wurden phänomenologisch erfasst und deskriptiv mit Stichworten beschrieben und in der Forschungsgruppe diskutiert. Methodisch wurde dabei Ansätzen der szenischen Sequenzanalyse aus der Gruppenforschung gefolgt (vgl. Haubl 1988, Bosse 2007). Dieser Analyseprozess wurde für alle dokumentierten Gruppensituationen durchgeführt und protokolliert. Wo im Folgenden einzelne Prozessverläufe exemplarisch zusammengefasst und kommentiert werden, folgt diese Darstellung weitgehend den Kurzprotokollen aus der qualitativen Analyse.

Zunächst werden dabei die Interaktion zwischen den Fachkräften, Rollenverteilungen und typische Muster der Abstimmung in den Gruppensituationen aufgegriffen. Da sich dieser Aspekt durch alle Gruppensituationen hindurch zieht, wird bezogen auf diesen Fokus weitgehend auf die exemplarische Darstellung einzelner Gruppenverläufe verzichtet.

Anschließend werden, der Logik einer qualitativen Analyse folgend, exemplarische Gruppensituationen herausgegriffen und anhand der Beschreibungen aus dem Diskussionsprotokoll der Forschungsgruppe in ihrer Besonderheit wiedergegeben und analysiert. Dabei erfolgen eine Konzentration auf ‚doing gender‘ im Sinne geschlechtlich konnotierter Inhalte und Interaktionssequenzen sowie auf die Wechselwirkung zwischen den Fachkräften und der Kindergruppe. Hinsichtlich des szenischen Gesamteindrucks des Geschehens hat sich im Verlauf der qualitativen Analyseprozesse hierbei ein Fokus auf den Umgang der Fachkräfte mit dem Wettbewerbscharakter des vorgegebenen Spiels ergeben.

7.2.2 Rollenverteilung und Abstimmungsprozesse

Bezüglich der Rollen- und Arbeitsteilung zwischen den Fachkräften lassen sich grob drei Konstellationen unterscheiden und auch in der Häufigkeit ihres Auftretens zumindest tendenziell gewichten. Dabei ergibt die qualitative

Analyse aber keinen in Richtung auf Geschlechtsspezifik interpretierbaren eindeutigen Befund. Vielmehr variieren beide Geschlechtergruppen ähnlich im Vorgeben und in der Einhaltung von Ordnung, Struktur und Regeln sowie in der Begleitung des Gruppenprozesses. Diesbezüglich zeigt sich auch kein Unterschied zwischen den Mann/Frau-Tandems und den Frau/Frau-Tandems.

Bezogen auf die Mann/Frau-Tandems lassen sich hinsichtlich der Symmetrie oder Asymmetrie in der Beziehung zwischen den beiden Fachkräften folgende grundlegende Formen des Beziehungsarrangements identifizieren:

1. Partnerschaftliche oder symmetrische Arrangements, bei denen die Führungsrolle im Prozess gleichermaßen auf beide Fachkräfte verteilt ist oder im Verlauf wechselt, wobei die Akteure allem Anschein nach auf gleicher Augenhöhe agieren.

2. Hierarchische oder asymmetrische Arrangements, bei denen die männliche Fachkraft in der Hauptsache den Gruppenprozess strukturiert und leitet und die weibliche Fachkraft eher assistiert und im Hintergrund agiert.

3. Hierarchische oder asymmetrische Arrangements, bei denen die weibliche Fachkraft den Gruppenprozess strukturiert und leitet und die männliche Fachkraft eher assistiert und im Hintergrund agiert. Auch bei den hierarchischen Arrangements kann es punktuell Wechsel in der Aktivität geben, ohne dass diese aber die Hierarchie zwischen den Fachkräften aufbrechen.

Bezogen auf das Gesamtmaterial der analysierten Gruppensituationen zeigen sich sowohl bei den Mann/Frau- wie auch bei den Frau/Frau-Tandems in der Mehrzahl partnerschaftliche Arrangements, ohne Dominanz einer der beiden Partner.

Bei hierarchischen oder asymmetrischen Arrangements folgt die Hierarchie in den Mann/Frau-Tandems nur in wenigen Fällen dem Geschlechterstereotyp. Häufiger scheinen Alter und Berufserfahrung bezüglich der Beziehung strukturbildend zu sein. So sind im Falle dominanter männlicher Fachkräfte diese zumeist auch älter als ihre Kolleginnen und umgekehrt gibt es gemischte Tandems, bei denen die weibliche Fachkraft aufgrund von Alter und Berufserfahrung bzw. aufgrund ihrer Stellung im Team eine deutlich dominante Rolle im Tandem einnimmt. In keinem Fall finden wir die umgekehrte Konstellation, dass ein jüngerer Erzieher überwiegend das Heft in die Hand nimmt. Entsprechendes gilt für die Frau/Frau-Tandems: Auch hier dominiert in asymmetrischen Arrangements zumeist die ältere Kollegin.

Geschlechtsstereotype Arrangements finden sich aber häufig hinsichtlich der Art der Aktivität und der Form der Zuwendung der Fachkräfte zu den Kindern. Obwohl Jungen und Mädchen bei männlichen wie weiblichen Fachkräften gleichermaßen körperliche Nähe suchen, indem sie sich beispielsweise während des Spieles neben sie oder auf ihren Schoß setzen oder auf ihnen herum klettern, wird bezüglich der Körperlichkeit doch augenfällig, dass die weiblichen Fachkräfte häufiger dazu neigen, steuernd in das Geschehen einzugreifen und Kinder direkt körperlich zu führen. So lenken sie beispielsweise Beine und Arme auf die entsprechenden Felder. Dem gegenüber lassen sich die männlichen Fachkräfte eher direkt in das Spiel hineinziehen und dabei zu grobmotorischer Aktivität verführen. Bei aktiverer Rolle der männlichen Pädagogen tendiert das Spiel auch eher zu einem chaotischeren Verlauf und die weiblichen Kolleginnen übernehmen dann die Aufgabe, wieder Ruhe und Ordnung in das Geschehen zu bringen.

In den meisten Gruppensituationen mit Mann/Frau-Tandems finden sich folglich Funktionsteilungen, wie sie von den Pädagoginnen und Pädagogen auch in den Interviews zum Ausdruck gebracht werden (vgl. Kapitel 8.3.1): Die männlichen Fachkräfte betonen dort häufiger ihre Neigung zu grobmotorischer Aktivität und dass sie gerne direkt und quasi auf Augenhöhe mit den Kindern in deren Spiele einsteigen, während ihre Kolleginnen sich eher als ‚ruhenden Pol‘ sehen und ihre Neigung ausdrücken, Situationen zu strukturieren und zu ordnen sowie Kinder zu trösten und mit ihnen zu ‚kuscheln‘, wenn dies angebracht erscheint.

Die folgende Gruppensituation aus einem Mann/Frau-Tandem enthält mehrere der genannten Aspekte und illustriert, wie derartige Funktionsaufteilungen in der Dynamik einer Gruppensituation zum Ausdruck kommen[19]:

Zwischen Erzieher und Erzieherin besteht ein insgesamt gleichberechtigtes Verhältnis. Die Dominanz der Situation wechselt zwischen beiden. Beide sind situativ flexibel. Eine durchgehende, sich in allen Situationen zeigende Hierarchie gibt es nicht. Die Spielsituation bewegt sich, professionell betrachtet, auf einem guten Niveau. Die Beziehung zwischen Erzieher/Erzieherin und den Kindern weist auf eine größere Differenz zwischen Erzieher und Erzieherin hin: Die Kinder wenden sich überwiegend, auch körperlich, dem Erzieher zu. Er unterstützt die Kinder mehr beim Spiel und geht mehr auf ihre Ideen ein. Er lässt auch neue Regeln entwickeln und nach ihnen spielen. Dabei hält sich der Erzieher insgesamt weniger streng an Regeln als die Erzieherin und lässt sich von der Spieldynamik mitreißen. Die Erzieherin hat nur zu Beginn Körperkontakt mit einem Mädchen, dass auf ihrem Schoß sitzt, im Weiteren nicht mehr. Nach ca. 15-20 Minuten fällt die Konzentration der Kinder zunehmend ab. In einem Schlüsselmoment klettern alle Kinder als Bienenschwarm auf den Kollegen. Er wird zum Tobe-Zentrum und zum lustvollen Spielkamerad für das Grobmotorische. Als die Situation chaotisch zu werden droht, schreitet die Erzieherin ein, um die Situation in den Griff zu bekommen und stellt wieder Ordnung her. Sie hat eine eher korrektive Funktion, wobei das mehr der Gruppendynamik der Situation geschuldet zu sein scheint als dem Geschlechterarrangement. Zur lustigen Dramatisierung des Spielgeschehens betont die Erzieherin öfter die Schwierigkeit des Spiels.

Obwohl in diesem Fallbeispiel wie auch in anderen Gruppensituationen mit Mann/Frau-Tandems die Unterschiede im Verhalten der Fachkräfte den in den Interviews genannten geschlechtsspezifischen Neigungen entsprechen, ist

---

[19] Auch in den Darstellungen der Gruppensituationen werden die Fachkräfte unabhängig von ihrer Ausbildung als Erzieherin oder Erzieher bezeichnet.

Vorsicht geboten, diese Funktionsaufteilungen oder Verhaltensdifferenzen als genuin geschlechtsgebunden oder geschlechtstypisch zu interpretieren. Gegen eine solche eindeutige Zuschreibung spricht, dass sich in den Gruppensituationen mit Frau/Frau-Tandems durchaus vergleichbare Funktionsaufteilungen und Verläufe finden. Auch hier sind beispielsweise die Ordnungs- oder Trostfunktion häufig ungleich verteilt und es zeigen sich unterschiedliche Neigungen der weiblichen Fachkräfte, sich selbst in das Spiel einzubringen und grobmotorisch zu agieren. Und auch unter den Mann/Frau-Tandems finden sich zumindest einzelne, in denen die Funktionsteilung konträr zum Geschlechterstereotyp zustande kommt und wo z.b. die weibliche Fachkraft aktiv in grobmotorische Interaktionen mit den Kindern einsteigt oder der Erzieher die ordnende Funktion übernimmt.

7.2.3 ,Doing gender' im Gruppenkontext

Die Tatsache, dass Rollen- und Funktionsaufteilungen sowie die Beziehungsmuster zwischen den Fachkräften nur sehr bedingt auf geschlechtstypische Muster zurück geführt werden können, bedeutet nicht, dass der Geschlechtsaspekt in den Gruppensituationen keine Rolle spielen würde.

Vor dem Hintergrund von Theorien zum ,doing gender' (vgl. Kapitel 3.3 und 5.2) ist vielmehr anzunehmen, dass es in der gemeinsamen Aktivität häufig eine unterschwellige oder passagere Bedeutungsebene der Präsentation und Bestätigung von Geschlecht gibt, auch wenn dies nicht expliziert wird und sich auf den ersten Blick Geschlechterstereotype nicht bestätigen. Um sich dieser Bedeutungsebene des Geschehens anzunähern, erweist sich der Rückgriff auf den exemplarischen Einzelfall und dessen hermeneutische, qualitative Analyse als angemessene Zugangsweise.

Häufiger als in den Einzelsituationen kommt es in den videografierten Gruppensituationen dabei zu zwar zumeist passageren, aber expliziten verbalen geschlechtlichen Zuschreibungen. Bedingt durch das vorgegebene Spiel sind diese oft körperbezogen. Beispiele hierfür sind gegenüber Jungen Aussagen wie: „Männer sind nie so gelenkig wie die Mädels", „Ihr müsst mal mit ziehen, Jungs, wir brauchen jetzt eure Muckis!", „Anstrengend, da kriegt man Muskeln" oder „Liegestütze! Jetzt gibt´s Muckis". Analoge Kommentare gegenüber Mädchen sind: „Wir wollen mal sehen, wie weit Du Dich verrenken kannst", „Die Mädels sind sehr gelenkig" oder: „Ihr könnt im Zirkus auftreten".

Häufig finden sich auch Kommentare und Assoziationen der Fachkräfte, die mehr oder minder deutlich geschlechtlich konnotiert sind. Beispielsweise bestätigt in einer Szene ein Erzieher einen Jungen an der Drehscheibe des Twister™-Spiels, indem er einen Zusammenhang zu Fußball herstellt: „Du bist ein ganz genauer Schiedsrichter! Wie beim Fußball, wo alles richtig ist!"

Ein anderer Erzieher fordert die Jungen zur Zurückhaltung auf mit den Worten: „Ladys first! Jungs! Immer die Damen zuerst!". Und eine Erzieherin kommentiert die Haltung eines Jungen mit den Worten: „Du siehst aus wie Spiderman!"

Dass derartige Äußerungen mit explizit geschlechtlichen Zuschreibungen oder Assoziationen in den Gruppensituationen häufiger vorkommen als in den Einzelsituationen, könnte mit der spezifischen Dynamik von Gruppenprozessen zusammenhängen, die die Fachkräfte wie ein Sog hineinzieht und es ihnen erschwert, eine professionell distanzierte Haltung zum Geschehen einzunehmen (vgl. Brandes 2008).

Zumeist begleiten solche Zuschreibungen und Kommentare den Gruppenprozess, ohne dass ein relevanter Einfluss auf die Dynamik erkennbar wird. Gelegentlich gewinnen sie aber ungewollt auch den Charakter einer zentralen und den Gruppenprozess wesentlich beeinflussenden Intervention.

Exemplarischer hierfür ist eine Gruppensituation mit einem Mann/Frau-Tandem und fünf Kindern. Hier wird das Geschehen durch Äußerungen des Erziehers sowie eine Wettkampfkonstellation zwischen den beiden Fachkräften deutlich im Sinne eines Konkurrenzverhältnisses zwischen den Geschlechtern akzentuiert:

Im ersten Drittel des Gruppenprozesses ist das Geschlechterthema nicht merkbar präsent. Es geht um die Regeln des Twister™-Spieles und die Verteilung der Rollen. Bemerkenswert ist lediglich, dass der Erzieher in der Leitung der Gruppe dominiert und seine Kollegin eher eine unterstützende Funktion am Rande einnimmt. Als in einer Spielsituation mit deutlichem Wettkampfcharakter ein Junge gegen ein Mädchen unterliegt, weil er das Gleichgewicht verliert, sagt der Erzieher über das Spielfeld laut zu ihm: „Das macht nichts – Männer sind nie so gelenkig wie die Mädels. Das ist überhaupt nicht schlimm." Daraufhin baut sich ein Mädchen protestierend vor ihm auf: „Mädels sind zarter – aber Du bist ein Junge!". Er antwortet hierauf: „Aber dafür sind sie gelenkiger, mein Schatz". Von jetzt an steht das Geschlechter-Thema als Spannung deutlich im Raum und das Stichwort „gelenkig" ist mehrfach von den Kindern zu hören. Als der Erzieher schließlich seine Kollegin auffordert, gegen ihn anzutreten und er dabei verliert, jubeln dann auch die Mädchen und die Jungen sind still. Nachdem nochmals mehrere Kinder das Spiel gemacht haben, wiederholen die beiden Fachkräfte ihren Wettkampf und diesmal gewinnt der Erzieher, weil er sich deutlich engagierter und robuster einbringt. Wieder jubeln die Mädchen, sie werden aber von einem Jungen belehrt: „Aber die Miriam [Erzieherin] hat doch gar nicht gewonnen." [20]

An diesem Gruppenprozess wird deutlich, wie die eine Aussage des Erziehers den weiteren Gruppenprozess beeinflusst und wie sensibel die Kinder auf diese Positionierung des Erziehers reagieren. Wir wissen nicht, wie das Mädchen die erste Aussage des Erziehers interpretiert hat und was sie genau zu ihrem Protest veranlasst. Ihre Reaktion („… aber du bist ein Junge") lässt

---

[20] Sofern bei der Wiedergabe wörtlicher Rede Namen genannt werden, sind diese zufällig gewählt und erlauben keinen Rückschluss auf die handelnden Personen. Dabei wurden für Kinder mit Migrationshintergrund Namen gewählt, die diesen erkenntlich machen.

aber erahnen, dass aus ihrer Sicht der Erzieher sich durch den Verweis auf „Männer" mit dem Jungen verbündet. Und hiergegen setzt sie sich zur Wehr. Deutlich wird auch, dass sein Tröstungsversuch mit der (vermutlich ungewollten aber unmissverständlichen) geschlechtlichen Konnotation im Kontext der Gruppenszene den Effekt hat, das Geschlechterthema in den Vordergrund zu bringen und eine Konkurrenzsituation zwischen den Geschlechtern zu schaffen, bei der sich die Mädchen mit der Erzieherin identifizieren und die Jungen mit ihm.

Wie jedes Fallbeispiel ist dieses in seiner Komplexität sowohl vieldeutig wie auch einmalig, was zuerst einmal gegen eine vorschnelle Verallgemeinerung spricht. Durchaus exemplarisch ist aber an dieser Gruppensituation, wie die Fachkräfte das Geschehen unbewusst geschlechtlich konnotieren und damit auf Seiten der Kinder Reaktionen provozieren, die vermutlich nicht beabsichtigt sind. Ähnliche Beispiele zeigen sich in anderen Gruppenverläufen, beispielsweise bei einem Frau/Frau-Tandem, wo sich beide Erzieherinnen unreflektiert auf die Seite der Mädchen schlagen, indem sie „von uns Mädchen" sprechen.

Deutlich wird an solchen Szenen, wie die Fachkräfte gelegentlich von der Dynamik in der Gruppe regelrecht „mitgerissen" werden. Aus fachlich-pädagogischer Perspektive sind Äußerungen, wie die des Erziehers aus dem obigen Beispiel, kritisch zu bewerten und verweisen auf die Notwendigkeit einer stärker reflektierten Haltung. Es zeigt sich an diesem Beispiel aber auch, wie die Kinder Hinweise auf die Geschlechterdifferenz eigenständig aufgreifen und sich, wie das Mädchen, das den Erzieher selbstbewusst konfrontiert, durchaus auch zur Wehr setzen können. Auch wenn die Kinder dieser Gruppe vielleicht nicht ganz verstanden haben, was der Erzieher mit „gelenkig" meinte, entwickeln sie diese Thematik doch lustvoll eigenständig weiter, wie sie auch die Konkurrenz zwischen den Fachkräften aufgreifen und untereinander weitertreiben – wie in dem abschließenden Hinweis des Jungen auf die Geschlechterkonstellation.

7.2.4 Szenischer Gesamteindruck: Zwischen Wettkampf und Choreografie

Die qualitative Analyse der Gruppensituationen liefert nicht nur Hinweise auf geschlechtliche Konnotationen in Kommentaren und Interventionen der Fachkräfte. Vor allem erweitert sie die Perspektive auf den *szenischen Gesamteindruck*, also den Sinnkontext des Geschehens, der sich aus der Aufeinanderfolge einzelner Interaktionen ergibt und über den diese sie ihre spezifische situative Bedeutung gewinnen. Entsprechende szenische Kontexte entstehen auch in den Einzelsituationen. Besonders hinsichtlich komplexer

Gruppenprozesse können sie aber als Ansatzpunkt dienen, um sich das Geschehen in seiner Komplexität zu erschließen (vgl. Haubl 1988). Insgesamt und über alle ausgewerteten Gruppensituationen erweist sich dabei der szenische Gesamteindruck als in hohem Maße davon bestimmt, in welcher Art und Weise die Fachkräfte in das vorgegebene Twister™-Spiel einführen. In den meisten Fällen folgen die Fachkräfte der Spielanleitung nur partiell und wandeln sie um. Dabei wird ungeachtet der Spielinstruktion der Wettbewerbscharakter des Spieles deutlich abgeschwächt oder er kommt überhaupt nicht zum Ausdruck.

Das Spielziel wird beispielsweise dahingehend abgewandelt, dass nicht die Twister™-Unterlage überquert, sondern lediglich die richtigen Farbfelder getroffen werden sollen. Oder statt einzelne Kinder gegeneinander antreten zu lassen, spielen größere Teilgruppen gemeinsam. In einigen Fällen wird das Spiel als sportliche Leistungssituation ohne Wettkampfcharakter interpretiert. Hier liegt der Akzent dann auf der individuellen Anstrengung und dem „Durchhalten", gelegentlich auch mit dem Hinweis: „Das ist aber Sport". Oder das Spiel wird didaktisch genutzt, um die Kinder in der Unterscheidung von rechts und links bzw. der Farben zu üben.

Obwohl es eine einheitliche Spielanleitung für alle Tandems gibt, realisiert somit letztlich jedes Tandem bzw. jede Gruppe eine eigene Variante der Umsetzung. Dabei sind die häufigen Abwandlungen der Spielanlage vermutlich zumindest zum Teil der Tatsache geschuldet, dass das Twister™-Spiel ein Regel- und Wettkampfspiel ist, dass für eine etwas ältere Altersgruppe konzipiert wurde. Man kann deshalb unterstellen, dass einige der pädagogischen Fachkräfte eine Überforderung jüngerer Kinder vermeiden wollen.

Ungeachtet dessen zeigen sich hinsichtlich der Interpretation und der szenischen Umsetzung des Spiels aber auch Hinweise darauf, wie in der Interaktion von Kindern und Fachkräften geschlechtstypische Neigungen zum Tragen kommen bzw. es zeigen sich Konstellationen, die im Sinne eines ‚doing gender' interpretiert werden können.

Wettkampforientierte Spielinterpretationen

Insgesamt wird lediglich in acht der 33 Gruppensituationen der Spielanleitung entsprochen und werden auch Gewinner oder Verlierer eindeutig benannt. Quantitativ finden sich wettkampforientierte Spielinterpretationen und Prozessverläufe etwas häufiger bei den Mann/Frau-Tandems (in sechs von 21 Gruppensituationen) als bei den Frau/Frau-Tandems (in zwei von 12 Gruppensituationen). Dies allein ist aber noch wenig aussagekräftig.

Insofern jedes Tandem bzw. jede Gruppe letztlich eine eigene Variante der Umsetzung realisiert, ist jeder Gruppenverlauf als Einzelfall zu verstehen und wird als solcher im Folgenden auch dargestellt. Die Aufteilung in wettkampforientierte und wettkampfvermeidende Spielinterpretationen dient dabei lediglich als sehr grobes Raster, innerhalb dessen die unterschiedlichsten Facetten bestehen.

Wir beginnen unsere Darstellung mit der Gruppensituation eines Mann/Frau-Tandems mit sieben Mädchen und drei Jungen aus ihrer Bezugsgruppe. Die Einrichtung befindet sich in einem Einzugsgebiet mit hohem Anteil von Familien mit Migrationshintergrund; entsprechend weisen auch fast alle Kinder einen solchen auf.

Zu Beginn der Situation liest die Erzieherin die vorgegebenen Regeln des Twister-Spiels vor. Ihr Kollege packt währenddessen das Spiel aus und ergänzt die Worte seiner Kollegin. Die Erzieherin leitet das Spiel. Ihr Kollege sitzt im Hintergrund und macht nur punktuell Vorschläge zum Ablauf, z.B. zwei Schiedsrichter zu benennen, damit sich die beiden beim Drehen der Scheibe abwechseln können. Erzieherin und Erzieher sprechen sich immer wieder kurz über den Verlauf ab. Ihre Zusammenarbeit scheint sehr konsensorientiert und auf Augenhöhe. Während anfänglich die Erzieherin die Leitungsfunktion übernommen hatte, geht dies im Weiteren auch auf ihn über. Sie wechseln sich ab und Übergänge erfolgen fließend. Beide bestärken in ähnlicher Weise die Kinder: „Super!" „Toll!". Die Kinder lassen sich engagiert auf das Spiel ein, kichern oft und genießen offenbar die Situation. Der Erzieher schlägt der Gruppe vor, die Kinder auf der Matte anzufeuern. Seine Kollegin greift das auf und betont die Siegerin des ersten Durchgangs: „Nela, du hast gewonnen!" Es folgt aber auch großer Applaus für die Verliererin. In der zweiten Runde stehen sich wieder zwei Mädchen auf der Matte gegenüber. Nach dem Ende des Spiels gibt es erneut Applaus, initiiert von der Erzieherin. In der dritten Spielrunde nimmt zum ersten Mal ein Junge teil. Erzieherin: „Mehmet, vielleicht schaffst Du es mal, hier drüben anzukommen?" Darauf der Erzieher: „Oder die Fathma schaffts". Mehmet präsentiert einen deutlich männlichen Habitus (vorgebeugte Haltung, Tänzeln wie ein Boxer, unterstrichen durch seinen Adidas-Trainingsanzug), auf den sie mit der Aussage reagiert: „Du siehst aus wie Spiderman!" Im Spielverlauf verliert er nach kurzer Zeit das Gleichgewicht, fällt um und verliert damit auch den Wettkampf mit dem Mädchen. Es gibt Applaus für die Siegerin, der Junge fühlt sich aber offensichtlich nicht zurückgesetzt.

In dieser Gruppensituation zeigt sich eine deutlich symmetrische Beziehung zwischen den beiden pädagogischen Fachkräften: Sie kooperieren, ohne dass einer von beiden dominieren würde. Zwar ist bei den Aktivitäten zumeist einer der beiden mehr im Vordergrund, diesbezüglich erfolgt aber ein permanenter, fließender Wechsel. Das Tandem wirkt somit in hohem Maße eingespielt und partnerschaftlich aufeinander bezogen. Der Geschlechterunterschied zwischen den Fachkräften schlägt sich folglich kaum im Prozessverlauf nieder und Mädchen wie Jungen sind auf beide Fachkräfte in ähnlicher Weise bezogen. Hinsichtlich des Twister™-Spiels orientieren sich die Fachkräfte an den vorgegebenen Regeln und greifen den Wettkampfcharakter des Spiels auf, indem sie die Kinder ermuntern und anfeuern, wobei Jungen wie Mädchen gleichermaßen einbezogen sind und engagiert mitgehen. Eine geschlechtliche Konnotation gewinnt die ganze Situation lediglich in einer Szene, als der erste Junge aktiv in den Wettkampf einsteigt. Es scheint, als würde er sich angesichts des zahlenmäßigen Übergewichts der Mädchen durch maskulines Gehabe selbst Mut machen. Dies greift die Erzieherin auf, indem sie es kommentiert mit dem Vergleich mit ‚Spiderman', einer insbesondere unter den Jungen populären Fantasiefigur. So wie sie es sagt, ironisiert sie damit nicht sein Verhalten, sondern konnotiert es bestärkend positiv maskulin, was es ihm im Anschluss leichter macht, mit seiner Niederlage umzugehen. Diese kleine Szene ist insofern bemerkenswert, als hier die weibliche Fachkraft – quasi über die Geschlechtergrenze hinweg – den Jungen anspornt und seine maskuline Selbstdarstellung wohlwollend und unterstützend spiegelt, worauf ihr Kollege mit einer kurzen Bemerkung das Mädchen ins Spiel bringt und so wieder eine Balance herstellt. Dies unterstreicht den szenischen Gesamteindruck der Situation, in der beide Fachkräfte aufeinander abgestimmt und flexibel agieren sowie beidseitig, die Geschlechtergrenze überkreuzend, auf Jungen und Mädchen eingehen. Der Unterschied der Geschlechter ist so im Hintergrund zwar präsent, manifestiert sich aber an keiner Stelle des Geschehens als Gegensatz, sondern eher als wechselseitiges Aufeinander-Eingehen.

Auch in einer anderen Gruppe gibt es eine Szene, in der ein unterlegener Junge Trost erfährt. Die Wettkampfsituation ist dabei deutlich, auch wenn der Erzieher auf „super Figuren" ein Muster bedient, das sonst eher in wettkampfvermeidenden Spielinterpretationen auftaucht:

Die Erzieherin ist älter als ihr Kollege. Sie holt die Spielanleitung und liest sie vor. Der Erzieher, bestimmt, wer als erstes anfängt, macht selbst zuerst den Schiedsrichter. In der zweiten Runde spielt der Erzieher mit (nachdem ein Junge nicht mitspielen möchte). Die Mädchen feuern das Mädchen an, die Jungen den Erzieher. Sonst findet keine nennenswerte Aufteilung zwischen Jungen und Mädchen statt. Am Ende sind aber nur noch Jungen am Spiel beteiligt, die Mädchen sind bis auf eines alle gegangen. Eine Schlüsselszene entsteht, als ein Junge verliert und hierüber offenbar traurig ist. Die Erzieherin versucht ihn zu trösten, aber der Junge sagt: „Oh Mann, ich kann das nicht" und schaut dann zum Erzieher. Dieser lacht und sagt „Tim, du kannst das super, du hast super Figuren gemacht! Gibst Du auf?" Der Junge fängt an zu weinen, die Erzieherin unternimmt einen erneuten Tröstungsversuch und sagt am Ende: „Du hast das ganz toll gemacht, weil so sportlich wie du grade warst, das weiß ich nicht ob ich das hinkriege, oder Micha [mit Blickkontakt zu ihrem Kollegen], kriegen wir das hin?" Dieser reagiert lächelnd: „Ich hab's ja vorhin bewiesen, aber musste es ja nicht beweisen."

In dieser Szene kommt es wieder zu einer Beziehungsaufnahme konträr zur Geschlechtszugehörigkeit: Die Erzieherin kümmert sich um einen von sich selbst enttäuschten Jungen. Dieser Tröstungsversuch gerät in seiner unterschwelligen geschlechtlichen Konnotation aber widersprüchlich: Der Erzieher bietet dem Jungen als Trost an, er hätte „super Figuren" gemacht. Seine Kollegin versucht dies zu korrigieren, indem sie die Bedeutung auf ‚Sport' verschiebt. Ihr Versuch, den Erzieher dabei nochmals einzubeziehen („Kriegen wir das hin?"), schlägt aber fehl, weil dieser offenkundig nicht die hierzu notwendige innerliche Distanz zu dem Wettkampf aufbringt („Ich hab's ja vorhin bewiesen").

Wie in dieser und der weiter oben dargestellten Gruppensituation sind es in den Mann/Frau-Tandems vielfach die männlichen Fachkräfte, die den Wettbewerbscharakter des Geschehens fördern und die sich in diesem Sinne auch selbst aktiv in das Spiel auf der Matte einbringen.

Dies ist aber nicht durchgehend der Fall, sondern wir finden auch konträre Konstellationen. Ein Beispiel hierfür ist die folgende Gruppensituation, in der die Hierarchie im Tandem nicht dem Geschlechterstereotyp entspricht, sondern die Differenz in Alter und Erfahrung der Fachkräfte widerspiegelt. Die Erzieherin ist deutlich älter ist als ihr Kollege, und sie ist es, die den Wettbewerbscharakter des Spiels aufgreift und die direkte spielerische Auseinandersetzung mit dem Kollegen sucht:

Zu Beginn gibt die Erzieherin ihrem Kollegen Anweisungen: „Lies mal vor!". Dies spiegelt auch die Hierarchie im Team wider. Die Erzieherin ist es auch, die die direkte Auseinandersetzung mit ihrem Kollegen im Spiel auf der Twister™-Matte initiiert: „Wir müssen dann auch mal spielen!" Er sagt dazu nichts, sondern folgt ihrer Anweisung. Sie bringt sich ausgesprochen engagiert und raumgreifend in den Wettkampf ein und entscheidet ihn nach kurzer Zeit für sich. In der Wahrnehmung der Forschungsgruppe „fegt" sie ihren Kollegen regelrecht von der Matte. Für die Kinder ist das Spiel offensichtlich eine Herausforderung, weil ihnen die Konzentration auf zwei Dimensionen gleichzeitig (Farbkreise treffen und gleichzeitige Vorwärtsbewegung) schwer fällt. Trotzdem steigen sie engagiert in den Wettkampf ein. Dabei besitzen die Mädchen körperliche Vorteile gegen über den gleichaltrigen Jungen, da sie meist schon größer sind. Insofern spiegelt sich die Hierarchie zwischen den Fachkräften auch unter den Kindern wider: Der Erzieher ordnet sich gegenüber seiner Kollegin unter. Er nimmt aber gegenüber den Kindern eine wichtige Rolle ein, insofern er mehr Hilfestellungen gibt und den Kindern beim Spiel assistiert.

In einigen Prozessverläufen wird die geschlechtliche Konnotation des szenischen Geschehens auch durch die Kinder selbst ins Spiel eingebracht. Zumeist ist dies mit unterschiedlichen Haltungen der Jungen und Mädchen zum Wettkampfcharakter des Spiels verbunden. Wie in Kapitel 4.5 bereits ausgeführt, hat Maccoby (2000) auf die Entwicklung unterschiedlicher „Kinderkulturen" in Mädchen- beziehungsweise Jungengruppen hingewiesen und die selbstregulierende Prozesse unter den Kindern hierfür verantwortlich gemacht. Gebauer (1997) beschreibt im Sinne von Spielprinzipien die Unterschiede zwischen Jungen- und Mädchenspielen als einerseits agonales Strukturmuster des Gegeneinander und Überbietens unter Jungen und andererseits als Miteinander und die gestaltende Darbietung in den Mädchenspielen.

In den videografierten Gruppensituationen der Tandem-Studie finden sich diese entwicklungspsychologischen Beobachtungen insofern bestätigt, als hier die Jungen vielfach dazu neigen, sich in direkter Konfrontation gegeneinander beweisen und gewinnen zu wollen, während Mädchen eher die Konkurrenz in der Darstellung, also in der schönsten Figur oder Bewegung suchen.

Ein Beispiel hierfür findet sich in folgendem wettkampforientierten Prozessverlauf mit einem Mann/Frau-Tandem und einer relativ kleinen Gruppe mit drei Mädchen und vier Jungen im Vorschulalter:

Die Fachkräfte orientieren sich an der Spielanleitung. Der Erzieher sitzt bei der Gruppe und gibt zuerst die Regeln vor, während seine Kollegin beobachtend am Rand steht. Dabei wirken aber beide gleichberechtigt und tauschen sich immer wieder verbal und nonverbal aus. Auch achten beide Pädagogen auf das Einhalten der Regeln. Das Spiel hat von Anfang an deutlichen Wettbewerbscharakter. „Verlieren" und „Gewinnen" werden thematisiert. Der Erzieher wählt einen Jungen als Schiedsrichter aus. Dabei verspricht er sich und sagt „Schießrichter", woraufhin die Jungen mit dem Erzieher spontan lachen und ein Junge mit einer Geste Schießen imitiert. Dann tritt zuerst ein Junge gegen ein Mädchen zum Wettkampf an. Alle Kinder sind engagiert und drängen darauf, als nächste dranzukommen, wobei der Erzieher dies reguliert und darauf achtet, dass alle gleichermaßen zum Zug kommen. Dabei sind die Kinder die meiste Zeit über geschlechtergetrennt um die Matte verteilt. Als zwei Jungen gegeneinander antreten, ist ihr Habitus herausfordernd und kämpferisch. Sie stehen sich gegenüber wie Sumo-Ringer. Schließlich steigt der Erzieher selbst in das Spiel ein und tritt gegen einen Jungen an. Die Kinder sind begeistert und lachen viel. Während des gesamten Prozesses sind die Jungen zumeist die Hauptakteure und bestimmen das Geschehen im Vordergrund, während die Mädchen vor allem eine Beobachter-Rolle übernehmen. Dann tritt die Erzieherin gegen ein Mädchen an. Jetzt feuern die Jungen die Erzieherin an, während die Mädchen wie ‚Cheerleader' in gemeinsam rhythmischen Bewegungen das Mädchen unterstützen.

Dieser Prozessverlauf weist verschiedene Aspekte auf, die mit geschlechtstypischem Verhalten korrespondieren: Der Erzieher fördert den Wettkampfcharakter des Spiels und bringt sich auch entsprechend selbst ein. Dabei wird er von seiner Kollegin unterstützt, wobei diese aber eher seinen Impulsen folgt. Bemerkenswert ist, wie Mädchen und Jungen im Prozessverlauf kollektiv geschlechtsstereotype Verhaltensmuster entwickeln. Zuerst wird durch den Versprecher „Schießrichter" auf Jungenseite eine kollektive Reaktion ausgelöst. Später machen die Jungen Dominanzgebärden, die in der Forschungsgruppe die Assoziation von japanischen Sumoringern (breitbeinig, leicht nach vorn gebeugt) aufkommen lassen. Nachdem auch die Erzieherin aktiver in das Geschehen eingegriffen hat, konterkarieren die Mädchen das Verhalten der Jungen durch eine kollektive Gestik, die an amerikanische ‚Cheerleader' erinnert. Die beiden Fachkräfte provozieren solche geschlechtsstereotypen Verhaltensweisen nicht direkt, eröffnen aber offensichtlich einen Raum für die Kinder, auf solche zurück zu greifen.

Wettkampfvermeidende Spielinterpretationen

Es wurde bereits angesprochen, dass in der Mehrzahl der Gruppensituationen von der vorgegebenen Spielanleitung abgewichen wurde. Dabei wurde der Spielverlauf dahingehend abgewandelt, dass der immanente Wettkampfcharakter abgeschwächt oder gänzlich ignoriert wurde.

Solche Strategien zur Vermeidung der Wettkampfsituation finden sich in unterschiedlicher Form und Ausprägung. Am häufigsten zu beobachten ist die Umwandlung der auf Dominanz und Gewinnen ausgerichteten Spielidee in eine auf die Körperhaltung ausgerichtete ‚Performance'– analog dem, was Gebauer (1997) anhand der Hüpfspiele von Mädchen beschreibt. Beispiele hierfür finden wir sowohl bei Mann/Frau-Tandems, wie auch Frau/Frau-Tandems.

In einem ersten Beispiel lässt sich nachvollziehen, wie im Prozessverlauf die ursprünglich wettkampforientierte Auslegung in eine darstellende Form übergeht, was auch Konsequenzen hinsichtlich des Engagements von Jungen und Mädchen hat:

Insgesamt ist die Situation sehr dynamisch. Es ist eine große Kindergruppe (14 Kinder). Die kleineren Kinder sitzen am Anfang bei der Erzieherin. Die Regeln werden kurz vom Erzieher angelesen (nach Aufforderung der Erzieherin), dann beginnen gleich die Kinder es auszutesten. Fast alle begeben sich gleichzeitig auf das Spielfeld. Eine chaotisch-lebendige Situation. Die Erzieherin teilt die Gruppe in zwei Gruppen auf (ca. 5-6 Kinder), dies nimmt etwas das Chaos raus, die Lebendigkeit aber bleibt. Die Erzieherin bringt den Wettbewerbsaspekt in das Geschehen ein, hält daran fest, achtet darauf, wenn jemand umfällt und jubelt laut mit für den Gewinner („Jetzt geht es um die Wurst!", „Roland hat gewonnen!"). Die Jungen sitzen eher beim Erzieher, die Mädchen bei der Erzieherin. Die Erzieherin ist aktiv bei der Sache, sehr präsent, achtend, im positiven Sinne regulierend, und sie tröstet die Kinder (Kuschelzentrum). Es hat aber weniger etwas von Dominanz, eher von starker Präsenz. Zu einem Jungen sagt sie: „Da brauchst Du Mukkis, Erik." Der Erzieher ist still, kaum merkbar. Die Jungen sind aktiv beteiligt, nehmen den von der Erzieherin eingebrachten Wettkampfcharakter freudig auf. Sie drehen zusammen an der Scheibe und rufen dann gemeinsam die Aufgabe laut aus und haben offensichtlich großen Spaß dabei. Beim Gruppenwechsel nehmen die Mädchen das auf und tun es ebenso. Die Kinder sind beim Spiel intensiv bei der Sache und „kämpfen". Als die Mädchen beginnen, einen Jungen anzufeuern, interveniert die Erzieherin und schlägt vor, beide Jungs gleichermaßen anzufeuern. Das Spiel gewinnt zunehmend den Charakter einer parallelen sportlichen Übung. Die Mädchen wirken jetzt aktiver und engagierter. Ein Junge kommentiert dies: „Ist das ein Hin und Her bei den Mädels." Auf die Beobachter ruft die Aktivität der Mädchen die Assoziation Synchronschwimmen hervor. Hierzu passt, dass ein Mädchen Fotos macht.

In dieser Gruppensituation akzentuiert zunächst die Erzieherin den Wettkampfcharakter des Spiels und jubelt mit den Gewinnern. Anfänglich sind Jungen und Mädchen gleichermaßen engagiert, wobei sich die Mädchen vom Engagement der Erzieherin anstecken lassen. Nachdem Dann diese in einer Szene die Kinder auffordert, beide Kontrahenten gleichermaßen anzufeuern, gewinnt insbesondere auf Seiten der Mädchen im Spiel der Vergleich der körperlichen Haltung gegenüber dem Wettkampf die Oberhand. Die Bewegungsabläufe bekommen einen fast choreografischen Charakter, was unter den Beobachtern entsprechende Assoziationen (Synchronschwimmen) auslöst.

Auch in einer anderen Gruppensituation eines Mann/Frau-Tandems findet sich ein vergleichbarer Verlauf, dieses Mal aber dadurch stark geprägt, dass sieben Mädchen nur ein Junge gegenüber steht:

Es sind acht Kinder anwesend. Sieben Mädchen und ein Junge. Die Erzieherin führt in das Spiel ein, hält mit ihrem Kollegen dabei immer wieder zwischendurch Blickkontakt. Er baut auf und ergänzt. Die Abstimmung erfolgt partnerschaftlich, ruhig und entspannt, zum Teil stumm über Blickkontakt. So wirkt auch die gesamte Situation harmonisch. Das Spiel wird nicht als Wettbewerb interpretiert. Die Erzieherin spricht, ihr Kollege beobachtet nur. Sie bringt dann eine nächst höhere Schwierigkeitsstufe ein mit Ausscheidungsregeln („Eine Stufe schwieriger spielen"). Jedoch kommt ein wirklicher Wettbewerbscharakter nicht auf. Diejenigen, die ausscheiden, dürfen dann ‚Hilfsschiedsrichter' werden. Die Mädchen gehen stark in den darstellenden Modus und machen aufeinander abgestimmte Bewegungen bei wechselseitiger Imitation. Der Junge fällt mit seinen Bewegungen oftmals raus. Die Erzieherin wirkt wie ein Teil der Mädchengruppe. Der Erzieher bringt zum Schluss auch noch neue Spielideen mit rein, auch hier erfolgt wieder die partnerschaftliche Abstimmung mit der Erzieherin über Blickkontakt und Lächeln. Es gibt viel gemeinsames Lachen/Kichern in einer entspannten Atmosphäre. Der Junge gibt mit Freude Anweisungen und Kommentare: „Anna ist umgefallen!" Das Spiel wird vom Erzieher beendet.

Diese Szene besticht insbesondere durch das darstellende Moment in der dominierenden Mädchengruppe, was bei den Beobachtern wieder Assoziationen zu ‚Performance' und ‚Choreographie' auslöst. Alle Mädchen machen aneinandergereiht und aufeinander abgestimmt dieselben Bewegungen, der Junge fällt aus dem Mädchenrhythmus heraus. Sowohl er, wie auch der Erzieher, sind eher Randfiguren, während die Erzieherin sich gut in das Mädchenspiel einfühlen kann und es durch Einbringen von ‚Schwierigkeitsstufen' ergänzt und vorantreibt.

Ein vergleichbarer Verlauf findet sich auch in einer anderen Gruppensituation mit einem Mann/Frau-Tandem. Hier ist es ein Mädchen in der Rolle des Schiedsrichters, welches die Spielführung übernimmt. Bemerkenswert ist, dass auch hier, diesmal von einem Mädchen ausgehend, wieder das Thema der „Gelenkigkeit" aufkommt:

Acht Kinder nehmen am Spiel teil, davon sind zwei Jungen, die anderen Mädchen. Die Mädchen sind in Kleidung und Haarschmuck stereotyp ornamentiert: Spangen, Kleider, Rosa. Erzieher und Erzieherin lassen den Kindern sehr viel Handlungsspielraum. Die Kinder organisieren sich selbst, die Erzieherin und ihr Kollege greifen kaum ein. Die Jungen wirken dabei wie ein Teil der Mädchengruppe, sie bleiben eher Randfiguren. Zunächst wird das Spiel in der Gruppe erklärt. Ein Mädchen sagt über das Spiel (Twister kennen schon einige von ihnen): „Aber da muss man gelenkig sein, wie die Madeleine. Ich bin am gelenkigsten." Der Erzieher lacht kurz über diesen Kommentar, geht aber nicht weiter darauf ein. Es gibt mehr Darstellung als Wettbewerb: Das Mädchen in der Rolle der Schiedsrichterin macht Bewegungen der Gruppe vor. Dabei wird sie aber zunehmend unzufrieden, nicht direkt mitmachen zu können.

Hier wird der Ablauf weniger durch die Fachkräfte, sondern durch die Kinder, insbesondere das Übergewicht der Mädchen, bestimmt, die ihr Spielprinzip (Performance) im Gruppenverlauf durchsetzen. Die beiden Jungen verbleiben dabei weitgehend am Rande des Geschehens.

Insgesamt betrachtet ist das choreografische Element in der Spielumsetzung in Gruppensituationen mit Frau/Frau-Tandems noch ausgeprägter als in Gruppen mit Mann/Frau-Tandems. Als Beispiel hierzu eine Gruppensituation mit zwei Erzieherinnen und 14 Kindern:

Anfänglich orientieren sich die Fachkräfte an der Spielanleitung und lassen jeweils zwei Kinder gegeneinander antreten. Eine Erzieherin übernimmt dabei die Schiedsrichterfunktion (Drehen der Scheibe). Sie begibt sich in eine Führungsrolle und achtet auf die Regeln. Ihre Kollegin ist am Anfang eher in einer Beobachtungshaltung und zeigt mehr Nähe zu den Kindern, dennoch scheinen beide partnerschaftlich abgestimmt. Obwohl sie der Spielanleitung weitgehend folgen, entwickelt sich kein Wettbewerbscharakter. Die Erzieherinnen sind bemüht, Gewinner oder Verlierer nicht hervorzuheben. Wenn ein Kind das Ziel erreicht hat, heißt es: „Stopp für die Beiden! Geht's Euch gut?". Durch die Mädchen gewinnt dabei der Darstellungsaspekt im Sinne einer Choreografie zunehmend an Dominanz und wird durch entsprechende Kommentare begleitet („Wir machen eine Brücke"). Diese Tendenz wird dadurch verstärkt, dass eine Erzieherin beginnt, von jedem Kinderpaar am Ende eines Durchgangs ein Foto zu machen. Die Jungen gehen derweil zunehmend in eine passive Beobachterrolle, steigen aus dem Prozess aus und zeigen kleinkindhaftes Verhalten (lümmeln sich auf dem Boden, hängen an der einen Erzieherin). Die zuschauenden Mädchen fiebern bis zum Schluss mit und bleiben in einer eher aktiven, lebhaften Beobachterrolle.

Nicht so prägnant, aber auch in mehreren Gruppensituationen auftauchend, ist eine andere wettkampfvermeidende Strategie, die in der Analyse als ‚didaktische' Form klassifiziert wurde.

Diese didaktische Variante der Spielinterpretation kommt in verschiedenen Varianten zum Ausdruck: So beginnt beispielsweise ein Erzieher die Spielsituation bereits damit, dass er die Kinder auffordert, die Farbkreise auf der Spielmatte zu zählen. Oder die Kinder werden entgegen der vereinfachten Spielanleitung aufgefordert, rechts und links zu unterscheiden, was dann im weiteren Verlauf auch als vorrangiger Aspekt beibehalten wird. Zum Teil werden auch Belehrungen erteilt, um zu zeigen, wie es richtig gewesen wäre („Schlauerweise hättest Du jetzt … tun müssen."). Bei den Spielregeln wird dabei gelegentlich einer eigenwilligen Logik gefolgt, beispielsweise, dass die Kinder aufhören können, „wenn alle Farben besetzt sind."

Auffällig ist, dass bei derart ‚didaktisierten' Spielvarianten die Kinder zumeist weniger engagiert wirken oder schneller den Spaß an der Sache verlieren:

Es sind vier Mädchen und fünf Jungen anwesend. Die Erzieherin ist die Leitung der Einrichtung. Der Erzieher ist jünger. Sie führt die Einleitung in das Spiel und stellt sehr viele Fragen an die Kinder. Die Kinder sollen sich zum Antworten melden. Die Erzieherin verbringt sehr viel Zeit damit, quasi-gemeinsam mit den Kindern das Spiel vorzubereiten (welche Materialien werden benötigt, wie sind die Regeln, wer und wie viele spielen mit, etc.). Der Erzieher liest zwischendurch die Regeln vor. Die Kinder zeigen erste Ermüdungserscheinungen noch bevor das Spiel beginnt, vor allem die Jungen beginnen sich zu langweilen, was durch entsprechende Bewegungen (Rollen auf dem Boden, hin und her laufen) sichtbar wird. Die Gruppe teilt sich (geschlechtsheterogen) in Spieler und Schiedsrichter auf. Die Kinder sollen dafür mehrmals hintereinander zählen. Der Erzieherin geht es darum, dass auch sie und der Erzieher mitgezählt werden, was die Kinder erst nach mehrmaligem falschem Zählen verstehen.

Geschlechtsspezifische Unterschiede finden sich bei dieser didaktischen Variante eher nicht. In einigen Situationen mit Frau/Frau-Tandems zeigt sich lediglich, dass die weiblichen Fachkräfte dazu neigen, stärker reglementierend in das Geschehen einzugreifen, indem sie die Kinder direkt körperlich führen und deren Beine und Arme auf die entsprechenden Felder lenken bzw. stellen:

Die Kinder (acht Jungen und sechs Mädchen) sind ungefähr drei Jahre alt und sitzen brav im Kreis. Zwei Mädchen sollen zuerst gegeneinander antreten. Es entsteht keine Spielfreude. Die Erzieherinnen geben konkrete Bewegungshinweise in der ‚Wir'-Form: „Wir drehen uns jetzt mal." Die Kinder werden dann oft auch entsprechend der Anweisung in ihrer Haltung direkt korrigiert. Die übrigen Kinder sitzen unbeteiligt im Kreis. Eine Erzieherin bringt schließlich einen Würfel ein (vielleicht um das Spiel aus ihrer Perspektive altersgerechter zu gestalten). Jeder darf nun reihum einmal würfeln und die Kinder auf dem Spielfeld sollen entsprechend Schritte nach vorn gehen. Das Geschehen wird dadurch aber nicht spannender sondern eher langweiliger. Verweise auf Wettbewerb bleiben vage: „Ich glaub', wir haben die Erste, die gleich hier ist." Es gibt keine Gewinner. Die Farben und Würfelpunkte werden didaktisch genutzt. Das Spiel wird nicht als spannender Wettbewerb, sondern als individuelle anstrengende Aufgabe interpretiert: „Super, Du bist fertig!" Nichts wird dem Zufall überlassen, manchmal werden sogar die Farben von den Erzieherinnen vorbestimmt.

Die vielleicht deutlichste Abwandlung der vorgegebenen Spielidee findet sich bei einem Mann/Frau-Tandem: Hier wird der Wettkampfcharakter des Twister™-Spiels vollständig ausgeblendet und die Spielmatte im Verlauf der Gruppensituation lediglich genutzt, um eine völlig andere Spielidee, nämlich ein Versteck- und Ratespiel, zu realisieren. Während es in anderen Gruppensituationen mit gemischtgeschlechtlichem Leiterpaar bei direktem Mitspielen der Fachkräfte zumeist zu Konkurrenz- und Wettkampfsituationen kommt, gewinnt dies bei diesem Tandem eine deutlich neckende Note, die im Forschungsteam mit der Assoziation ‚Wer sich neckt, das liebt sich' kommentiert wird:

Beide Fachkräfte sind noch jung, Mitte 20. Der Erzieher dominiert die Situation, führt die Regeln ein, erklärt das Spiel, gibt deutliche Anweisungen an die Kinder. Seine Kollegin ist eher still und assistiert. Das Spiel wird nicht als Wettbewerb interpretiert, sondern die Hand bzw. der Fuß muss auf die richtige Farbe: „Nein, Du kriegst das nicht, weil jetzt grün dran ist!" Schließlich wird das Spiel variiert: Alle Kinder werden aufgefordert, sich in einen Kreis zu setzen und jeweils ein Kind soll unter die zur Decke umfunktionierte Twistermatte schlüpfen. Dann wird jeweils ein anderes Kind rausgeschickt und soll nach dem Zurückkommen erraten, wer sich unter der Matte versteckt hat. In der letzten Runde wird die Erzieherin von ihrem Kollegen rausgeschickt und muss dann das versteckte Kind erraten. Der Erzieher sagt (mit erhobenem Zeigefinger): „Wir schicken die Jenny [die Kollegin] raus." Sie folgt der Aufforderung. Als sie draußen ist, sagt er über seine Kollegin: „Die schummelt nämlich gerne!" Der Erzieher will es ihr besonders schwer machen, indem er alle Kinder unter der Matte versteckt und seine Kollegin soll sie an herausschauenden Händen oder Füßen erkennen. Zusammen mit den Kindern lacht er über sie. Dies ist aber nicht unfreundlich; eher wirkt es so, als würde er sie necken und Schabernack mit ihr treiben. Gegenüber den Kindern kommt von Seiten der Fachkräfte das Geschlechterthema in passageren Äußerungen zum Ausdruck. So sagt die Erzieherin z.B. in der Verstecksituation: „Ich habe einen Fuß mit weiß-rosa Ringelsöckchen, auf jeden Fall ein Mädchen." Der Erzieher beim abschließenden Zusammenlegen der Spielmatte: „Ihr müsst mal mit ziehen, Jungs. Wir brauchen jetzt eure Muckis!"

In dieser Gruppensituation stellen die beiden (jüngeren und etwa gleichaltrigen) Fachkräfte zwar eine geschlechterstereotype Hierarchie her, insofern der Erzieher eine dominante Position einnimmt und seine Kollegin wie das liebe Mädchen wirkt, das seinen Anweisungen folgt. Ihr Umgang untereinander gewinnt aber zugleich Züge eines Balzverhaltens, das mit Beginn des Versteckspieles deutlicher hervor tritt. Interessanterweise werden dann auch von den Fachkräften häufiger geschlechtliche Konnotationen gegenüber den Kindern ausgesprochen.

7.3 Zusammenfassung

Ein eindeutiger Zusammenhang zwischen Geschlecht und Neigung zu Spielprinzipien lässt sich in den Gruppensituationen auf Seiten der Fachkräfte insgesamt nicht feststellen. Es zeigen sich zwar Tendenzen und Häufigkeiten, aber ebenso zumindest vereinzelte Beispiele für Interaktionsverläufe, die den Geschlechterstereotypen widersprechen. Die meisten Tandems agieren partnerschaftlich miteinander. An einigen Stellen übernehmen die männlichen Pädagogen die Spielführung, was häufig mit grobmotorischer Herausforderung, Toben oder Chaos einher geht. Die Erzieherinnen neigen eher dazu, auf Struktur und Ordnung in den Abläufen sowie eine ruhige Atmosphäre zu achten. Die Männer lassen sich dagegen häufiger selbst auf das grobmotorische Spiel ein und geben auch eher die Kontrolle ab, die Frauen sind das beruhigende und kontrollierende Element. Aber es gibt auch konträre Konstellationen, in denen weibliche Fachkräfte in das Herausfordern oder Chaos einsteigen und ihre männlichen Kollegen im Hintergrund verbleiben.

Hinsichtlich des szenischen Gesamteindrucks zeigen sich die deutlichsten Unterschiede zwischen den Gruppenverläufen im Umgang mit dem Wettbewerbscharakter des vorgegebenen Spiels. Dabei sind es zumeist die männlichen Fachkräfte, die den auch von den Jungen bevorzugten Wettkampf einbringen bzw. aufgreifen, wohingegen weibliche Fachkräfte eher eine darstellende Interpretation des Spiels aufgreifen, bei der es um die Körperhaltungen geht. Dabei kommt es zur unterschiedlichen Beteiligung von Jungen und

Mädchen beim Spiel: In Gruppensituationen mit einem eindeutigen Wettbewerbsangebot wird dieses häufig von den Jungen der Gruppe engagiert aufgegriffen, während die Mädchen sich demgegenüber zumeist reservierter verhalten. Umgekehrt ist es, wenn die Spielsituation einen eher darstellenden Charakter gewinnt: Hier sind zumeist die Mädchen engagierter und animieren sich wechselseitig zu ähnlichen und parallelen Körperhaltungen. Die Jungen zeigen dann häufig Ermüdungserscheinungen und Langeweile. Stellt man den Bezug zu den in der Fachliteratur beschriebenen typischen Mädchen- und Jungenkulturen her, so bestätigen die vorliegenden Gruppensituationen damit zumindest in der Tendenz die Vermutung, dass männliche Fachkräfte eher die Jungenkultur unterstützen bzw. hieran anknüpfen, während weibliche Fachkräfte dazu neigen, die Mädchenkultur zu fördern.

Zusammenfassend lässt sich festhalten, dass in den Gruppensituationen wie in den Einzelsituationen nur geringe Unterschiede im Verhalten männlicher und weiblicher Fachkräfte zu beobachten sind. Abgesehen von der stärker ausgeprägten Neigung männlicher Fachkräfte zu grobmotorischem Spiel und Wettkampf zeigen sich keine eindeutig geschlechtstypischen Muster. Für jedes als ‚typisch‘ erscheinende Verhaltensmuster der männlichen oder weiblichen Fachkräften finden sich immer zumindest vereinzelte Gegenbeispiele.

Davon abgesehen zeigt sich aber in der Analyse von Schlüsselszenen, dass es in gleichgeschlechtlichen Konstellationen (beispielsweise einer einzelnen weiblichen Fachkraft mit einem Mädchen oder der Jungen mit einem Mann) häufiger zu einem intensiven emotionalen Gleichklang und einer greifbaren Begeisterung am Thema oder an der Aktivität kommt. Insofern bestätigt sich durch die qualitative Analyse dieser Szenen, dass sowohl die Kinder als auch die Fachkräfte in ihrer Aktivität durchaus durch geschlechtstypische Vorlieben und Neigungen beeinflusst sind, wobei sie sich wechselseitig hierin bestätigen. Bei allen Unterschieden zwischen den einzelnen Situationen kommen diese Aspekte in den von Mann/Frau-Tandems geleiteten Gruppen deutlicher zum Ausdruck als in den Gruppenprozessen mit Frau/Frau-Tandems. Aus gruppendynamischer Perspektive ist dieser Effekt nicht verwunderlich, weil diese die Hypothese nahe legt, dass der Geschlechtsunterschied, wenn er im Leiterpaar repräsentiert ist, auch unter den Kindern deutlicher zum Ausdruck kommen kann (vgl. Brandes 2008, S. 109ff.).

Darüber hinaus zeigt sich in der qualitativen Analyse der Gruppensituationen, dass sowohl männliche wie auch weibliche Fachkräfte geschlechtstypische Zuschreibungen gegenüber Jungen und Mädchen vornehmen, welche teilweise von den Kindern aktiv aufgegriffen werden. Oder die Kinder präsentieren Gesten und Haltungen mit deutlich geschlechtlicher Konnotation, die von den Fachkräften aufgenommen und verstärkt werden. Dabei spricht viel dafür, dass die Fachkräfte derartige geschlechtsstereotype Kommentare nicht bewusst und gezielt vornehmen, sondern dass sie durch das Hinein-Gezogen-Sein in das Spiel spontan zustande kommen.

Die qualitative Analyse von Schlüsselszenen sowohl der Einzel- wie der Gruppensituationen lenkt somit den Blick darauf, dass gerade in emotional verdichteten Situationen geschlechtliche Neigungen oder Konnotationen ,ins Spiel kommen'. Aus der Beobachterperspektive wirken die Fachkräfte in diesen Szenen häufig in besonderem Maße involviert, spontan und mithin in ihrem Handeln ,authentisch' – sie werden zugleich aber auch weniger als reflektiert und damit professionell handelnd wahrgenommen. Darüber hinaus bestätigt sich gerade in diesen Schlüsselszenen, dass wir es mit einem hochgradig wechselseitigen Geschehen zu tun haben, in dem sich ,doing gender' zwischen den Kindern und Erwachsenen konstituiert.

8 Die Tandem-Interviews

8.1 Über die standardisierten Situationen hinaus: die subjektive Sicht der Fachkräfte

Die standardisierten Situationen, sowohl die Einzel- wie auch die Gruppensituation, spiegeln nur einen kleinen Ausschnitt aus dem wider, was sich im pädagogischen Alltag einer Kindertageseinrichtung ereignet. Dieses Dilemma einer eingeschränkten Perspektive ist aus forschungsmethodischer Sicht nur schwer zu vermeiden. Denn sobald man Verhaltensweisen systematisch vergleichen will – zumal beim Vergleich größerer Stichproben – kommt man nicht umhin, Situationen zu definieren und soweit zu begrenzen und zu standardisieren, dass tatsächlich vergleichbare Anforderungen und Bedingungen des Verhaltens vorliegen.

Dies wirft aber die naheliegende Frage auf, inwieweit sich die anhand begrenzter Situationen erfassten Unterschiede – beispielsweise hinsichtlich Neigungen und Vorlieben für Materialien, Themen und Spielprinzipien – auf das ganze Spektrum der alltäglichen Aktivitäten in einer Kindertageseinrichtung verallgemeinern lassen.

Diese Frage lässt sich wegen der Vielfalt der im Tagesablauf einer Kindertageseinrichtung stattfindenden Aktivitäten und Interaktionen letztlich kaum erschöpfend beantworten. Es wurden aber zusätzlich zur Untersuchung des Verhaltens der Fachkräfte in den standardisierten Einzel- und Gruppensituationen mit den beteiligten Erzieherinnen und Erziehern auch Leitfadeninterviews durchgeführt. Diese liefern neben Aussagen zur Sicht der Beteiligten auf die Arbeitssituation mit Partnern des jeweils anderen Geschlechts auch Hinweise darauf, inwieweit sich die in den standardisierten Situationen auftauchenden Neigungen und Tendenzen in der alltäglichen Arbeitsteilung innerhalb der Tandems wiederfinden.

Diese Interviews fanden im Anschluss an die standardisierten Situationen mit jeweils beiden Tandempartnern statt. Die Tandempartner wurden vor allem deshalb gemeinsam interviewt, um eine systemische Perspektive auf Abstimmungs- und Aushandlungsprozesse im Zweierteam zu erhalten. Zwar kommen hierbei letztlich nur die subjektiven Wahrnehmungen der Akteure zum Ausdruck, da die Interviews mit beiden Tandempartnern gemeinsam geführt wurden, konnten diese ihre Sichtweisen dabei aber zumindest abgleichen und ergänzen.

8.2 Leitfaden und Auswertungsmethode

Zur Standardisierung der mit den Tandems geführten Interviews wurde ein Leitfaden (vgl. Anhang H) entwickelt, der insgesamt 37 Fragen beinhaltet zur Selbstsicht auf die Geschlechterrollen, zur Dynamik und Zusammenarbeit innerhalb der Tandems, zur Akzeptanz und Auswirkung männlicher Fachkräfte im Gesamtteam der Einrichtung, zur Reaktion der Kinder auf die gemischtgeschlechtlichen Teams sowie zur Elternperspektive auf die Mann/Frau-Tandems.

Die auf dieser Grundlage durchgeführten Tandeminterviews sind aufgezeichnet und transkribiert worden und wurden anschließend in Anlehnung an die Methode der ‚Qualitativen Inhaltsanalyse' nach Mayring (2010) ausgewertet. Diese Methode ist besonders geeignet, umfassendes und komplexes sprachliches Material systematisch zu ordnen und auf ein induktiv aus dem Material gewonnenen Kategoriensystem zu beziehen. Durch die Einordnung in verschiedene Kategorien findet eine Unterteilung des Materials in Analyseeinheiten statt, wodurch die systematische weitere Bearbeitung ermöglicht wird. Außerdem erfolgt auf diese Weise eine Reduktion des vorhandenen Materials, da durch das Kategoriensystem festgelegt ist, welche Interviewsequenzen für das Forschungsvorhaben relevant sind und deshalb herausgefiltert und interpretiert werden.

Nach dieser Methode wurden aus Kapazitätsgründen bislang nur die Interviews mit den *gemischtgeschlechtlichen* Tandems ausgewertet, wobei die Datenbasis letztlich 37 Interviewtranskripte umfasst.[21]

Da die Statements der Tandempartner häufig aufeinander bezogen sind, folgt die folgende Darstellung der Auswertungsergebnisse nicht dem oben beschriebenen kategorialen Strukturierungsprinzip, sondern es werden bezogen auf einzelne Tandems jeweils kurze Zusammenfassungen zumeist paraphrasierter Äußerungen aus den Interviews wiedergegeben.[22] Diese Darstellungsform hat den Vorteil, dass zumindest ansatzweise die unterschiedlichen Argumentationsmuster der einzelnen Tandems deutlich werden. Unvermeidbar kommt es hierdurch zu Wiederholungen inhaltlich ähnlicher Statements, was aber wiederum einen Eindruck von der Häufigkeit einiger Argumentationsmuster ermöglicht.

---

[21] Die Differenz zu den insgesamt 41 Mann/Frau-Tandems ergibt sich daraus, dass bei vier Interviews technische Probleme auftraten, die eine Transkription verhinderten.
[22] Sofern bei der wörtlichen Rede Namen genannt werden, sind diese auch bei den Interviews zufällig gewählt und erlauben keinen Rückschluss auf die handelnden Personen.

8.3 Exemplarische Argumentationsmuster

In der Anfangsphase der Interviews verweisen die Fachkräfte der gemischt-geschlechtlichen Tandems zumeist darauf, dass das Geschlecht für ihre interne Arbeitsteilung nur eine geringe Bedeutung habe und beide Partner das gleiche Spektrum an Aufgaben und Bereichen abdecken würden. So finden sich in verschiedenen Varianten Aussagen wie: „Wir machen alle gleichberechtigt die gleichen Arbeiten" oder „Wir teilen uns rein ... jeder macht alles einmal". Häufig wird auch die „Persönlichkeit" als bedeutsamer für die Wahl von Aufgabenschwerpunkten benannt. In dieser spontanen ersten Antworttendenz drückt sich vermutlich die schlichte Tatsache aus, dass im Arbeitsalltag jede Fachkraft prinzipiell das ganze Aufgabenspektrum abzudecken hat und die Notwendigkeit besteht, dass die Tandempartner sich immer wieder wechselseitig vertreten müssen. Darüber hinaus könnte sich hierin aber auch die Philosophie von Einrichtungen spiegeln, in denen die Mitarbeit von Männern schon selbstverständlich geworden ist,

Auf Nachfragen und im weiteren Verlauf der Interviews kommt aber genauso regelmäßig zur Sprache, dass es ungeachtet der Zuständigkeit beider für das Gesamtspektrum an Aufgaben und Funktionen individuell unterschiedliche Neigungen und Vorlieben der Tandempartner hinsichtlich bestimmter Aktivitäten gibt. Dabei werden bei der Mehrzahl der Tandems geschlechtsspezifische Neigungen erkennbar. Es gibt aber auch abweichende Tandems, bei denen Interessen entweder kaum geschlechtsspezifisch ausgeprägt sind oder bei denen ein eher atypisches Muster zum Ausdruck kommt.

8.3.1 „Ich brauche diese wilden Kinder"

Im Folgenden werden zuerst Paraphrasen und punktuell auch wörtliche Aussagen von Tandems wiedergegeben, die Vorlieben und Neigungen sowie entsprechende Aufgabenteilungen erkennen lassen, die in ihrer Grundtendenz geschlechtsstereotypen Mustern entsprechen. Dabei ist die Abgrenzung zu Tandems mit wenig polar ausgeprägten Neigungen oder eher atypischem Muster aber nicht eindeutig zu ziehen. Auch bei Tandems mit geschlechtstypischen Neigungen finden sich immer wieder Brüche, zum Teil selbst in einzelnen Aussagen, wie bei dem Erzieher, der sagt: „Ich brauche die Jungs hier auch so. Ich brauche diese wilden Kinder ...", dann aber anschließt, dass Gestalten und Bauen „nicht sein Ding" seien und er eher Theater und den Medienbereich bevorzuge.

Der Erzieher in einem anderen Tandem macht gerne, was „mit Bewegung zu tun hat" und „Draußen" (im Wald), und er betont ebenfalls, er möge „wilde Jungs". Seine Kollegin sieht es generell so, dass Männer ein anderes Verhältnis zum Risiko hätten: Sie „lassen mehr zu". Jungs suchten Kontakt mit ihnen über Spiele wie Fußball oder wechselseitiges Fangen. Nur wenn kein Mann da sei, kämen die Jungs wegen Fußball auch zu Frauen. Sie selbst spiele selten Fußball und möge auch Kämpfen und Raufen nicht. Dafür bevorzuge sie, was mit Tieren und Natur zu tun hat (Kräutergarten, Terrarium). Ihr Kollege spiele Gitarre, sie mache den Flötenkreis. Wichtig ist beiden Tandempartnern, dass Männer auch bei Fallbesprechungen einen anderen Blickwinkel hätten.

Ganz ähnlich ist der Tenor in einem Tandem, in dem der Erzieher meint, er bevorzuge Wald und Garten (Sandkasten, Fahrzeuge) oder Klettern. Er animiere zu Bewegungsspielen und „gewissen Tätigkeiten wie Raufen und Kräftemessen" oder „intensiverem Klettern". Außerdem äußert er: „Die Holzwerkstatt macht Spaß", und auch das Reparieren von Spielzeug sei seine Sache. Manchmal würde er aber auch auf die „Hausmeister-Schiene" gedrängt. Zugleich betont er aber: „Raufen und Kämpeln [sächsischer Ausdruck für Rangeln oder Kämpfen] ... kann eine Erzieherin genauso, wenn die halt darauf eingeht". Seine Kollegin ist der Meinung, dass die „Kinder doch bestimmte Tätigkeiten intensiver mit Männern ausüben"; vielleicht sei bei männlichen Fachkräften „auch die Toleranzgrenze bei gefährlichen Unternehmen höher". Wenn es ums „Bauen" geht, würden die Kinder eher zu ihrem Kollegen kommen.

Ein anderer Erzieher sieht sich ebenfalls mehr draußen mit den Kindern im Garten. Oder er übernehme den Computerraum und „so ein paar technische Sachen" wie Fahrzeuge reparieren, Luft aufpumpen, Bilder anbringen. Beide Tandempartner meinen, dass sie „das Klischee schon irgendwo in gewisser Weise" bedienen. Dabei sieht sich der Erzieher selbst aber als etwas strukturierter und klarer, auch in der Grenzziehung („keine rosa Grenzen"). Außerdem sei er mehr für Sport (Fußball) oder „größere Konstruktionen im Garten oder überhaupt das Körperliche" zuständig. Gleichzeitig sind sich beide Tandempartner aber einig, dass der Erzieher etwas ängstlicher sei, was die Sicherheit der Kinder angeht. Seine Kollegin sei dagegen eher „für manche riskante Sachen" und „treibt die Kinder etwas weiter".

Wiederum ein anderes Tandem streicht zuerst heraus, dass es bei ihnen keine typische Aufteilung gäbe im Sinne von „hier Basteln und Malen und dort die groben Sachen". Trotzdem betont der Erzieher, dass er lieber „Draußen" sei und „Raufen, Toben und so ein bisschen Herumblödeln, Quatschmachen" möge. Er steige „richtig" in die Kinderspiele ein, bringe Lehm und Steine mit. Seine Tandempartnerin dagegen sagt, dass sie Experimente oder Rollenspiele bevorzuge. Bon beiden wird sie zudem als die „Chefin der Kommunikation" gesehen und es kommt eine Familienassoziation auf: „Mutter macht die Alltagsarbeit und Vater kommt zum Spielen". Der Mann sei eben eher draußen, wo „gebaut und gebuddelt" wird. Das „Kuschelige" sei dagegen nicht seine Sache.

Auch im nächsten Tandem wird zunächst ausgeführt, sie seien auf „einer Wellenlänge", Abstimmungen fänden spontan und wechselnd statt. Der Erzieher betont, dass er sich nicht als „typischen Mann" sehe. Trotzdem reklamiert er aber für sich das „Rausgehen", große Spielplätze mit Herausforderungen: „hohe Klettergerüste oder auch mal eine Kletterwand". Mit an oberster Stelle stehe für ihn „Kickern" (Fußball) und Basteln mit Werkzeug und Holz. Musik sei nicht so sein Fall. Auch die Erzieherin beschreibt sich als risikofreudig, will Mut herausfordern und fördere das Klettern auf Bäume. Der Erzieher aber hält Männer generell für „robuster"; sie würden mehr vertragen, z.B. beim Raufen. Er lege sich gerne einfach auf den Boden und die Kinder nähmen das als Einladung zum Toben. Seine Kolleginnen würden die Jungen mehr bremsen, er dagegen lasse mehr zu. Auf der anderen Seite seien beispielsweise Haare machen und Zöpfe flechten nicht „sein Ding" – da schicke er die Mädchen zu seiner Kollegin.

Dagegen betont in einem anderen Tandem die Erzieherin zunächst, dass sie „total unterschiedlich" seien. Auf Nachfrage bezieht sie dies aber sowohl auf Geschlecht wie Persönlichkeit. Ihr Kollege bevorzuge eher Experimentieren und das „Themenhaus", sie das Portfolio. Der Erzieher meint von sich, er könne die Kinder besser „einfach machen lassen"; er sehe zwar, wenn etwas passiert, greife aber bewusst nicht ein. Seine Tandempartnerin bezeichnet sich als diejenige, die „total ängstlich" sei, gerade „wenn es ums Klettern" gehe. Dagegen gehe er beim Umgang mit körperlicher Nähe nicht auf die Kinder zu, könne sich dem aber fast nicht erwehren. Die Kinder würden bei ihm mehr „wilden Körperkontakt" einfordern, den sie bei einer „Frau nicht so suchen". Der Erzieher betont, er wolle mit den Kindern „was erleben", seine Kollegin sitze lieber auf dem Sofa und lese Geschichten vor. Die Erzieherin sagt von sich, sie habe oft dieses „typisch weibliche Rosa und mit Glitzer und Blink-blink und immer Blümchen im Haare und überall Glitzer drauf", worauf besonders die Mädchen anspringen würden.

Auch in einem weiteren Tandem meint die Erzieherin, bei ihrem Kollegen schlage der „Sicherheitsimpuls später an", sie sei „da schon mal vorsichtiger". Generell ist sie der Auffassung: Männer seien „auch mal laut und wild", schmeißen sich auf Matten und spielen Fußball. Besonders für die großen Jungen seien Männer wichtig. Liebkosen, Kuscheln seien dagegen mehr Frauensache. Der Erzieher betont seine Vorliebe für „die naturwissenschaftlichen Geschichten", sowie „Hämmern und Versuche – Experimentieren". Er sieht sich aus dem Team auch mit Erwartungen an Reparaturleistungen konfrontiert, möchte aber lieber mehr Kreatives und Bewegungsförderung mit den Kindern machen.

In einem Tandem heißt es, die Männer seien „die Chefs" und würden dominanter auftreten; sie seien auch strenger und würden sich aufgrund ihrer tieferen Stimme besser durchsetzen. Zudem würden Kinder mit einem Mann eher „rumalbern". Frauen würden dagegen mehr auf die Grundstruktur und auf Ordnung achten wohingegen Männer mehr eher Chaos tolerieren, ein „kreatives Chaos" schaffen würden. Aus Sicht der Erzieherin fordere ihr Kollege die Kinder „mehr zum Mut heraus". Sie meint auch, Männer würden generell an „gewisse Sachen gelassener rangehen" (Kletterspinne zehn Meter über dem Boden) und hätten mehr Gelassenheit, das „Risiko einzugehen, dass vielleicht eine Kleinigkeit passieren könnte". Entsprechend betont sie, Frauen hätten mehr Ängste, dass etwas passieren könne und würden das „frauliche Kuscheln" bevorzugen. Zum tröstenden Schmusen kämen die Kinder auch eher zu ihr. Der Erzieher sagt von sich, dass er „Kreatives ohne große Vorgaben" sowie den Werkraum und Holzarbeiten bevorzuge. Beide sehen einen „frecheren" Umgang der Kinder mit Männern; mehr Toben. Die Erzieherin meint: „Der Mann klinkt sich wahrscheinlich schneller in das wilde Spiel der Kinder mit ein". Aktivitäten wie Klettern, „wo sich Frauen nicht ganz so ran getrauen, werden sofort von ihm übernommen". Sie sieht dies aber nicht zwingend an das männliche Geschlecht gebunden, denn manche Kolleginnen würden auch männliche Parts übernehmen, wenn kein Mann da sei.

In einem weiteren Tandem wird Arbeitsteilung zuerst generell verneint. Dennoch betont der Erzieher, dass er Materialien zur Konstruktion, wie riesige Pappkisten bevorzuge und alles, was mit Bauen und Reparieren zu tun hat oder bei Festen mit Feuer und Grill. Er fahre auch zum Baumarkt. Wo es mit „Abenteuer" zu tun habe, hole er mehr aus den Kindern heraus. Seine Kollegin neige weniger zu Herausforderungen im körperlichen Sinne und „Kämpeln" möge sie weniger. Ansonsten seien sie aber beide gleich herausfordernd. Seine Kollegin betont: „Männer stellen an Kinder andere Herausforderungen" (Seilbahn im Wald, Lehmhütte). Sie selbst bevorzuge dagegen kreatives Arbeiten, Naturmaterialien oder die Wasserwanne. Er meint abwertend: „Basteln ist das kleinteilige Pendant zum Bauen."

In ähnliche Richtung gehen die Wahrnehmungen in einem Tandem, in dem der Erzieher die Werkstatt unter sich hat und mit den Kindern Dinge aus Holz „vorarbeitet". Seine Kollegin mache dann das „Kreative". Ansonsten würden sie sich im ganzen Tagesablauf wechselseitig ergänzen. Ordnung sei ihm nicht wichtig – „Chaos gehört zum Leben", sagt der Erzieher. Mit Hinweis auf den Kletterbaum in der Einrichtung sagt die Erzieherin von ihrem Kollegen, er „traut den Kindern mehr zu – die Frauen sind vorsichtiger". Er selbst findet, er sei am liebsten mit den Kindern „draußen in der Natur". Aber die Kinder kuscheln bei ihm auch viel und er würde mit den Kindern auch Backen, Kochen oder Nähen. Er könne gut mit dem „raumgreifenden Spiel der Jungen" umgehen, der „Bandenbildung". Die Erzieherin betont, dass die Kinder mit ihrem Kollegen anders reden würden und frecher seien. Er tobe auch mehr mit den Kindern – „rumkämpeln und Quatsch machen". Wichtig ist für sie der „Papa-Ersatz", den er für manche Kinder darstelle.

8.3.2 „Es muss nicht unbedingt ein Mann sein, der mit Jungs dieses Wilde teilt."

Ohne dass eine klare Grenzziehung zu den vorhergehend aufgeführten Tandems möglich wäre, stehen bei einigen Tandems die geschlechtsübergreifenden Gemeinsamkeiten noch mehr im Mittelpunkt. Bei ihnen kommen geschlechtstypische Neigungen seltener zur Sprache und dafür werden atypische Muster deutlicher zum Ausdruck gebracht.

So in einem Tandem, bei dem die dominante Aussage ist: „Wir machen alle gleichberechtigt die gleichen Arbeiten". Dennoch gestehen beide Tandempartner zu, dass es verschiedene Aufgabenbereiche gäbe: Der Erzieher sagt von sich, er übernehme die Holzwerkstatt, eine Kollegin hingegen habe eher eine „Krankenschwestern-Mentalität" und etwas „Mütterliches". Er mache gerne Bewegungsspiele und Fußball, aber auch Meditatives. Aber auch sie spiele gerne Fußball, „jetzt aber weniger wegen einer Verletzung". Die Erzieherin betont, es müsse „nicht unbedingt ein Mann sein, der mit Jungs dieses Wilde teilt".

In einem anderen Tandem meint der Erzieher zwar von sich, „nicht so der typische Fußball-Mann" zu sein. Dennoch reklamiert er Natur und Experimentieren als seine Themen und alles, was mit Ausflügen zusammenhänge und Fangspiele. Er lasse auch mehr Spiele zu, wo die Kinder schreien dürfen. Zugleich ist ihm wichtig, dass er in der Einrichtung Klavier spiele. Die Erzieherin sieht sich nicht der „ängstliche Typ", bestätigt aber, dass ihr Kollege die Kinder mehr herausfordere. Er gebe weniger Lösungen vor, sondern lasse sie ausprobieren. Aber immer wieder wird von beiden betont, dass sie sich insgesamt sehr ähnlich seien.

Ähnlich ist der Tenor in einem Tandem, wo beide sich einig sind: „Wir teilen uns rein … jeder macht alles einmal." Es gäbe auch keinen Unterschied im Risikoverhalten. Lediglich kämen zum Erzieher eher die großen Kinder und es sei schon mal ein „bisschen rabiater". Die Erzieherin meint, zu ihr kämen eher die Kleinen zum Trösten, die großen Jungs fänden sie „nicht mehr so spannend". Das „Jungs-Toben" halte der Erzieher auch besser und länger aus. Der Erzieher betont, dass er gerne Fußball spiele. Dagegen seien Singen und Musizieren eher die Sache seiner Kollegin. Der Erzieher will auch den geplanten Werkraum übernehmen, wobei er sich insbesondere für die „derben Sachen" und das „Großbauen" zuständig sieht, sie dagegen das „Modellieren" beansprucht.

In einem anderen Tandem sagt die Erzieherin von sich selbst, dass sie gerne raufe und mit den Jungen Fußball spiele. Trotzdem sei sie froh, dass ihr Kollege als Mann für die Jungs als Ansprechpartner zur Verfügung stehe für „Rauf- und Kämpelsituationen". Und auch der Erzieher betont seine Bedeutung für das „Messen der Männer gegeneinander, die Rauferei und Kämpelei". Beide Tandempartner schätzen den Erzieher als strenger ein. Er achte wie ein Familienvater auf Ordnung, was in anderen Tandems eher als Metier der Frauen auftaucht. Er halte sich aber mehr zurück, wenn die Kinder etwas ausprobieren - „herausfordernd" will er das nicht nennen. Das „Spiel im Freien" und im Bewegungsraum schätze er, betont aber zugleich mehr den „Schutzraum" als das Risiko.

In einem Tandem, in dem die Frau zugleich Leiterin der Einrichtung ist, wird sie von beiden Interviewten als eine weibliche Fachkraft charakterisiert, die „burschikos" sei, Sport liebe und die Kinder hierzu animiere. Der Erzieher sieht sich selbst als den „zurückhaltenden Mann". Er ziehe sich gerne in eine Ecke zurück, spiele Gitarre und spreche „damit die Sinne" an. Ihn beunruhige dann auch das mögliche Vorurteil von anderen: „Vielleicht ist der ja auch ´ne halbe Frau ..."

Auch ein anderer Erzieher betont, er würde sich nicht als „typischen Mann" bezeichnen. Er spiele nicht Fußball, habe auch keine Lust auf Werkbank oder „technisches Zeug". Das Handwerklich-Technische liege ihm nicht. Sein Zuständigkeitsbereich sei vielmehr die Küche; er koche und backe gerne mit den Kindern. Zugleich sei er es, der lieber in den Garten gehe, „egal bei welchem Wetter". Dabei achte er darauf, dass die Kinder „die Möglichkeit haben, etwas Riskantes zu machen. Sich weh zu tun". Die Erzieherin sieht sich dagegen an der Werkbank. Auch sie beschreibt sich als eher risikofreudig: „Kinder sollen sich ausprobieren". Insgesamt geht es beiden Tandempartnern explizit um die Realisierung alternativer Rollenkonzepte: „Im Atelier mit der Werkbank, beim Sägen, Hämmern, ist meistens eine Frau dabei – in der Küche größtenteils ein Mann".

8.3.3 Ein feiner Unterschied: ‚Basteln‘ und ‚Bauen‘

In einer ganzen Reihe von Interviews wird die zuvor mit beiden Tandempartnern durchgeführte standardisierte Einzelsituation thematisiert. Diese provoziert mit ihrer Materialvorgabe die Fachkräfte zur Auseinandersetzung mit der im Alltag vieler Einrichtungen zentralen und offenbar zugleich umstrittenen Aktivität des ‚Bastelns‘. Dabei wird in mehreren Interviews von den Fachkräften ein Unterschied zwischen ‚Basteln‘ und ‚Bauen‘ konstruiert. Ein Erzieher bringt dies auf den Punkt, wenn er sagt: „Basteln ist das kleinteilige Pendant zum Bauen".

Insbesondere auf Seiten der männlichen Fachkräfte weckt die Einzelsituation offenbar häufig negative Assoziationen und Reaktionen, die mit dem Begriff des ‚Bastelns‘ verbunden sind. Am deutlichsten wird dies bei dem Erzieher, der betont, Basteln sei das „Schlimmste, was es gibt" und erzeuge bei ihm eine „Gänsehaut".

Für einen anderen Erzieher ist in der Rückschau auf die standardisierte Einzelsituation von entscheidender Bedeutung, dass ihm das vorgegebene

Material mit Brettchen, Hammer und Klebepistole eine Uminterpretation im Sinne des ‚Bauens' erlaubt habe. Im Interview reflektiert er sein subjektives Befinden mit den Worten: „Basteln ist nicht so meins … Das war jetzt aber nicht Basteln, sondern Bauen! Und das ist natürlich was ganz anderes." Auf Nachfrage der Interviewerin konkretisiert er dies noch: „Basteln ist mit Schere ausschneiden und falten und so. Aber wenn man hier mit Holz kleben kann und so was, das ist schon was anderes."

Andere männliche Fachkräfte äußern sich in der Sache ähnlich, wenngleich sie nicht ausdrücklich von ‚Bauen' sprechen. Auch ihnen ist die Art des benutzen Materials wichtig, wobei sie insbesondere auf großteiliges, herausforderndes Material oder anspruchsvolle Projektideen fokussieren. Die beschriebenen Aktivitäten gewinnen dabei in einem herkömmlichen Verständnis eher die Bedeutung von ‚Arbeit' als von ‚Spiel':

Erzieher: „Wir basteln Schmetterlinge … wo ich dann nicht unbedingt so der Ansprechpartner bin. Aber wenn wir dann jetzt wegfahren und wir basteln ein Wasserrad, da würde ich dann vielleicht sagen, den Part könnte ich mir vorstellen, dass zu machen, ja."

Ein anderer: „Und was ich eigentlich auch gerne mache ist Basteln. Aber jetzt sage ich einmal … weniger so vorgefertigte Sachen … wir schneiden auf der Linie lang. Das kann ruhig querbeet und wirklich mit allem möglichen Material sein. Mit Pappkisten und allem möglichen. Also da sieht es dann auch manchmal so aus, wie dahinten."

Insgesamt gesehen bestätigen die subjektiven Reflexionen in den Tandem-Interviews die in der Auswertung der experimentellen Einzelsituation deutlich werdenden Unterschiede hinsichtlich der Bevorzugung unterschiedlicher Materialien und Aktivitäten. Insbesondere bezüglich Technik, Handwerk und Bauen mit Holz und großteiligem Material zeigt sich eine generell höhere Affinität der männlichen Fachkräfte, während Basteln mit Papier und Schere von Männern nur negativ bewertet und ähnlich wie Rollenspiel eher im Neigungsbereich der weiblichen Fachkräfte verortet wird.

8.3.4 Die biographische Dimension

Die in den Interviewaussagen zum Ausdruck kommenden subjektiven Perspektiven der Fachkräfte bestätigen nicht nur die Befunde aus der Analyse des Material- und Werkzeuggebrauchs in der standardisierten Situation.

Bei genauerem Blick legen sie auch nahe, zumindest bezogen auf die subjektive Ebene von Selbst- und Fremdsicht die Hypothese eines *direkten* Zusammenhangs zwischen dem Geschlecht der Fachkräfte und deren Neigungen und Vorlieben in Frage zu stellen. Man ist geneigt, wieder an den Vergleich mit den scheuen Kühen zu denken (vgl. Kapitel 3.2).

Jedenfalls offenbaren die Interviewaussagen ein breites Spektrum an vielfältigen Nuancen individueller Neigungen. Jeder noch so deutlich scheinenden geschlechtsspezifischen Tendenz stehen dabei zumindest vereinzelt Ausnahmen und Beispiele gegenüber, die das geschlechtsstereotype Muster durchbrechen: Wie beispielsweise der Erzieher, der die Küche als sein Reich definiert und betont, gerne mit den Kindern zu kochen und zu backen oder die weibliche Fachkraft, die sich selbst als burschikos einschätzt und angibt, gerne mit den Kindern Fußball zu spielen und sie körperlich herauszufordern.

Zudem liefern einige Interviews zusätzliche Hintergrundinformationen, die insofern für die theoretische Einordnung der Aussagen der Fachkräfte von Interesse sind, als sie den Blick auf den *biographischen Hintergrund* individueller Neigungen und Vorlieben lenken.

Exemplarisch hierfür ist folgender, in Teilen weiter oben schon dargestellter Interviewausschnitt, in dem es bei der Reflexion des Empfindens in der standardisierten Einzelsituation um die Abneigung gegen ‚Basteln' geht:

Erzieher: „Bei uns Zuhause ist es eher so, dass Basteln das Ding meiner Frau ist und ich mach so ...äh ... Musikkram ... Basteln ist nicht so meins. Das war jetzt aber nicht Basteln, sondern [tief, leidenschaftlich] Bauen. Und das ist natürlich was ganz anderes. Und das hat mir richtig Freude gemacht."

Interviewerin: „Was ist der Unterschied zwischen Basteln und Bauen?"

Erzieher: „Basteln ist mit Schere ausschneiden und falten und so. Aber wenn man hier mit Holz kleben kann und so was, das ist schon was anderes."

Daraufhin die Erzieherin: „Mir geht es ähnlich mit dem Basteln ... Kleben, Falten, das ist überhaupt nichts für mich. Also, ich mochte das in der Schule schon nicht ... Mein Opa und Vater, die hatten große Werkstätten und wir haben dort immer gebaut. Und viele verschiedene Sachen auch ... Und heute war es dann wirklich so, wo ich dachte: Oh Gott, nicht basteln! Also, ich muss sagen, ich bin sehr gerne unten im Bauzimmer. Mit den ganzen Bausteinen und das alles ... Ich lese auch gerne den Kindern vor. Was nicht so meines ist ... so, wir spielen Mutter, Vater, Kind ... das oder so verkleiden und ich muss in irgend so eine Rolle schlüpfen, also überhaupt ... Aber ich baue gerne. Also, wie gesagt, dieses Bauzimmer, da kann ich mich verwirklichen."

Hier wird gerade an der Erzieherin deutlich, welche Bedeutung der biographische Hintergrund mit Erlebnissen in den Werkstätten von Vater und Großvater für sie besitzt. Das, was bei der männlichen Fachkraft auf den ersten Blick als geschlechtsspezifische Neigung interpretierbar wäre, stellt sich angesichts dieser Ausführungen der weiblichen Fachkraft als Konsequenz aus spezifischen biographischen Erfahrungen dar. Dieser Zusammenhang zwischen der Bevorzugung bestimmter Aktivitäten und biographischen Erfahrungen wird in den Tandem-Interviews nur selten so konkret deutlich. Es handelt sich also um einen Einzelfall. Die Interviews waren aber auch nicht gezielt auf diese biographische Dimension ausgerichtet (vgl. Interviewleitfaden im Anhang H).

Ungeachtet der Häufigkeit derartiger biographischer Bezüge wirft ein solches Beispiel hinsichtlich der theoretischen Interpretation der Befunde der Tandem-Studie die Frage auf, ob unterschiedliche Neigungen und Vorlieben, so wie sie in den Interviews, aber auch in den standardisierten Situationen sichtbar werden, letztendlich nicht generell auf unterschiedliche biographi-sche Erfahrungen zurückgeführt werden müssen – und eben nicht *an sich* auf das Geschlecht der Akteure.

Diese Überlegung soll an dieser Stelle nicht weiter vertieft werden, sie ist aber bei der Gesamtbewertung der Ergebnisse der Tandem-Studie zu berück-sichtigen und wird entsprechend im zusammenfassenden Abschlusskapitel wieder aufgegriffen.

8.3.5 Zusammenfassung: Der subjektive Blick der Fachkräfte auf unterschiedliche Neigungen und Vorlieben im pädagogischen Alltag

In den Interviewaussagen kommt die subjektive Perspektive der Fachkräfte auf den pädagogischen Alltag und auf Unterschiede hinsichtlich bevorzugter Aktivitäten zum Ausdruck.

Dabei bestätigt sich zumindest in der Tendenz, dass die in der standardi-sierten Einzelsituation deutlich werdenden Unterschiede hinsichtlich der Bevorzugung unterschiedlicher Materialien und Aktivitäten durchaus exemp-larisch sind für das, was die Akteure selbst als unterschiedliche Neigungen und Vorlieben im pädagogischen Alltag wahrnehmen. Insbesondere bezüg-lich Technik, Handwerk und Bauen mit Holz und großteiligem Material kommt generell eine höhere Affinität der Männer zum Ausdruck, während beispielsweise Basteln mit Papier und Schere von den männlichen Fachkräf-ten zumeist negativ bewertet und ähnlich wie Rollenspiel eher im Neigungs-bereich der weiblichen Fachkräfte verortet wird.

Darüber hinaus erweitern die Interviewaussagen aber die Untersuchungs-perspektive und öffnen den Blick über die standardisierten Situationen hinaus auf das Gesamtspektrum von Aktivitäten und Aufgaben im Alltag von Kin-dertageseinrichtungen.

Aus der subjektiven Sicht der Fachkräfte spielen geschlechtsspezifische Vorlieben und Neigungen für viele Routineaktivitäten, die den Alltag in der Kindertagesstätte prägen, keine Rolle. Dies gilt beispielsweise für das In-Empfang-Nehmen oder die Verabschiedung der Kinder, Essens- und Schlaf-situationen, die Kommunikation mit Eltern sowie den überwiegenden Teil täglicher pädagogischer Routinen mit den Kindern. Das meiste hiervon wird von beiden Tandempartnern oder abwechselnd realisiert, ohne dass ge-schlechtsspezifische Unterschiede benannt werden können.

In der subjektiven Wahrnehmung der Fachkräfte kommen geschlechts-spezifische Unterschiede ins Spiel, wenn es besonders um grobmotorische Aktivitäten geht. Hier wird in vielen Interviews eine stärkere Neigung der männlichen Fachkräfte für Raufen, ,Kämpeln', Toben und wilde Spiele be-nannt bzw. die Tendenz der Kinder, sich hierzu an den Mann zu wenden. Nur ein Erzieher äußert diesbezüglich explizit seine Abneigung und eine Erzieherin ihre Affinität, wobei andere weibliche Fachkräfte äußern, sie würden es auch machen, wenn kein Mann zur Verfügung stünde. Ähnlich deutlich ist aus der Sicht der Fachkräfte, dass die Männer eine Vorliebe für Außenaktivitäten, insbesondere Wald und Garten zeigen, wobei teilweise hervorgehoben wird, dies gelte bei „Wind und Wetter". Weniger deutlich ist dagegen die Zuordnung hinsichtlich Fußballspielen, das in den Medien gerne als Beispiel für das exklusiv Männliche auch in Kindertageseinrichtungen genannt wird. Fußball taucht in den Interviews zwar auf, aber hier sind die Vorlieben zwischen Männern und Frauen weniger eindeutig verteilt.

Bezogen auf all diese Aktivitätsbereiche äußern die Fachkräfte häufig die subjektive Wahrnehmung, dass hierbei die Risikobereitschaft der Männer höher sei; mehrfach wird ‚Klettern' erwähnt und es fallen Begriffe wie ‚Abenteuer' oder ‚Nervenkitzel'. Nur ein Erzieher und zwei Erzieherinnen äußern sich bezogen auf ihr eigenes Tandem ausdrücklich gegenteilig im Sinne einer höheren Risikoneigung der Frau.

Diese Befunde aus den Tandem-Interviews decken sich weitgehend mit dem, was von anderen Befragungen pädagogischer Fachkräfte berichtet wird. So benennen Rohrmann et al. (2015) aus der österreichischen „elementar"-Studie unter anderem folgende Tendenzen eines „männlichen Stils" in der Pädagogik:

„- Männer haben einen stärker körperorientierten Zugang zu Kindern;

- Männer sind mehr an Sport und Bewegung interessiert, nicht zuletzt am Fußballspiel;

- Männer zeigen mehr Bereitschaft zu wildem Spiel, Raufen und Toben mit Kindern;

- Männer sind mehr nach ‚draußen' orientiert, bevorzugen das Außengelände und Aktivitäten im Freien;

- Männer gehen anders mit kindlicher Aggression um und können sich besser durchsetzen;

- Männer haben eine größere Toleranz, was das Einhalten von Regeln und das Eingehen von Risiko betrifft;

- Männer interessieren sich weniger für typisch weibliche Aktivitäten im Kindergarten, insbesondere das Basteln sowie für typisch weibliche Raumgestaltung;

- Männer werden von Kindern als Vaterersatz gesehen und bieten sich zum Teil auch selbst als solcher an" (Rohrmann et al. 2015, S. 70f.).

Fast alle der hier genannten Aspekte einer von männlichen Fachkräften bevorzugten Ausrichtung alltäglicher Aktivitäten in Kindertageseinrichtungen finden sich in den Tandem-Interviews wieder. Insofern spricht einiges dafür, dass dieser Befund geschlechtsspezifisch unterschiedlicher Neigungen und Vorlieben pädagogischer Fachkräfte durchaus generalisierbar ist.

Es muss aber in Rechnung gestellt werden, dass Befragungsergebnisse lediglich die subjektive Perspektive der Akteure widerspiegeln. Hinsichtlich einiger Aspekte, wie der Affinität zu unterschiedlichen Materialien, kann diese subjektive Perspektive im Rahmen der Tandem-Studie untersetzt werden durch die Befunde der direkten Verhaltensbeobachtung in der standardisierten Einzelsituation. Auch hier spiegeln sich in den Häufigkeitsverteilungen unterschiedliche Neigungen von männlichen und weiblichen Fachkräften.

Andere in den Interviews genannte Verhaltenstendenzen, wie insbesondere unterschiedliche Affinitäten zu grobem Spiel und Raufen, Außenaktivitäten und Risikobereitschaft, können aufgrund des Design der Tandem-Studie kaum durch direkte Verhaltensbeobachtung untersetzt werden. Lediglich aus den qualitativen Analysen der Gruppensituation ergeben sich Hinweise auf Verhaltenstendenzen, die den in den Interviews geäußerten Wahrnehmungen entsprechen. Dies gilt insbesondere für die Neigung männlicher Fachkräfte, sich aktiver in das grobmotorische Spiel der Kinder einzubringen.

8.4 Männer in Kitas: Erfahrungen der gemischtgeschlechtlichen Tandems

In den Interviews mit den Fachkräften der Mann/Frau-Tandems kommen auch die berufliche Situation der Männer in den Kindertageseinrichtungen, deren Selbstsicht und ihre Wahrnehmung durch die weiblichen Fachkräfte zur Sprache.

Damit wird über den eigentlichen Fokus der Tandem-Studie, den Vergleich des Verhaltens männlicher und weiblicher Fachkräfte hinaus gegangen, es ergeben sich aber relevante Hinweise zum *subjektiven Kontext*, die für die Einschätzung des beobachtbaren Verhaltens von Bedeutung sein könnten. Dabei sind die diesbezüglichen Aussagen aus den Tandem-Interviews aufgrund der Spezifik der Stichprobe nur sehr begrenzt verallgemeinerbar, da hier lediglich Fachkräfte befragt werden, die bereits über längere Zeit in einem gemischtgeschlechtlichen Kontext arbeiten. Zudem liegt die Annahme nahe, dass die Fachkräfte der Stichprobe auch deshalb zur Teilnahme an einer Vergleichsstudie zu männlichem und weiblichem Erziehungsverhaltens bereit waren, weil sie überwiegend eher positive Erfahrungen mit der Situation einer gemischtgeschlechtlichen Zusammenarbeit gemacht haben.

Trotzdem liefert die subjektive Sicht der Fachkräfte dieser Stichprobe auf die gemeinsame Arbeitssituation und die Rolle der männlichen Fachkräfte zumindest so etwas wie ein ‚Puzzleteil' hinsichtlich der Erwartungen an Männer in Kindertageseinrichtungen. Bemerkenswert sind dabei insbesondere die Begründungszusammenhänge und verschiedene subjektive Konnotationen, die in den Interviews zum Ausdruck kommen.

8.4.1 „Ich bin heilfroh, ein paar Männer hier zu haben."

Stellt man die genannte Besonderheit der Stichprobe in Rechnung, ist nicht überraschend, dass durchgehend und in fast allen Interviews eine insgesamt positive Bilanz der gemischtgeschlechtlichen Zusammenarbeit gezogen wird. Grundsätzlich in Frage gestellt wird die Arbeit in dieser Konstellation in keinem einzigen Fall. Es gibt lediglich einige Tandems, in denen die Auffassung vorherrscht, dass das Geschlecht eigentlich für die Zusammenarbeit keine oder nur eine untergeordnete Rolle spiele. Angesichts dieses Spektrums zwischen ausdrücklich positiver Bewertung der gemischtgeschlechtlichen Arbeitskonstellation und Neutralität im Sinne von Irrelevanz der Geschlechterfrage muss aber auch in Rechnung gestellt werden, dass die Interviews immer mit beiden Tandempartnern geführt wurden, so dass die Hürde für grundsätzlich kritische Statements eher hoch war.

Dennoch ist bemerkenswert, dass von Seiten einiger weiblicher Fachkräfte die Möglichkeit, mit Männern zusammenzuarbeiten, schon fast euphorisch begrüßt wird, auch wenn in einigen Interviews dann quasi im gleichen Atemzug deren ,Anderssein' negiert wird:

Erzieherin: „Also, ich bin heilfroh ein paar Männer hier zu haben. Und finde auch nicht, dass die Männer unbedingt anders sind. Also, die wechseln die Bettwäsche ganz genauso und achten auf diese Pflegemaßnahmen und auf das Staubwischen. Aber ja, es ist eben auch einmal ein Mann im Haus."

Dabei wird in einige Aussagen ausdrücklich betont, dass eine individuelle Einstellung und Sichtweise zum Ausdruck gebracht wird, so dass zumindest offen bleibt, ob andere Kolleginnen im Team sich mit gleichem Enthusiasmus für die gemischtgeschlechtliche Tandemsituation entschieden hätten. Dies klingt beispielsweise bei der folgenden Erzieherin an, die für sich beansprucht, spontan „den Mann zu nehmen":

Erzieherin: „Ach, ich finde das eigentlich ganz toll. Also, ich finde es generell toll, dass Männer in Kindergärten sind. Und ich freu mich auch immer, dass wir dann ... Ich sage dann immer: Ja, ich nehm' den Mann! Also, weil … ich finde einfach, es ist eine andere Arbeit noch mal mit einem Mann. Ich kann auch selber nicht sagen, woran es liegt. Aber es ist etwas anderes."

In der positiven Wertschätzung für den männlichen Kollegen vergleichbar, aber in der Begründung differenzierter äußert sich eine andere Erzieherin mit dem Verweis auf kontrastierende Erfahrungen aus der Zusammenarbeit in der gleichgeschlechtlichen Konstellation mit einer Frau. Dabei spielen die dem Mann zugeschriebene ausgleichende Wirkung im Team eine Rolle, aber auch die Reaktionen der Eltern:

Erzieherin: „Also ich finde, von Anfang an fand ich das unheimlich wichtig und gut für unser Team. Ich habe ja auch am Anfang im ersten Jahr sozusagen auch mit zwei Frauen zusammengearbeitet. Und als er dann kam, sind einfach auch viele kleine Dinge auch so im

Alltag, wo man einfach spürt oder weiß, da, da reagiert er anders oder direkter als wir das manchmal tun. Als wir als Frauen so ... Was das Ganze halt gut zusammenhält, so ... Und deshalb möchte ich das überhaupt nicht missen mehr, diesen männlichen Part in unserem Team. Ja, also, im Gegenteil würde ich sagen. Also, sie kommen alle gerne mit ihren Kindern hierher aus dem Grund. Weil es diese Mischung gibt, bei uns."

Ähnlich fällt die Begründung einer anderen Erzieherin aus, wobei hier bei dem Hinweis auf die unterschiedliche Gestaltung der kollegialen Beziehungen auf negative stereotype weibliche Eigenschaften zurückgegriffen wird, so dass eine subtile weibliche Selbstabwertung mitschwingt:

Erzieherin: „Ich kenne es ja von früher noch ein bisschen. Da waren ja nun gar keine Männer in den Einrichtungen. Also, ich finde, das ist eine ganz tolle Entscheidung. Echt. Und die Zusammenarbeit mit dem Olaf hier ist so, dass ich sage: Ich würde nie wieder etwas anderes haben wollen! Gerade auch so diese zwischenmenschliche Beziehung. Ja, bei Frauen ist das ja so richtig zickig. Ja. ‚Und, ja, was die wieder gesagt hat!' Und so. Ich meine, man tauscht sich auch aus. Aber das wird auf einer ganz sachlichen Ebene gemacht. Und das ist gut so, wie es ist."

Von Seiten der weiblichen Fachkräfte wird aber auch generell die vorher bestehende Situation der Abwesenheit von Männern problematisiert, wobei in erster Linie die Bedürfnisse der Kinder ins Spiel gebracht werden aber auch schlicht alltagspraktische Vorteile einer gemischtgeschlechtlichen Konstellation:

Erzieherin: „Und ich empfinde es als unwahrscheinlich wertvoll. Weil, bevor Männer hier gearbeitet haben, haben wir einfach an den Kindern auch gemerkt, dass sie sich auf jeden Mann hier stürzen. Ob es jetzt der Hausmeister war oder der Zivi. Es ist einfach, weil es wenig Männer gibt und zunehmend Kinder zuhause wenig Männlichkeit erleben. Entweder Eltern, Väter, die auswärts arbeiten oder gar nicht mehr vorhanden sind ... Die krallen sich dann einfach an jeden Mann. Und wenn das dann noch ein ausgebildeter Erzieher ... Also, das ist unwahrscheinlich wertvoll, finde ich ... Das sind die technischen Sachen. Aber es sind auch oft Sachen, die Kraft erfordern. Also, nimm bloß mal eine Leimflasche, die ich nicht aufkriege. Dann gehe ich entweder zum Hausmeister oder sage: Robert, kannst du mal bitte? Also das sehe ich schon als Spezifikum. Ich weiß nicht, ob das eine Erwartung ist, oder ob sich das einfach so ergibt."

Vergleicht man diese Aussagen mit den Ergebnissen der repräsentativen Befragung von Cremers et al. (2010), so bestätigt sich in den Tandem-Interviews die insgesamt sehr hohe Bereitschaft weiblichen Fachpersonals, männliche Kollegen in ihr Arbeitsfeld aufzunehmen. Dabei sind es hier weibliche Fachkräfte, die in der pädagogischen Alltagsarbeit bereits konkrete Erfahrungen mit männlichen Kollegen gemacht haben und die vor diesem Hintergrund die generell positive Erwartungshaltung bestätigen.

8.4.2 „Das ist mein Traumberuf"

Auch die in die Tandem-Studie einbezogenen männlichen Fachkräfte beschreiben entsprechend ihre berufliche Situation durchgehend als grundsätzlich positiv. Die meisten von ihnen sehen sich nicht mit negativen Erwartungen oder Misstrauen konfrontiert und betonen häufig, dass sie bei ihren Kolleginnen sowie Eltern und Kindern auf Akzeptanz stoßen. Sie stehen häufig selbstbewusst zu ihrer Berufswahl und sehen sich genau dort, wo sie sein wollen:

Erzieher: „Es ist immer schwer, sich selbst einzuschätzen … Aber ja, ich bin jung, aufgeweckt, für alles offen … Das ist mein Traumberuf. Ich hatte das Glück, sozusagen meine Traumausbildung machen zu können oder meine Wunschausbildung, was heute leider nicht immer möglich ist. Und, ja, habe da echt viel Glück, dass ich das machen kann, was ich auch will. Und bin da echt zu hundert Prozent dabei."

Ganz ähnlich äußert sich der Erzieher aus einem anderen Tandem, wobei es für ihn insbesondere die Reaktionen der Kinder sind, die das „Glück" der richtigen Berufsentscheidung begründen:

„Also, ich sehe mich am richtigen Platz. Also, ich habe das Glück gehabt, die richtige Entscheidung zum richtigen Zeitpunkt zu treffen und habe das bis jetzt auch nie bereut. Und ich denke auch, dass ich hier einen anerkannten Platz habe. Also das ... Ja. Und auch bei den Kindern. Und, und, von den Eltern. Also, man kriegt ja auch immer die Rückmeldung. Das ist ja das Schöne hier. Du kriegst eins zu eins die Rückmeldung von den Kindern auf jeden Fall. Von den Eltern auch mit. Und ja, wir nehmen auch kein Blatt vor den Mund eigentlich."

Wiederum ein anderer Erzieher betont, dass er seine Tätigkeit in einem weiblich konnotierten Arbeitsfeld nicht im Widerspruch zu seinem Selbstbild als Mann sieht:

„Ich sehe mich, ja, auch wenn ich mich da manchmal ein bisschen dagegen sträube, habe auch meine Facharbeit, meine Abschlussarbeit zum Erzieher über das Thema geschrieben … aber ich glaube, ich seh' mich so als … doch als einen typischen Mann. Also auch so dadurch, dass ich ja auch gelernter Maurer bin [lachend]. Was ja ein ziemlich männlicher Beruf ist. Bin dann ins Extreme abgeglitten zu dem Erzieherberuf, okay, aber ich bin auch so grundsätzlich … Ich liebe Fußballspielen, ich liebe Toben, ich bau' gerne irgendwelche Sachen oder ... ja, also ich kann natürlich auch einfühlsam sein, das kann ich auch, und zuhören und alles, aber so … Ich glaub', meine Rolle macht hier aus, dass ich auch den männlichen Part gerne übernehme, also wirklich gerne übernehme."

Wie in diesem Beispiel beschreiben mehrere männliche Interviewpartner ihre Entscheidung für den Erzieherberuf als Ausstieg aus einer geschlechtstypischen Berufskarriere. Dabei hätten sie sich besonders am Anfang in dem neuen Beruf in einem ‚Exotenstatus' gesehen und sich von Kolleginnen und Eltern sowie auch ihrem Freundeskreis in ihrer professionellen Rolle in diesem Arbeitsfeld häufig in Frage gestellt gefühlt. Das hätte bei ihnen zu Unsicherheiten und Selbstzweifeln geführt. Manche männliche Tandempartner

äußern auch, dass ihnen darüber hinaus anfangs die mit der Arbeit einherge-
hende besondere Nähe zu den Kindern schwer gefallen sei. Rückblickend
beschreiben diese männlichen Fachkräfte bezogen auf den weiteren Verlauf
ihrer Beschäftigung im Kindergarten aber eine zunehmende Entspannung und
Normalisierung dieser Situation. Insbesondere durch die positive Resonanz
der Kinder hätten sich Unsicherheiten und auch Vorurteile ihnen gegenüber
aufgelöst. Als diesbezüglich hilfreich wird beschrieben, wenn andere Männer
hinzu gekommen seien. Insofern wird die Möglichkeit der Zusammenarbeit
mit weiteren Männern im Team häufig entweder ausdrücklich hervorgehoben
oder auch angestrebt.

Im folgenden Beispiel tauchen mehrere dieser Aspekte in der Reflexion
eines Pädagogen auf, der zuvor in der Jugendarbeit tätig war:

„Am Anfang war es vielleicht für mich schon eine sehr ungewohnte Rolle … mit Kindern
jetzt in dem Alter jetzt beruflich oder allgemein zu arbeiten. Man dachte sich damals auch
so als Mann: Ja, wie wirst Du jetzt von den Eltern angesehen oder wie wirst Du angenommen oder wie spiegelst sich das wieder auf mich? Also, es gab ... die ersten zwei Jahre
waren manchmal schon vielleicht so … widersprüchlich oder innerlich, wo man überlegt
hat: Ist das jetzt noch das Richtige? oder so? Ich wollte anfangs auch wieder in die Jugendarbeit zurück. Aber, ich sage so: Wir haben ein super Team und ich lerne etwas dazu, wie
es ist, mit Frauen auch zu arbeiten. Positive, wie auch manchmal, na, andere Geschichten.
Aber ich kann einfach nur sagen, nach den sieben Jahren, die ich hier bin: Hat man sich
immer mehr rein gefunden. Die Arbeit gibt einem viel wieder. Es macht auch Spaß, mit
Erzieherinnen zu arbeiten. Und wir haben ja mittlerweile auch so, dass wir jetzt auch noch
zwei männliche Erzieher haben. Also, umso länger die Berufserfahrung ist im Erzieherbe-
reich, im Kindergarten und umso zufriedener … oder umso mehr gab es mir jetzt auch
zurück.“

In einem anderen Tandem reflektiert der Erzieher seine berufliche Entwicklung auch vor dem Hintergrund gesellschaftlicher Erwartungen und Normalitätsvorstellungen. Er betont dabei, persönlich hierdurch nicht beeinflusst zu
sein, aber trotzdem hatte er zu Beginn seiner Berufstätigkeit das Gefühl, ein
„Paradiesvogel“ zu sein:

„Na ja, also, inzwischen mit einer größeren Selbstverständlichkeit als am Anfang. Also, ich
hab mich schon ein bisschen … so vor fünfzehn Jahren … so ein bisschen wie ein Paradiesvogel gefühlt. So in einer frauenbestimmten Domäne. Inzwischen sehe ich, dass da
eine gewisse Normalisierung in der Gesellschaft auch eintritt, dass das als normal angesehen wird. Und ich selber für mich persönlich hatte jetzt nie irgendwie damit ein Problem.
Oder so … Das war ja mein Wunsch. Also, das zu machen. Ja, also unabhängig davon,
dass ich ein Mann bin.“

8.4.3 „Generalverdacht“ als Herausforderung

Als ein kritischer Aspekt spielt in mehreren Interviews zumindest am Rande
eine Rolle, dass sich männliche Fachkräfte gelegentlich dem pauschalen
Verdacht ausgesetzt sehen, ihr Interesse an Kindern habe einen pädophilen

Hintergrund. In den Interviews wird aber betont, dass dieser Vorwurf nicht von Seiten der Kolleginnen kommt, sondern dem allgemeinen gesellschaftliches Klima oder Medien geschuldet sei, die ein professionelles pädagogisches Interesse von Männern an Kindern anzweifeln und einen Zusammenhang mit Missbrauchsfällen herstellen.

Im Arbeitsalltag versuchen manche männlichen Fachkräfte, diese Belastung zu verdrängen. Zum Teil entwickeln sie aber auch Vermeidungs- und Selbstschutzstrategien, wie zum Beispiel eine stets offene Tür beim Wickeln von Kindern. Manche Einrichtungen haben zur Sicherheit ihrer männlichen Mitarbeiter entsprechende Richtlinien aufgestellt.

Die befragten Männer nennen generell offene Umgangsweisen im Team sowie insbesondere die Anwesenheit anderer männlicher Fachkräfte als für sie erleichternde Aspekte. Berufserfahrung und zunehmende Wertschätzung von Kolleginnen und von Eltern geben ihnen Sicherheit. Es gibt Beispiele, in denen sich unbegründete Vorwürfe klären ließen, woraus auf eine sichere und anerkannte Position des Erziehers geschlossen werden kann.

Mehreren Erziehern ist wichtig, zu betonen, dass körperliche Nähe zu den Kindern, wie beim Kuscheln oder Trösten, selbstverständlich zu ihrer Arbeit gehört:

Erzieher: „Wo wir so fünf sechs Leute sind, da wird das Thema immer wieder angesprochen. Da habe ich schon gesagt: Ich glaub', wenn ich jetzt … da irgendwelche Hindernisse hätte oder so ... also ich nehme auch genauso gern oder ich ... ich genieße das ja auch wenn mal ein Kind so auf meinen Arm will und alles das ist ja auch das Schöne an dem Beruf find ich so und wenn man dann irgendwie im Hinterkopf hat, so das geht jetzt aber nicht, dann kannst du auch nicht befreit arbeiten."

Dabei wird mehrfach von den männlichen Fachkräften aber auch darauf hingewiesen, dass der Impuls zur Nähe immer vom Kind ausgehen müsse:

Erzieher: „Und da, da möchte ich auch einfach, und das möchte ich von mir aus auch nicht verweigern den Kindern, wenn sie das von sich aus suchen."

Erzieher: „Ja, ich glaube, ich bin auch eher der, der so kommen lässt."

Eine Variante der Auseinandersetzung mit dem Thema der körperlichen Nähe zu Kindern ist die Umdeutung von ‚Toben‘ zu einer männlichen Variante des ‚Kuschelns‘. Oder das Hochheben der Kinder wird im Gespräch explizit mit körperlicher Stärke der Männer in Zusammenhang gebracht:

Erzieher: „Ich find das an dem Job auch gerade so das Schöne, dass die Kinder ... man weiß ja wann die ... wann die … also doch, weil ich nehm' halt oft Kinder mal auf den Arm ... so das wurde dann am Anfang auch ... wurde da gesagt: Du kannst nicht jedes Kind immer so auf den Arm nehmen ... was ich aber als völligen Quatsch empfinde, weil … weil das ist."

Darauf seine Kollegin: „Genau, du hast die Kraft dazu."

Ein besonderes Thema ist in diesem Zusammenhang das Wickeln kleinerer Kinder. Von manchen Erziehern wird es gemieden, um sich nicht dem Missbrauchsverdacht auszusetzen. Zumeist äußern die männlichen Fachkräfte in diesem Zusammenhang aber eher eine gelassene Haltung und ein selbstbewusstes Berufsverständnis. So wie der Erzieher, der betont: „Wie gesagt: Ich windel auch alle Kinder. Das ist auch kein Thema."

Zusammenfassend lässt sich in Bezug auf die berufliche Situation der männlichen Fachkräfte festhalten, dass sie sich in ihrem Arbeitsfeld angenommen sehen und insbesondere ihre Kolleginnen ihnen große Wertschätzung entgegenbringen. Gelegentlich werden anfängliche Eingewöhnungs- und Anpassungsprobleme beschrieben und als eine wesentliche Erleichterung wird genannt, wenn noch andere männliche Fachkräfte zum Team gehören. Der potenzielle Missbrauchsverdacht ist ein Problem, das in den Teams eher eine untergeordnete Rolle spielt und dem die meisten befragten Männer mit professionellem Selbstbewusstsein begegnen.

8.4.4 Die Frage des Rollenvorbilds[23]

In der öffentlichen Diskussion um die Tätigkeit von Männern in der Frühpädagogik, wie auch in der Argumentation von Eltern, spielt die Frage des männlichen Rollenvorbildes eine entscheidende Rolle. Dabei wird in der Fachdiskussion als Problematik benannt, dass das Argument vom ‚männlichen Rollenvorbild' wenig konkret untersetzt ist und im Hintergrund unterschiedliche, zum Teil diffuse oder sogar gegensätzliche Erwartungen mitschwingen (vgl. Kapitel 2.3).

Vor diesem Hintergrund wurden die Fachkräfte in den Tandem-Interviews auch nach ihrer subjektiven Sicht auf Geschlechterrollen befragt und zu ihrer Vorstellung vom Rollenvorbild, das männliche Fachkräfte in den Einrichtungen repräsentieren können und sollen. Dabei ist die Perspektive der hier befragten Fachkräfte dadurch beeinflusst, dass für sie die Anwesenheit von männlichem Personal bereits eine ‚Normalität' darstellt, die nicht mehr in Frage steht und deshalb auch nicht Gegenstand grundsätzlicher Reflexionen in den Teams ist. Folglich wird an vielen Antworten deutlich, dass die Fragestellung zuerst einmal irritiert und als theoretisch motiviert wahrgenommen wird, was sich auch im Ringen um angemessene Begriffe ausdrückt.

Überwiegend sind die Aussagen der in der Tandemstudie Befragten von alltagstheoretischen Normalitätsvorstellungen bestimmt, wobei sich die Breite des in der Fachliteratur kritisch angemerkten Spektrums von diffusen Erwartungshaltungen bzw. Rollenmodellen widerspiegelt.

---

[23] Hier fließen Überlegungen und Vorarbeiten von Juliane Höhle und Lena Siegel mit ein (vgl. Siegel 2013).

Zumindest tendenziell lassen sich dabei zwei Argumentationsmuster identifizieren: Zum einen Reaktionen, bei denen die Unterschiedlichkeit der Geschlechter im Vordergrund steht und die Notwendigkeit der Ergänzung weiblich geprägter Strukturen durch einen männlichen Gegenpart gesehen wird, und zum anderen solche, die eher durch ein egalitäres Geschlechterbild geprägt sind und bei denen die Abgrenzung von stereotypen Geschlechtsrollen betont wird.

Betonung unterschiedlicher Geschlechtsrollen und die Ergänzung durch das andere Geschlecht

Obwohl in fast allen Tandems bezogen auf konkretes Alltagshandeln durchaus unterschiedliche Neigungen und Vorlieben von Frauen und Männern benannt werden, wird auf der Ebene von geschlechtlichen Rollenvorbildern in keinem der Tandems ein eindeutig und durchgehend stereotypes Muster deutlich.

Bezogen auf die Vorbildfunktion für Kinder wird dabei zumeist die Bedeutung *beider* Geschlechter hervorgehoben, wobei nicht erstaunt, dass dies für gemischtgeschlechtlich arbeitende Tandems nicht nur in hohem Maße selbstverständlich ist, sondern auch als ein positives Merkmal der eigenen Einrichtung gesehen wird. Beispielhaft ausgedrückt von einer Erzieherin, die betont, es sei „unheimlich gut, so eine Mischung zu haben. Für die Jungs und für die Mädchen natürlich auch".

Was das „Gute" einer solchen Mischung ausmacht, kann dabei aber zumeist nur sehr vage ausgedrückt werden. Oft wird einfach nur das „Anderssein" von Männern und Frauen benannt, wobei zu dessen Konkretisierung häufig die Worte fehlen. Am ehesten gelingt dies noch durch den Verweis auf die Perspektive der Kinder, wobei aber auch hierbei – wie beispielhaft in dem folgenden Interviewausschnitt – darum gerungen wird, das gefühlsmäßig Offenkundige und ‚Normale' in eine sprachliche Form zu bringen:

Erzieherin: „Vielleicht, also jetzt aus der Sicht des Kindes … die Frau, die würde vielleicht in einer Situation ganz anders reagieren als es ein Mann macht. Und als Kollegin jetzt … Es ist einfach anders. Ich kann es gar nicht beschreiben. Es ist aber anders mit einem Mann."

Erzieher: „Na, das Auftreten ist einfach anders. Man kann genau dasselbe sagen und meinen und es wirkt für die Kinder anders … Also, ich glaube, die Kinder zucken schon mehr zusammen, wenn ich anfange mit Schimpfen. Obwohl wir dasselbe sagen … Was mit Bestimmtheit tun hat oder eben … keine Ahnung … Also, ich glaube, dass Kinder das schon merken, ohne das zu merken … dass da auch was Anderes ist. Und, dass es eben für sie halt … ich finde es wichtig, dass es normal, eine Normalität eigentlich ist. Man hat im Leben mit Männern und Frauen, mit Jungen und Mädchen zu tun. Und nicht bloß hier. Das finde ich wichtig, dass es eine Normalität ist."

Es spricht einiges dafür, die in diesen Aussagen offensichtliche Formulierungsschwierigkeiten nicht auf mangelnde Reflexionsfähigkeit oder bereitschaft der Befragten zurück zu führen, sondern sie dem Gegenstand der Befragung – Geschlechtlichkeit und deren Wirkungsweise – anzulasten und der Schwierigkeit, das Thema begrifflich angemessen auszudrücken. Beispielhaft hierfür ist auch die Aussage der folgend zitierten Erzieherin, bei der die Geschlechterkategorie zur „Art" wird:

Erzieherin: „Also, ich finde immer, die Jungs, die, wenn ich … wenn ich das sehe, wie die Jungs auf Dich oder einen anderer, den Johannes jetzt, oder wen auch immer, zugehen. Das ist wie so: Du hast Verständnis für mich! Du bist von meiner Art!"

Bei dem Versuch, auf Seiten der Fachkräfte das jeweils geschlechtlich Spezifische auszudrücken, wird neben dem Hinweis auf unterschiedliche Neigungen und Vorlieben, wie sie weiter oben (vgl. Kapitel 8.3) dargestellt wurden, generalisierend mehrfach auch auf Geschlechterstereotype zurückgegriffen.

In den Interviewaussagen werden dabei Männer im Umgang mit Kindern als gelassener und herausfordernder charakterisiert, während Frauen Fürsorge und größere Körpernähe zugesprochen wird. In diesem Zusammenhang kommt es häufig zur ‚Naturalisierung' eines körpernahen und mütterlichen Umgangs der weiblichen Fachkräfte mit kleinen Kindern:

Erzieherin: „Ich glaube, einfach Frauen wollen noch ein Stück mehr körperliche Nähe geben. Das ist ebenso dieses Muttermäßige steckt da, glaube ich, auch ein Stück drinnen in einer Frau."

Eine andere Erzieherin: „So zum Trösten, dann suchen sie schon dann eher die weiblich Glucke und zum, zum … also, so die Kleinen eher, würde ich schon sagen."

Demgegenüber steht ein Bild des männlichen Kollegen als väterlicher Beschützer oder als Herausforderer, der die Kinder im Sinne einer „wilden" Männlichkeit in gefährliche Lebensbereiche einführt:

Erzieher: „Als Mann …Und, ich sage einmal vielleicht so eine, ja, so eine, eine, eine, eine solche wilde Geschichten, wie, wie Rumkämpeln oder im Wald halt dann so eine, so eine Nachtwanderung. So etwas. Also, ich glaube, das nehme ich ganz gerne in die Hand. Und das ist auch so ein bisschen was, was die, die, die Mädels ein bisschen abgeben ganz gerne."

Bei einem anderen Erzieher gewinnt über eine konkrete Situationsbeschreibung die männliche Rolle etwas Nomadenhaftes:

Erzieher: „Also, wie, ich, ich sehe jetzt diese männliche Rolle, sehe ich jetzt mehr so: Ich weiß nicht, dadurch, dass man mit dem Bauwagen an der Elbwiese langzieht und die dann dort sagen, dass der Kindergarten keinen festen Platz hat, sondern, dass er unterwegs ist. Und dass man macht und tut. Und hier herum gräbt. Und so ein Zeug macht irgendwie. Oder, dass man weniger gebunden ist. Dass man mehr vielleicht auch raus geht, unterwegs ist."

Deutlichere Konturen gewinnt das männliche Rollenvorbild, wenn es in Form des Vaterersatzes oder Vaterbildes konstruiert wird. Wie bei dem Erzieher, der sich „als Mann" sieht, „der einen Vaterimpuls in sich trägt, so im Sinne von, ja: Organisieren, Beschützen, Machen, Tun."

Auch den weiblichen Fachkräften gelingen mit Bezug auf die Vaterfigur und ein entsprechendes Rollenvorbild die konkretesten Beschreibungen.

Erzieherin: „Dass da der Ulf wirklich auch dann teilweise so ein, ein Vaterersatz ist ... Also, dass der Vater so gesucht wird. Und auch bei Kindern die so in Trennungssituationen leben. Oder wo die Eltern getrennt sind. Da ist es auch so. Wobei die Kinder auch sehr viel, wenn wir irgendwo unterwegs sind, wo das sehr auffällig ist - wenn wir ins Landheim fahren und die Größeren fahren mit, ... dass die dann uns als Familie sehen. Also der Ulf ist dann der Vati. Ich bin dann die Mutter."

Wie in diesem Zitat betonen auch andere Erzieherinnen die Bedeutung ihrer männlichen Kollegen als Rollenvorbild insbesondere für Kinder alleinerziehender Mütter. Und auch die Erzieher selbst sehen sich häufig in dieser Funktion:

Erzieher: „Wenn man zum Beispiel alleinerziehende Mütter hat, die Kinder, die freuen sich richtig, wenn hier mal ein Mann ist. Das ist so ein ..., so eine Rolle, die sie Zuhause nicht haben."

Die Übernahme einer väterlichen Rolle – insbesondere für Jungen und für die Kinder alleinerziehender Mütter – ist in den Interviews die am häufigsten vorgenommene Rollenzuschreibung für männliche Fachkräfte. Dabei ist mehreren Tandems wichtig, dass diese Perspektive auf das männliche Rollenvorbild nach ihrer Wahrnehmung von vielen Eltern geteilt wird. Vereinzelt wird aber auch ausdrücklich darauf verwiesen, dass diese Rollenfunktion nicht nur mit Blick auf die Jungen bedeutsam sei:

Erzieher: „Ich höre das ganz oft von Eltern: Ja, wir sind froh, dass es auch einmal Männer auch im Kindergarten gibt. Vielleicht mehr, dass die sich wegen den Jungs darüber freuen. Wo ich ein bisschen sage: Das ist ... Darum geht es mir nicht. Ich denke, es ist genauso wichtig für Mädchen, dass sie männliche Rollenbilder haben."

Letztlich ist es die Normalitätsvorstellung von einer ‚klassischen' Familie mit Mutter und Vater, die diesen Argumentationen zugrunde liegt und die Überzeugung trägt, dass Männer und Frauen sich sowohl unterscheiden wie ergänzen. Dabei wird unterstellt, dass die Verfügbarkeit beider Geschlechter für die Entwicklung der Kinder von Bedeutung sei und die Kindertageseinrichtung diesbezüglich auch eine Kompensationsfunktion wahrnehmen könne und müsse.

Die von den Tandempartnern geäußerten Geschlechtsrollenbilder gewinnen stereotype Züge, wenn sie unmittelbar auf die *Teamarbeit* und eingefahrene Strukturen und kommunikative Muster in der Einrichtung bezogen sind.

Dies ist insofern vielleicht nicht überraschend, als Grund für die Annahme besteht, dass Kindertageseinrichtungen häufig ein feminin geprägtes

„gender regime" mit spezifischen Arrangements sozialer und emotionaler Beziehungen aufweisen (vgl. Connell 2009, S. 72). Deshalb geht es jedenfalls für Peeters et al. (2015, S. 307f.) bei der Forderung nach männlichem Fachpersonal nicht nur um die Frage individuellen Geschlechts, sondern auch um „gendered structures" in der Institution.

In den Tandeminterviews wird dabei häufig klischeehaft den Männern rationaleres Handeln unterstellt und den Kolleginnen ein emotional gesteuertes und als problematisch empfundenes Konfliktverhalten. Exemplarisch hierfür ist eine Erzieherin, die meint: „Bei Frauen ist das ja so richtig zickig."

Während die Fachkräfte in Bezug auf das unmittelbar pädagogische Handeln vordergründig stereotype Zuschreibungen eher vermeiden, entsteht hier auf einer Meta-Ebene des Gesamtteams eine ausgeprägte Geschlechterdichotomie, bei der der Mann einer mehr oder minder diffus weiblich geprägten Einrichtungskultur gegenüber steht:

Erzieher: „Also, wo ich das manchmal so erlebe ist halt in der Teamsituation. Dass es halt ... Dass man als Mann halt, man ist da nicht so in diesen Strukturen, in diesen Verwebungen. Weil ich habe manchmal das Gefühl, dass man da große Erwartungen untereinander hat. Also, die Frauen an sich untereinander ... Und das man da nicht so drinnen ist. Weil als Mann ist man immer so... na, hat so eine Extrafunktion. Weil, es wird einfach nicht von mir auch nicht erwartet, dass ich das so mache wie sie. Oder halt so ordentlich wie sie. Weil ich bin ein Mann. Und, und der, der macht das halt niemals so. [Erzieherin lacht leise]. Weil das ist ... das hat man nicht so erlebt, das hat man nicht so erfahren. Und das man das dann quasi auch so ein bisschen aufbrechen kann oder halt ... Wenn der das darf, kann man das, kann man sich noch einklinken so ... Weil man dann auch eine Sonderrolle hat ... Wenn jetzt mehr Männer da wären, könnte es aber auch wieder mehr, also ein anderes System wiederum geben, so."

Besonders die Argumentation – „Weil ich ein Mann bin und der macht das halt niemals so" – zeigt, wie dieser Erzieher die Strukturen der Einrichtung wahrnimmt und welche Einstellung er ihm gegenüber von Seiten des Teams vermutet. Für ihn scheint es aufgrund seines Minderheitenstatus nicht möglich zu sein, diese Rolle aufzubrechen. Dies wäre nur durch zusätzliche männliche Fachkräfte möglich.

Dass es für männliche Fachkräfte wichtig sein kann, nicht als einziger Mann in einer Einrichtung zu arbeiten, drückt ein anderer Erzieher mit Verweis auf eine frühere Arbeitsstelle aus, was ihm zugleich ermöglicht, in der Schilderung der wahrgenommenen Gegensätze konkreter zu werden:

Erzieher: „Als ich hier reinkam? Da war ich ja schon der zweite Mann. Ich bin als zweiter gekommen. Was ich schon, was ich schon angenehm fand. Ich habe vorher in einem Kinderheim gearbeitet, wo nur Frauen gearbeitet haben. Aber ... Männer und Frauen, so hat es Loriot gesagt, passen eben nicht zusammen. Und es gibt schon Situationen, wo man einfach ... eh ... so mal denkt: Oh, einmal ein bisschen rationaler denken! Allerdings haben die Frauen es echt drauf, viele Sachen gleichzeitig zu können, wo ich, wo ich sage: Hey, einmal eines nach dem anderen, nicht?! Bitte, kann ich erst das zu Ende machen? Oder, ich vergesse sonst Sachen, wenn mir zu viele Aufträge gleichzeitig kommen, bleibt irgendwas weg ... Klar, solche Unterschiede gibt es, klar."

Die Beschreibung eines als defizitär wahrgenommenen, vermeintlich weiblichen Konfliktverhaltens findet sich in diesen Tandems auch in Aussagen der weiblichen Tandempartner. Exemplarisch bei der folgenden Erzieherin, die darauf abhebt, dass Frauen Kritik häufig als persönliche Kränkung verstehen, während Männer sie rational bearbeiten würden:

Erzieherin: „Und es ist schon so, wenn man dann einer Frau sagt: Mensch, das und das fand ich ... oder ist vielleicht nicht so gut gelaufen. Oder so. Die nehmen das dann immer gleich so sehr persönlich. Und dann: Oh, die mag mich nicht. Oder irgendwie so. Und wenn man das einem Mann sagt: Ja, okay. Machen wir es irgendwie so! Die sind da irgendwie viel lockerer denn. Und das tut, denke ich, dem gesamten Team auch gut, weil man dann als Frau auch zurückschraubt irgendwann, und sagt: Ja, okay, haste recht. Und dann braucht man das gar nicht mehr so persönlich zu nehmen."

Insgesamt zeigt sich bei den Tandems, in deren Argumentation die Geschlechterdifferenz eine tragende Rolle spielt und die Ergänzung in einem gemischtgeschlechtlichen Team betont wird, dass männliche Fachkräfte als willkommenes Korrektiv in einem zuvor ausschließlich weiblichen Team gesehen werden. Die gemischtgeschlechtliche Situation erscheint hier gerade *wegen* der Differenz der Geschlechter als das Ideal.

Betonung des egalitären Rollenmodells

In anderen Tandems werden stärker die Gemeinsamkeiten von Männern und Frauen bei der pädagogischen Arbeit und im Team betont. Hier steht ein *egalitäres Rollenmodell* im Vordergrund, wie bei der bereits zitierten Erzieherin, die nicht findet, „dass die Männer unbedingt anders sind" und dass sie die „Bettwäsche ganz genauso" wechseln, wie sie Pflegemaßnahmen und Staubwischen übernehmen. Für sie reduziert sich die Bedeutung von männlichen Fachkräften in der Einrichtung im Wesentlichen darauf, dass „eben auch einmal ein Mann im Haus" ist.

Wenn in diesen Tandems konkrete Aufgabenteilungen, Vorlieben und Abneigungen zur Sprache kommen, werden diese zumeist in erster Linie auf situative Faktoren oder die ‚Persönlichkeit' der Handelnden zurückgeführt oder es wird auf den flexiblen Wechsel bei der Zuordnung von Aufgaben verwiesen: „Wir teilen uns rein ... jeder macht alles einmal."

Aussagen über als geschlechtstypisch interpretierbare Unterschiede in Neigungen und Vorlieben werden in diesen Tandems häufig anschließend wieder zur Gleichheit nivelliert, um den Eindruck einer Typisierung zu vermeiden. Wird dem Mann beispielsweise von seiner Kollegin eine stereotype männliche Handlungsorientierung zugeschrieben, bemüht er sich, dies zu relativieren und sie in diese Eigenschaft mit einzubeziehen:

Erzieher: „Na, ich würde das bestätigen, was sie, die Sarah ja jetzt letztendlich, ja, subjektiv aus ihrer weiblichen Sicht sieht ... würde ich bestätigen, dass es da sicherlich Beispiele gibt, wo man da nicht so viel drüber redet, sondern erst einmal macht. Allerdings ist das auch der Punkt, wo, wo ich der Meinung bin, wo wir beide ähnlich ticken. Wir probieren beide aus. Wir muten beide zu und können auch uns eingestehen, indem wir reflektieren, dass wir auch wieder einmal einen Schritt zurückgehen."

In manchen Tandems wird im Interview auch deutlich, dass bewusst darauf geachtet wird, kein dichotomes, stereotypes Rollenmodell vorzuleben. Hier kommt dann auch deutlich eine entsprechende Philosophie der Einrichtung zum Ausdruck:

Erzieher: „Und es ist auch nicht angestrebt ... Wenn wir es bemerken würden, wären wir, - ich würde nicht sagen, richtig dazu angehalten – aber ich glaube, wir sollten darauf achten, dass es nicht passiert. Weil wir gleichberechtigt da stehen und eigentlich schon wichtig finden, dass Männer und Frauen als Bezugspunkte da sind, aber ... die Nicole schleppt genauso die schweren Holzbalken aus dem Wald oder du und macht solche Sachen und spielt auch mal Fußball. Und es ist nicht so, dass die Jungs Fußballspielen und die, und die Frauen basteln."

Die Tandempartnerin dieses Erziehers greift seine Argumentation später noch einmal auf, wobei sie selbst aber wieder auf den Geschlechterunterschied verweist und aus dieser Perspektive den Aspekt des bewusst eingenommenen alternativen Rollenvorbilds betont:

Erzieherin: „Also, ich finde es einfach auch wichtig, dass er auch hier im Haus ist, oder beziehungsweise, dass allgemein auch Männer hier im Haus sind. Weil, die Bedürfnisse gerade auch von Jungs sind ja teilweise anders als die von Mädchen und ... Männer können das doch schon ein bisschen besser nachempfinden, gerade, ja wenn das jetzt nun ... ja, der Intimbereich ist, beim Windeln oder so und dann können auch manche Kinder sagen: Ja, ich möchte das jetzt einfach nicht. Ich möchte jetzt nicht von einer Frau gewickelt werden. Also weil es denen einfach unangenehm ist oder sie haben dort irgendetwas ... Und was ich aber genauso ... also in einem anderen Bereich, was ich sehr gut auch finde, dass wir auch Männer da haben ... dass Kinder einfach lernen, dass jetzt Frauen nicht für bestimmte Rollen jetzt nur da sind, also wie zum Beispiel die Küche. Also dass der Herbert das übernimmt, finde ich einfach wirklich interessant, weil somit werden Kinder oder auch Jungs herangeführt an diese Sachen. Oder sei es das Vorlesen, dass das eben nicht nur Frauen machen, oder das Singen. Sondern, dass das genau so auch Männer übernehmen."

Vereinzelt wird dabei anknüpfend an Fachliteratur die Frage des Geschlechtsrollenbildes auch theoretisch reflektiert und darauf verwiesen, dass eindeutige Geschlechtsrollen überhaupt nicht mehr vorliegen würden. So von einer Erzieherin, die sagt: „Was es heißt, heutzutage Mann zu sein und was es heißt, heutzutage Frau zu sein, ist vielfältig. Es gibt nicht ein Rollenbild Mann, eines Frau."

Am deutlichsten ist diese reflektierte Ablehnung stereotyper Rollenvorstellungen bei einem Erzieher, der sich nicht nur persönlich im Gegensatz zum ‚typisch männlichen‘ Rollenvorbild sieht, sondern bei seiner kritischen Reflexion auch durchscheinen lässt, dass er sich in der einschlägigen Fachliteratur gut auskennt, in dem er einen Bezug zu Connell (1999) und dem theoretischen Konzept der „multiplen Männlichkeiten" herstellt:

Erzieher: „Mein Verständnis davon ist: Was Mann und Frau ... was es heißt, heutzutage Mann zu sein und was es heißt, heutzutage Frau zu sein, ist vielfältig. Es gibt nicht ein Rollenbild Mann, eines Frau ... da beziehe ich mich auf Robert Connell und diesen Begriff der ‚multiple Männlichkeiten' und das ist für mich die Grundlage. Das heißt ... ja, es gibt im allgemeinen Unterschiede, aber nicht so schwarz-weiß. Wir haben ganz verschiedene Ausprägungen von ‚Frau', wenn man möchte, und von ‚Mann'. Und manches... wenn man einzelne Aspekte anschaut, würde sich das auch überlappen, ja? Das zum Beispiel, ich als Mann, sehr oft in der Küche tätig bin, eine andere Kollegin, als Frau sehr oft im Atelier, an der Werkbank tätig ist ... Wenn man schaut, wer für Ordnung sorgt; das ist auch unterschiedlich, nicht wahr? Momentan könnte man vielleicht sagen, dass tendenziell die Männer nie unbedingt die Ordentlichsten sind . .. Ich in der Küche schon, aber es ist eher etwas Gelerntes und nicht etwas, was von mir kommt. Aber wir haben ... auch Frauen gehabt, die sehr ordentlich sind und Irene ist auch, zum Beispiel, sehr ordentlich. Aber wir haben auch Frauen denen die Ordnung, zum Beispiel, nicht unbedingt liegt. Aber auch die pädagogische Herangehensweise ... Wir haben, also, wenn es darum geht, wer klarer ist und sich durchsetzt, da haben wir bei den Männern und bei den Frauen welche. Und wer eher bisschen weicher ist ... vielleicht, wo Kinder mehr austesten, weil die das spüren; das haben wir bei den Männern genauso wie bei den Frauen."

8.5 Zusammenfassung

Die Interviews mit den Tandempartnern ergänzen die Beobachtungsperspektive auf das Verhalten der Fachkräfte in den standardisierten Situationen um die subjektive Sicht der Akteure auf ihr gesamtes Arbeitsfeld und die Zusammenarbeit in den gemischtgeschlechtlichen Teams. Diese subjektive Perspektive bestätigt unter mehreren Aspekten die über Beobachtung erhobenen Befunde und ermöglicht zugleich, diese hinsichtlich ihrer Aussagekraft für das Gesamtspektrum von Aktivitäten im Alltag einer Kindertagesstätte zu bewerten:

In allen interviewten Tandems kommen dabei zuerst einmal eine hohe Übereinstimmung in grundlegenden fachlichen Fragen und auch eine wechselseitig hohe Wertschätzung der pädagogischen Kompetenz zum Ausdruck. Insofern bestätigt sich in der subjektiven Sicht der Akteure der in der standardisierten Einzelsituation erhobene Befund, dass sich männliche und weibliche Fachkräfte im Umgang mit den Kindern bezüglich fachlicher Kriterien nicht unterscheiden.

Die Fachkräfte bestätigen aus ihrer subjektiven Perspektive vielfach auch in die in den standardisierten Situationen gefundenen Unterschiede zwischen männlichen und weiblichen Fachkräften hinsichtlich spezifischer Neigungen zu Materialien und Themen in der Einzelsituation sowie unterschiedlichen Spielprinzipien in der Gruppensituation.

Dabei erweitert sich die Perspektive auf andere Aktivitätsfelder, und es kommen auch unterschiedliche Haltungen und Neigungen hinsichtlich Risikofreudigkeit und des grobmotorischen Umgangs mit den Kindern in den Blick. Es zeigt sich aber auch, dass diesbezügliche Differenzen nur bedingt geschlechtstypisch sind, als sich unter jedem Aspekt Beispiele für Tandems finden lassen, in denen die Unterschiede zwischen den Partnern dem geschlechtstypischen Muster widersprechen. Insofern legen die Interviews als theoretische Interpretation nahe, Unterschiedsbefunde zwischen männlichen und weiblichen Fachkräften weniger auf das *Geschlecht an sich* zurückzuführen, sondern eher auf *unterschiedliche biografische Erfahrungen der Akteure.*

Darüber hinaus unterstreichen die Fachkräfte mit ihren Äußerungen den Befund eines starken Wechselwirkungseffekts, insofern immer wieder anklingt, dass die Kinder von sich aus männliche Fachkräfte zu anderen Aktivitäten animieren als weibliche Fachkräfte.

Die Reflexion der Situation männlicher Arbeitskräfte im Berufsfeld sowie der Geschlechtsrollenbilder bringt eine generell hohe Akzeptanz männlicher Fachkräfte zum Ausdruck. Diese verbindet sich mit der Auffassung, dass Männer eine willkommene und notwendige Ergänzung in einem feminin geprägten Berufsfeld sein können. Dabei werden bezogen auf die Zusammenarbeit in den Gesamtteams der Einrichtungen häufiger deutlich geschlechtsstereotype Zuschreibungen und Bewertungen vorgenommen, während solche bezüglich der pädagogischen Arbeit mit den Kindern kaum auftauchen.

9 Diskussion der Ergebnisse der Tandem-Studie: Macht das Geschlecht einen Unterschied?

9.1 Zur Aussagefähigkeit der Studie

Bislang ist die Diskussion um männliches Fachpersonal in Kindertagesein-richtungen weitgehend auf der Basis subjektiver Erwartungen und kaum gesicherter Vorannahmen geführt worden. Die Tandem-Studie schließt dies-bezüglich eine Forschungslücke und ermöglicht empirisch belastbare Aussa-gen darüber, ob sich männliche und weibliche Fachkräfte in ihrem pädagogi-schen Verhalten gegenüber Mädchen und Jungen unterscheiden.

Im Folgenden sollen die vorhergehend ausführlich dargestellten Ergebnis-se der Tandem-Studie in ihrem Zusammenhang und im Abgleich mit Befun-den anderer Untersuchungen bewertet und diskutiert werden.

Dabei ist aber zuerst angebracht, sich zu vergegenwärtigen, dass sich aus der Tandem-Studie keine Aussagen generell zu *Männern* und *Frauen* ableiten lassen. Vielmehr beziehen sich die Forschungsbefunde ausschließlich auf weibliche und männliche *Fachkräfte* in Kindertageseinrichtungen, und auch diesbezüglich ist noch einzuschränken, dass die Tandemstudie lediglich deren Umgang mit Kindern zwischen drei und sechs Jahren erfasst.

Bezogen auf dieses pädagogische Fachpersonal basieren die Ergebnisse auf einer untersuchten Stichprobe von 41 männlichen und 65 weiblichen Fachkräften. Die Begrenzung auf eine solche Stichprobengröße ist für eine methodenkombinierende und experimentell angelegte Untersuchung nicht ungewöhnlich, sondern ergibt sich aus der Komplexität des Forschungsansat-zes. Untersuchungen, die auf videografischem Material basieren und auf eine differenzierte Verhaltensanalyse abzielen, erfordern einen erheblichen Auf-wand und lassen sich mit weit größeren Fallzahlen nur schwer durchführen. Hinzu kommt, dass das der Stichprobe zugrunde gelegte Tandem-Prinzip die gezielte Suche nach Teilnehmenden erforderte und eine Zufallsauswahl der Teilnehmenden nicht realisierbar war.

Folglich sind die Ergebnisse der Tandem-Studie im statistischen Sinne nicht repräsentativ und können nur begrenzt verallgemeinert und auf die Gesamtheit der Fachkräfte in deutschen Kindertageseinrichtungen übertragen werden. Dennoch basiert die Tandem-Studie auf einer durchaus belastbaren Datenbasis, in die erstmals in nennenswertem Umfang auch männliche Fach-kräfte einbezogen sind. Für den Aussagegehalt der Ergebnisse ist zudem relevant, dass durch das Tandem-Prinzip wichtige Einflussfaktoren, wie pä-dagogische Konzeptionen und strukturelle Rahmenbedingungen für die beiden Vergleichsgruppen der männlichen und der weiblichen Fachkräfte in hohem Maße identisch und damit kontrolliert sind.

Auch wenn die Ergebnisse der Tandem-Studie im statistischen Sinne nicht als repräsentativ gelten können, liefern sie insbesondere im Abgleich mit anderen einschlägigen empirischen Untersuchungen damit doch durchaus belastbare empirische Hinweise auf die Wirkung männlicher Fachkräfte im pädagogischen Geschehen sowie generell die Bedeutung des Geschlechts in professioneller Bildung und Erziehung.

9.2 Unter fachlichen Kriterien bestehen keine Verhaltensunterschiede zwischen männlichen und weiblichen Fachkräften

Als erster zentraler Befund ergibt sich aus der Tandem-Studie, dass sich die beiden Gruppen der männlichen und der weiblichen Fachkräfte *in der Qualität ihres professionellen Verhaltens* gegenüber den Kindern *nicht* signifikant unterscheiden. Dieser Befund basiert im Wesentlichen auf der quasi-experimentellen Einzelsituation und dem Vergleich der Einschätzungen des Verhaltens der Fachkräfte hinsichtlich der erfassten fünf Dimensionen Einfühlsamkeit, Herausforderung, dialogische Interaktion, Art der Kooperation sowie Kommunikationsinhalte. Zumindest solange man das Geschlecht der Kinder außer Acht lässt, also nicht zwischen Jungen und Mädchen als Gegenüber unterscheidet, weisen die Mittelwerte bei keinem einzigen Item dieser Verhaltensdimensionen Differenzen auf, die statistisch aussagekräftig wären. Der größte Unterschied besteht hinsichtlich der Geduld gegenüber Entscheidungen des Kindes, aber auch hier ist die Differenz nicht signifikant. Bezogen auf alle fünf erfassten Dimensionen sind insgesamt die Verhaltensunterschiede innerhalb der beiden Geschlechtergruppen größer als die Differenz der Mittelwerte zwischen ihnen.

Dieser Befund spricht zuerst einmal dafür, dass das Geschlecht der Fachkräfte *an sich* keinen nachweisbaren Einfluss darauf hat, wie diese sich unter pädagogischen Gesichtspunkten gegenüber Kindern zwischen drei und sechs Jahren verhalten.

Dass dieses Ergebnis durchaus belastbar ist und nicht nur Besonderheiten der Stichprobe abbildet, zeigt sich daran, dass in den wenigen anderen Untersuchungen, die bezogen auf Fachkräfte in Kindertagesstätten einen direkten Geschlechtervergleich vorgenommen haben, zumeist ähnliche Befunde auftreten. So konnten beispielsweise Aigner et al. (2013) ebenfalls nur geringfügige Unterschiede zwischen männlichen und weiblichen Fachkräften ausmachen. Und Wolter et al. (2014) fassen das Ergebnis ihrer Studie, in der sie dem Effekt des Geschlechts der Fachkräfte auf die Kompetenzentwicklung der Kinder nachgegangen sind, dahingehend zusammen, „dass es nicht das biologische Geschlecht der pädagogischen Fachkräfte an sich" sei, das sich auf die Kompetenzentwicklung der Kinder auswirke und diesbezügliche Unterschiede zwischen Mädchen und Jungen erkläre (Wolter et al. 2014, S.64). Auch die kürzlich publizierte Untersuchung aus der Türkei von Sak et al. (2015) kommt bezogen auf Strategien des Verhaltensmanagements und basierend auf Selbstauskünften der Fachkräfte zu dem Befund, dass es keine signifikanten Unterschiede zwischen Erziehern und Erzieherinnen gibt.

Bezieht man zusätzlich die einschlägige Schulforschung mit ein, so zeigt sich auch hier eine durchaus ähnliche Befundlage: Bezogen auf Deutschland konnte bislang in verschiedenen Studien kein Zusammenhang zwischen dem Geschlecht der Lehrkräfte und der pädagogischen Qualität der Arbeit mit Schülerinnen und Schülern nachgewiesen werden (vgl. Faulstich-Wieland 2011).

Vor diesem Hintergrund spricht einiges dafür, dass wir es hier mit einem empirisch gut gesicherten Ergebnis zu tun haben: Zumindest hinsichtlich des ‚wie' der Tätigkeit und professioneller pädagogischer Qualität bestehen keine signifikanten und damit bedeutsamen Unterschiede zwischen männlichem und weiblichem Fachpersonal. In der Konsequenz heißt das, dass ausgebildete männliche Fachkräfte in Kindertageseinrichtungen qualitativ genauso gut wie weibliche Fachkräfte zur Entwicklung der Kinder beitragen können. Gleichzeitig unterstreicht dieser Befund aber auch, dass sie es keineswegs besser machen, nur ‚weil sie Männer sind'. Insofern entfällt letztlich die empirische Basis für eine Kopplung der Qualitätsdiskussion in der Pädagogik mit der Geschlechterfrage. Mit dieser Botschaft können die Ergebnisse der Tandem-Studie vielleicht dazu beitragen, dass eine „überschießende Vergeschlechtlichung der Qualitätsentwicklungsdebatte", wie beispielsweise Lotte Rose (2015) sie befürchtet, verhindert und die Diskussionen um Männer in Kitas versachlicht werden.

Bemerkenswert und deshalb noch gesondert hervorzuheben ist, dass die Ergebnisse der Tandem-Studie darüber hinaus die vor bindungstheoretischem Hintergrund vielleicht naheliegende Annahme *nicht* bestätigen, dass analog zu elterlichem Bindungsverhalten auch in professioneller Erziehungstätigkeit Frauen eher eine feinfühlige, bindungsfördernde Haltung zeigen und Männer eine stärker herausfordernde, explorationsfördernde. In der standardisierten Einzelsituation sind weder die weiblichen Fachkräfte signifikant einfühlsamer, noch die männlichen herausfordernder. Dieser vielleicht überraschende Befund könnte dem grundsätzlichen Unterschied zwischen elterlichem und professionellem Erziehungsverhalten geschuldet und ein durchaus wünschenswerter Effekt professioneller Ausbildung sein. Hierzu bedarf es aber noch weitergehender gezielter Forschung.

9.3 Die Fachkräfte gehen mit Jungen anders um als mit Mädchen

Als ein weiterer Befund ergibt sich insbesondere aus der Analyse der Ratings der standardisierten Einzelsituationen, dass die Fachkräfte der Stichprobe *mit Jungen anders umgehen als mit Mädchen.* Am deutlichsten ist dies hinsichtlich der Dimension der ‚Kommunikationsinhalte': Mit Jungen wird in höherem Maße sachlich-gegenstandsbezogen und funktional kommuniziert, mit Mädchen dagegen eher persönlich-beziehungsorientiert bzw. narrativ und assoziative Phantasien einschließend. Darüber hinaus bestehen bemerkenswerte Unterschiede in der Art der Kooperation: Mit Jungen wird häufiger in kontinuierlicher Abstimmung an einem gemeinsamen Projekt gearbeitet, während mit Mädchen häufiger parallele Teilprojekte bei nur partieller Abstimmung entstehen.

Diese Unterschiede im Umgang mit Mädchen und Jungen finden sich in ähnlicher Form sowohl bei den männlichen wie bei den weiblichen Fachkräften. Auf Seiten der weiblichen Fachkräfte der Stichprobe ist die Neigung, Mädchen und Jungen unterschiedlich zu behandeln, lediglich etwas ausgeprägter und bei mehr Items signifikant.

Auch dieses Ergebnis der Tandem-Studie bestätigt, was sich bezogen auf Erzieherinnen und ihre Beziehung bzw. ihr Verhalten gegenüber Jungen und Mädchen in anderen Untersuchungen zumindest schon angedeutet hat (vgl. Rohrmann 2009). Zudem entspricht es der in entwicklungspsychologischen Untersuchungen gefundenen Tendenz von Eltern, ihre Söhne und Töchter unterschiedlich zu behandeln. Im familiären Zusammenhang ist dies aufseiten der Väter deutlicher ausgeprägt als aufseiten der Mütter (vgl. Siegal 1987). Dass es in der Tandem-Studie nicht die männlichen, sondern die weiblichen Fachkräfte sind, die sich gegenüber Mädchen und Jungen stärker unterschiedlich verhalten, könnte einerseits damit zusammenhängen, dass bei den Untersuchungen von Vätern und Müttern andere Verhaltensqualitäten erfasst wurden als in der standardisierten Einzelsituation der Tandem-Studie. Andererseits könnte in dem Befund der Tandem-Studie aber auch zum Ausdruck kommen, dass den männlichen Fachkräften aufgrund ihrer eigenen Rolle als geschlechtlicher Minorität („token"-Situation, vgl. Kanter 1997, Heintz & Nadai 1998) entsprechende Aspekte ihrer Arbeit bewusster sind und sie deshalb im Umgang mit den Kindern eine höhere Sensibilität für geschlechtliche Ungleichbehandlung zeigen. Aber auch dies bedarf letztlich weiterer Forschungen.

Hinsichtlich des unterschiedlichen Umgangs mit Mädchen und Jungen bleibt erklärungsbedürftig, warum sowohl männliche wie weibliche Fachkräfte in der standardisierten Einzelsituation mit Jungen deutlich häufiger an gemeinsamen Projekten arbeiten, mit Mädchen hingegen an parallelen Teilprojekten. Dies ist ein auf den ersten Blick überraschender Befund, für den aber die Analyse der in der Einzelsituation genutzten Materialien und Werkzeuge eine simple Erklärung liefert: Jungen greifen nämlich entschieden häufiger als Mädchen zu Hammer, Zange und Nägeln oder zur Heißklebepistole. Mädchen wiederum bevorzugen beispielsweise Farbstifte. Farbstifte aber sind ungefährlich und verleiten eher zu parallelem Arbeiten, während die Fachkräfte beim Einsatz von Hammer und Heißklebepistole zu stärkerer Kontrolle und Begleitung der Aktivität des Kindes neigen und deshalb auch mit Jungen häufiger gemeinsame Aktivitäten bei kontinuierlicher Abstimmung realisieren. Offensichtlich geht also der Unterschied in der Arbeitsteilung mit Mädchen und Jungen nicht auf einen wie auch immer unmittelbaren Geschlechtseffekt zurück, sondern ist Folge geschlechtsspezifisch unterschiedlicher Neigungen insbesondere der Kinder hinsichtlich des Gebrauchs von Material und Werkzeugen.

9.4 Geschlechtsspezifische Neigungen bestehen hinsichtlich Materialien und Themen

Aufgrund der multiplen Materialvorgabe und freien Themenwahl liefert die standardisierte Einzelsituation in der Tandem-Studie neben Befunden zur fachlichen Qualität des Verhaltens der Fachkräfte auch Erkenntnisse über die in der Interaktion mit den Kindern realisierten *Themen und eingesetzten Materialien.*

Dabei ergibt sich aus den Analysen der Materialauswahl und der entstandenen Produkte ein deutlicher Befund offenbar *geschlechtstypischer Neigungen*: Signifikant ist auf Seiten der weiblichen Fachkräfte der häufigere Griff insbesondere zu Perlen und farbigem Biegeplüsch, und auf Seiten der männlichen der zu metallenen Unterlegscheiben. Noch deutlicher ist die Differenz zwischen männlichen und weiblichen Fachkräften, wenn man die Produkte, die im Zusammenspiel von Kind und Erwachsenem in der Einzelsituation entstehen, nach Subjekten und Objekten unterscheidet. Hier zeigen sich durchaus geschlechtsstereotype Muster der Themenwahl, wobei sich die Vorlieben der Fachkräfte und die der Kinder weitgehend zu entsprechen scheinen. Folglich besteht der größte und statistisch signifikante Kontrast zwischen den gleichgeschlechtlichen Konstellationen Mann/Junge und Frau/Mädchen: Während bei Ersterer in zwei Dritteln der Fälle Objekte entstehen, sind es in Letzterer zu zwei Dritteln Subjekte. Anschließend an Aigner et al. könnte man diesbezüglich von einem „Mann-Junge-Effekt" (2013, S.110) sprechen und einen vergleichbaren „Frau-Mädchen-Effekt" konstatieren.

Die standardisierte Situation spiegelt zwar nur einen kleinen Ausschnitt aus dem pädagogischen Alltag wider, die hier zum Ausdruck kommenden Neigungen werden in den Reflexionen der Fachkräfte in den Interviews aber insofern bestätigt, als beispielsweise häufig die Vorliebe der Männer für Holz und größeres Baumaterial betont wird. Dies wird ergänzt durch Hinweise der Tandem-Partner auf die höhere Affinität männlicher Fachkräfte zu rauem, grobmotorischem Spiel sowie die bei Männern und Frauen unterschiedlich ausgeprägte Risikobereitschaft.

Auch diesbezüglich finden sich in der Tendenz ähnliche Befunde in anderen Untersuchungen: So registriert Rohrmann (2009) in seiner Auswertung verschiedener Interview-Studien, dass unterschiedliche Neigungen männlicher und weiblicher Fachkräfte zu grobmotorischem und risikoreicherem Spiel zum Ausdruck kommen. Und Wolter et al. (2014) stellen auf der Basis von Aussagen weiblicher Fachkräfte bei diesen eine Tendenz zu femininen geschlechtstypischen Aktivitäten fest, mit denen Mädchen stärker angesprochen werden. Die Verhaltensbeobachtungen einschließende Studie von Aigner et al. (2013) registriert hingegen eine besondere Interaktionsform zwischen Jungen und männlichen Fachkräften: Die männlichen Fachkräfte werden von Jungen bevorzugt zu grobmotorischen Aktivitäten herausgefordert, während dies gegenüber weiblichen Fachkräften seltener sichtbar wird und auch die Mädchen diese Tendenz nur abgeschwächt zeigen (vgl. ebd., S. 81).

Zusammengenommen zeigt sich in der Tandem-Studie so zwar hinsichtlich des ‚wie‘ – also der Art und Weise des pädagogischen Handelns – kein Unterschied zwischen männlichen und weiblichen Fachkräften. Anders ist dies aber hinsichtlich des ‚was‘ der gemeinsamen Aktivität, der Themen und der bevorzugten Materialien. Hier kommen geschlechtsstereotype Muster zum Ausdruck, wobei die Neigungen und Vorlieben der männlichen und weiblichen Fachkräfte mit denen von Jungen und Mädchen korrespondieren.

Dieses Ergebnis dürfte für den Alltag in Kindertageseinrichtungen insofern von hoher Bedeutung sein, als die Annahme nahe liegt, dass sich derartige Vorlieben und Neigungen der Fachkräfte auf die gesamte Angebotsstruktur in den Einrichtungen und bis in deren räumliche Ausgestaltung auswirken. In diesem Zusammenhang ist auf eine kürzlich abgeschlossene Untersuchung von Julia Nentwich, Franziska Vogt, Wiebke Tennhoff und Stefanie Schälin (2014) zu verweisen, die auf Basis einer ethnographisch orientierten Untersuchung (u.a. mit fotographisch dokumentierten Raumanalysen und videogestützten Alltagsbeobachtungen) in 20 Deutschschweitzer Kindertageseinrichtungen[24], eine deutlich „weibliche Kultur“ in den Einrichtungen belegen:

---

[24] In dieser Untersuchung wird von „Kinderkrippen“ gesprochen; damit sind kantonsabhängig und im Unterschied zum Deutschen Verständnis aber auch Einrichtungen gemeint, in denen Kinder bis zum Schulalter und zum Teil auch darüber hinaus (Hort) betreut werden.

„Die räumliche Ordnung zementiert hier weitestgehend ein traditionelles Geschlechterbild. So sind z. B. die räumlichen Angebote in Krippen so angelegt, dass stereotyp weibliche Tätigkeiten im Vordergrund stehen und klar von stereotyp männlichen Bereichen unterschieden werden. Während es z. B. in allen Krippen einen Bastelbereich gibt, ist ein Werkbereich nur in Ausnahmen zu finden und wird stets vom Bastelbereich räumlich unterschieden, auch ist die Häufigkeit der Nutzung unklar. Diese klare räumliche Trennung gilt auch für Puppenstuben und Bauecken. Zudem dominiert im Bereich des Rollenspiels die häusliche Situation, während Settings, die sich beispielsweise an Berufen orientieren, kaum zu finden sind. Ähnliches gilt für die zur Verfügung gestellten Materialien. So fanden wir z. B. kaum Bereiche des grossen Rollenspiels, die über die Einrichtung einer Puppenecke (im Sinne einer der häuslichen Situation nachempfundenen Ausstattung mit Herd, Puppenbett, Sitzecke o. ä.) hinausgingen, auf den Fotos sind, ausser einem Bauernhof-Themenzimmer und einer Baustelle, kaum andere Ecken für das grosse Rollenspiel zu finden. Die Requisiten sind für das Rollenspiel der Kinder wichtig, da sie bestimmte Betätigungsformen und Spiele implizieren. Auch hier wirkt das Angebot der analysierten Kitas jedoch beschränkend: In den Puppenecken fehlen Verkleidungsgegenstände für Männer, die Kinderbetreuung und Haushalt übernehmen, und Gegenstände für Frauen und Männer, die im Haus Reparaturen übernehmen oder aber erwerbstätig sind, während Requisiten, die weibliche, haushaltsnahe Rollen implizieren, häufig zu finden sind" (Nentwich et al. 2014, S.4).

Es fällt nicht schwer, diese Beschreibung von Angebotsstrukturen auf den Befund der Tandem-Studie hinsichtlich unterschiedlicher Affinitäten männlicher und weiblicher Fachkräfte zu geschlechtlich konnotierten Materialien und Thematiken zu beziehen. Dass sich die wenigen männlichen Fachkräfte, die in der Schweizer Untersuchungsstichprobe erfasst sind, in dieser feminin konnotierten Umgebung zumeist in „Nischen" der Einrichtungen, wie Waldgruppe oder Werkbank, wiederfinden (Nentwich et al. 2014, S. 5), ist ebenfalls ein Befund, der aufgrund der Ergebnisse der Interviews der Tandem-Studie nicht überrascht.

9.5 ‚Doing gender' in konkreten Interaktionen

Die in der Tandem-Studie zusätzlich durchgeführten qualitativen Analysen der standardisierten Einzel- und Gruppensituationen erlauben ergänzend zum eigentlichen Geschlechtervergleich auch eine empirische Untersetzung dessen, was theoretisch als ‚doing gender' bezeichnet wird und auf die implizite Konstruktion von Geschlecht in alltäglichen Handlungsbezügen abzielt.

Dabei erweist sich die geschlechtliche Dimension als ein – im hermeneutischen Sinne – impliziter ‚Subtext' des Handlungsgeschehens, der sich Betrachtern lediglich punktuell erschließt durch zumeist kurze, aber emotional verdichtete Interaktionssequenzen. Anhand solcher Schlüsselszenen wird beispielhaft nachvollziehbar, dass und wie in der Interaktion zwischen Fachkräften und Kindern eine geschlechtliche Dimension mitschwingt, auch wenn bei oberflächlicher Betrachtung über weite Strecken des Handlungszusammenhangs keine explizit geschlechtliche Thematik feststellbar ist. Dabei wird die geschlechtliche Bedeutungsebene in den Schlüsselszenen dadurch manifest, dass sie entweder mehr oder minder explizit verbalisiert wird oder es taucht ein Zusammenhang mit geschlechtlich konnotierter Symbolik auf (z.b. Ritterburg, Indianer, Rapunzels Haar, Perlenkette).

Auch bezogen auf die *Gruppensituationen* lassen sich solche Schlüsselszenen identifizieren. Vergleichbar der Einzelsituationen sind auch in der Gruppe in diesen Szenen die Fachkräfte zumeist besonders involviert und lassen sich von den Kindern in das Geschehen hineinziehen. Bezogen auf die dokumentierten Gruppenprozesse ist das am stärksten differenzierende Merkmal der Umgang mit dem *Wettkampfcharakter* des vorgegebenen Spiels. Hier neigen die weiblichen Fachkräfte häufiger dazu, die Wettkampfsituation in eine choreographische Darstellung umzuwandeln, während die männlichen Fachkräfte eher die Wettbewerbssituation mit Gewinnen und Verlieren fördern. Diese Tendenzen korrespondieren mit den von Mädchen bzw. Jungen bevorzugten Spielprinzipien, so dass sich auch diesbezüglich eine größere intuitive Nähe der weiblichen Fachkräfte zu Haltungen und Vorlieben von Mädchen und analog eine stärkere Affinität der männlichen Fachkräfte zu Neigungen von Jungen andeuten. Dies könnte u.a. auch eine Erklärung sein für die von Ahnert (2004, S. 273) registrierten Schwierigkeiten von Erzieherinnen mit dem maskulinen Verhalten von Jungen in ihren Peergruppen.

9.6 Die aktive Rolle der Kinder und der Einfluss ihres Geschlechts

Eine grundlegende Erkenntnis aus der Tandem-Studie ist, dass es wenig Sinn macht, nach Wirkungen des Geschlechts der Fachkräfte zu fragen, ohne zugleich das Geschlecht der Kinder in den Blick zu nehmen. Hierauf verweisen sowohl die vergleichenden statistischen Analysen von Verhaltensmerkmalen als auch die Analysen von Materialauswahl und entstandenen Produkten und nicht zuletzt die qualitativen Analysen von Schlüsselszenen. Dass dabei die statistischen Befunde sogar in höherem Maße vom Geschlecht der Kinder als vom Geschlecht der Fachkräfte beeinflusst zu sein scheinen, dürfte unseres Erachtens nach damit zusammen hängen, dass sich die männlichen wie die weiblichen Fachkräfte aus ihrer professionellen Haltung heraus an den Kindern und deren Interessen orientieren.

Die Kinder treten aber nicht quasi ‚geschlechtsneutral' in die Interaktion ein. Vielmehr besitzen sie aufgrund kultureller Einflüsse und ihrer familiären Vorerfahrungen bereits eigene geschlechtstypische Präferenzen, die sie auch als Erwartungshaltungen an das Fachpersonal in Kindertageseinrichtungen herantragen. Wir haben es also mit einem *Wechselwirkungsgeschehen* zu tun, bei dem sich die Fachkräfte zwar am Kind orientieren, die Kinder ihrerseits aber auch „von sich aus einen Unterschied zwischen den Fachkräften machen", wie schon Aigner et al. (2013, S. 111) festgestellt haben. Vermutlich orientieren sich beide, Kind wie erwachsene Fachkraft, in der Interaktion am anderen und bringen beidseitig auch geschlechtsspezifische Neigungen und Vorlieben ein, die sich wechselseitig verstärken oder neutralisieren können, je nachdem, ob sie vom Gegenüber aufgegriffen oder ignoriert werden. Diese wechselseitige Beeinflussung dürfte dafür verantwortlich sein, dass die deutlichsten Unterschiede (beispielsweise hinsichtlich der in den Einzelsituationen entstandenen Produkte) zwischen den gleichgeschlechtlichen Konstellationen, also Mann-Junge und Frau-Mädchen, auftreten.

Auch diese Erkenntnis lässt sich durch Befunde aus anderen Untersuchungen untersetzen: So stellen Aigner et al. (2013, S. 103) fest, dass Jungen „im Vergleich zu Mädchen zuhause deutlich häufiger von der männlichen Fachkraft" berichten. Blank-Matthieu (2008) schließt auf Basis von Beobachtungen und narrativen Interviews mit Kindern, dass sich Jungen überwiegend an Modellen des eigenen Geschlecht orientieren, im Kindergarten aus Mangel an Männern vor allem an anderen Jungen (vgl. ebd., S. 350). Und auch Harris und Barnes (2009) kommen aufgrund von Untersuchungen in australischen Kindergärten zu dem Schluss, dass Jungen und Mädchen die Beziehung zu Erwachsenen des gleichen Geschlechts bevorzugen.

9.7 Auswirkungen auf die Entwicklung der Kinder

Die Tandem-Studie ist auf das Verhalten der pädagogischen Fachkräfte fokussiert und erlaubt kaum Aussagen darüber, welchen Einfluss dieses letztlich auf die Kinder, ihr Erleben sowie ihre Kompetenzen und deren Entwicklung hat. Auch in der sonstigen Fachliteratur finden sich hierüber kaum empirisch begründete und somit belastbare Aussagen. Es gibt lediglich vereinzelte Hinweise, wie den von Wolter et al. (2014), die auf Grundlage ihrer Untersuchung die unterschiedliche Bindungsqualität zu Jungen und Mädchen und die effektivere Lernunterstützung von Mädchen durch Erzieherinnen direkt mit der Geschlechtstypik der Angebote in Zusammenhang bringen:

„... unsere weiblichen Fachkräfte waren genauso effektiv in der Unterstützung individuellen Lernens von Jungen und Mädchen, sofern sie darauf achteten, nicht überwiegend geschlechtstypisch weibliche Aktivitäten anzubieten, sondern im gleichen Umfang geschlechtstypisch männliche Aktivitäten" (ebd., S. 64).

Auch wenn dieser Befund sich nur auf weibliches Fachpersonal bezieht, spricht er doch dafür, dass die in der Tandem-Studie zum Ausdruck kommenden Neigungen der Fachkräfte zu geschlechtstypischen Aktivitäten und Materialien von Relevanz ist für die Lernmotivation und damit auch die Lernerfolge der Kinder.

Darüber hinaus wird durch die qualitativen Analysen von Schlüsselszenen der Einzel- und Gruppensituationen der Tandem-Studie zumindest beispielhaft nachvollziehbar, dass und wie in der Interaktion zwischen Fachkräften und Kindern eine geschlechtliche Dimension mitschwingt – selbst wenn diese ansonsten eher implizit und im Hintergrund bleibt. Bemerkenswert ist, dass diese Schlüsselszenen gerade in gleichgeschlechtlichen Konstellationen häufig eine besondere emotionale Verdichtung aufweisen.

Zwar haben wir nur wenig gesichertes Wissen darüber, was dabei in den Kindern vor sich geht, was sie wahrnehmen und empfinden und ob und wie derartige Erfahrungen sie hinsichtlich ihrer weiteren Entwicklung und insbesondere auch ihres geschlechtlichen Selbstbildes beeinflussen. Lerntheoretische Überlegungen sprechen aber dafür, dass die in diesen Schlüsselszenen greifbare beidseitige Begeisterung und der emotionale Gleichklang zwischen den Akteuren besonders intensive und nachhaltige Lernerfahrungen auf Seiten der Kinder bewirken (vgl. Klusemann 2008).

9.8 Authentizität, Professionalität und Rollenvorbild

Hinsichtlich der Bedeutung der pädagogischen Fachkraft als Person liefert die Tandem-Studie als zusätzlichen Befund, dass in Schlüsselszenen mit manifest geschlechtlicher Konnotation die Erzieher oder Erzieherinnen häufig intuitiv und spontan agieren. Gerade in diesen häufig emotional verdichteten Szenen scheinen sie sich mehr von eigenen Neigungen leiten zu lassen als von professionellen Gesichtspunkten. Und sie bedienen dabei auch klischeehafte Geschlechtsmuster, selbst wenn sie sich diesen gegenüber in der Reflexion (im Tandem-Interview) kritisch äußern. In den Ratings der Einzelsituationen finden sich bezogen auf derartige Sequenzen deshalb auch vielfach niedrige Bewertungen hinsichtlich wichtiger Items zur pädagogischen Qualität. Folglich kann man pointiert formulieren, dass die geschlechtliche Dimension der Interaktionsbezüge häufig ‚quer' zu fachlichen Verhaltensstandards oder sogar konträr zu ihnen auftaucht. Geschlechtliche Konnotationen scheinen also eher mit *authentischem* als mit *professionellem* Verhalten verbunden zu sein.

Mit diesem Hinweis ist eine Diskussion berührt, die letztendlich die ganze Geschichte der Pädagogik begleitet. Dabei ist grundsätzlich kaum strittig, dass für gelingende pädagogische Beziehungen ein authentisches Gegenüber unverzichtbar ist. Wie aber Hans Thiersch (2013) beispielsweise betont, darf Authentizität nicht mit Lebensauthentizität verwechselt werden, sondern muss immer mit einer pädagogischen Intention verbunden und auf das Interesse am Werden und der Entfaltung des Gegenübers ausgerichtet sein. Über solche allgemeinen Bestimmungen hinaus ist das fachwissenschaftliche Terrain aber noch wenig abgesichert: Diskussionen um die Rolle der ‚Lehrerpersönlichkeit‘, ausgelöst durch die Studie des Neuseeländischen Erziehungswissenschaftlers John Hattie (2009), haben erst begonnen und nach wie vor besteht hinsichtlich des Einflusses persönlicher Merkmale auf das pädagogische Geschehen und auf Lerneffekte noch ein erheblicher Forschungsbedarf.

Insofern ist es nicht zufällig, dass ‚Authentizität‘ in der Qualitätsdiskussion über frühkindliche Bildung und Erziehung derzeit bestenfalls eine untergeordnete Rolle spielt. Auch in der Ratingskala der Tandem-Studie taucht diese Dimension pädagogischen Handelns nicht auf. Vielmehr sind es die zusätzlich zum Rating durchgeführten qualitativen Analysen des Geschehens in den standardisierten Situationen, die die Frage nach der Authentizität von Pädagoginnen und Pädagogen aufwerfen. Erst hier wird deutlich, dass gerade Szenen, in denen die Fachkräfte sich in das Geschehen mit den Kindern hineinziehen lassen und in denen sie spontan und für Beobachter besonders ‚authentisch‘ handeln, eine hohe emotionale Dichte aufweisen sowie ein ausgeprägtes Engagement aufseiten der Kinder.

Die Frage der ‚Authentizität‘ berührt in ihrem geschlechtlichen Aspekt zudem eine Kontroverse in der Diskussion über Männer als Fachkräfte in Kindertagesstätten, die sich an der Frage festmacht, welche Art von ‚Männlichkeit‘ Erzieher repräsentieren sollen. In der Fachdiskussion wird dies zumeist ideologisch aufgeladen und zugespitzt auf die Scheinalternative ‚Geschlechtergegensatz‘ versus ‚Geschlechtergleichheit‘ diskutiert (vgl. Keller 2015). In den Tandem-Interviews zeigt sich, dass die Fachkräfte nur bedingt hieran anknüpfen. Zwar zeigen sich Argumentationsmuster, bei denen entweder der Geschlechtsunterschied oder die Geschlechtergleichheit im Vordergrund stehen, die Aussagen sind aber zumeist von alltagstheoretischen ‚Normalitätsvorstellungen‘ geprägt und zugleich von einer hohen Toleranz gegenüber individuellen Interpretationen der Geschlechtsrollen. Vermutlich ist dies auch eine für Praktiker adäquate Herangehensweise, insofern sie der eigenen Authentizität dient und im Alltagshandeln vom Anspruch einer auf ein bestimmtes Geschlechterbild verengten Vorbildfunktion entlastet. In diesem Sinne formuliert es auch Owen, wenn er bezüglich männlicher Fachkräfte darauf hinweist:

„Wir müssen erkennen, dass es nicht eine singuläre Männlichkeit gibt, die ein Mann vollständig repräsentieren kann, sondern viele und dass Männer ihre Männlichkeit in unterschiedlicher Form darstellen werden" (Owen 2003, o. S.).

Dessen ungeachtet bleibt aber als Erkenntnis aus den qualitativen Analysen festzuhalten, dass den Fachkräften die geschlechtliche Dimension ihres Tuns häufig nur begrenzt bewusst ist. Selbst wenn sie im Interview klischeehafte Geschlechtsmuster kritisch reflektieren, unterlaufen den Fachkräften im direkten Umgang mit den Kindern und insbesondere bei starker Involviertheit in das Geschehen – quasi ‚unter der Hand' – vielfach geschlechtsstereotype Konnotationen.

Insofern bestätigen sich kritische Nachfragen in der Fachdiskussion (vgl. MacNaughton 2000, Browne 2004, Rohrmann 2009), die darauf fokussieren, dass die Fachkräfte ihre eigenen geschlechtstypischen Vorlieben sowie die der Kinder nicht hinreichend reflektieren. Gerade wenn man in Rechnung stellt, dass Kinder aufgrund ihrer familiären und kulturellen Vorerfahrungen von sich aus dazu neigen, geschlechtsstereotype Erwartungen an die Fachkräfte heranzutragen, sind diese gefordert, ihre eigenen Haltungen und Vorlieben zu reflektieren und kritisch zu hinterfragen.

9.9 Macht das Geschlecht den Unterschied?

Die Ergebnisse der Tandem-Studie ergeben für den Vergleich männlicher und weiblicher Fachkräfte ein differenziertes Bild: Hinsichtlich von Standards pädagogischen Verhaltens lässt sich keinerlei Einfluss des Geschlechts nachweisen. Dagegen zeigen sich Unterschiede zwischen männlichen und weiblichen Fachkräften, wenn man Vorlieben und Neigungen hinsichtlich Materialien, Themen und Spielprinzipien in den Blick nimmt.

Aber auch dort, wo sich Unterschiede zwischen männlichen und weiblichen Fachkräften zeigen, bedeutet dies nicht zwangsläufig, dass es das *Geschlecht* ist, das ‚den Unterschied macht'. Hier ist in der Tat kritisch zu fragen, ob die Frage nach dem Geschlechtsunterschied nicht schon eine Erwartung transportiert, die die Interpretation des Befundes vorbestimmt.

Mit anderen Worten: Unterschiede im Verhalten männlicher und weiblicher Fachkräfte implizieren nicht zwingend, dass es das Geschlecht *per se* ist, das diese Unterschiede ursächlich bedingt. Zumindest ist nicht auszuschließen, dass es neben dem Geschlecht noch andere Variablen gibt, die zu diesen Verhaltensunterschieden beitragen.

In der Tandem-Studie wurde versucht, derartige Variable möglichst weitgehend zu kontrollieren. Bezogen auf Rahmenbedingungen des pädagogischen Handelns und pädagogische Konzeptionen ist durch die Tandemkonstruktion der Stichprobe eine solche Kontrolle gegeben. Auch hinsichtlich Alter, fachlicher Qualifikation und Berufserfahrung kann wegen der nur geringfügigen Unterschiede zwischen den Vergleichsgruppen ebenfalls ein relevanter Effekt ausgeschlossen werden.

Kaum kontrollierbar ist dagegen der Effekt, der sich daraus ergibt, dass sich die männlichen Fachkräfte hinsichtlich ihres Geschlechts zumeist in einer deutlichen Minderheitsposition in ihren Einrichtungen befinden. Diese Minderheitsposition könnte zu einer besonderer Sensibilität der männlichen Fachkräfte hinsichtlich der Dimension ‚Geschlecht' führen und einige Befunde (wie die geringer ausgeprägte Neigung der Männer, Mädchen und Jungen unterschiedlich zu behandeln) beeinflusst haben.

Nicht im Sinne einer Beeinflussung der empirischen Befunde, dafür aber hinsichtlich hieraus abzuleitender theoretischer Schlussfolgerungen dürfte gravierender sein, dass die biographischen Erfahrungen der Fachkräfte in Konzeption und Design der Tandem-Studie nicht als eine eigenständige Variable berücksichtigt sind. Sie können bei einer Stichprobe dieser Größe auch nur schwer angemessen in ihrer jeweils individuellen Besonderheit erfasst werden. Lediglich einige Interviews geben hierzu Hinweise, insofern sich im Einzelfall ein Zusammenhang zwischen der Bevorzugung bestimmter Aktivitäten und biographischen Erfahrungen andeutet. Exemplarisch hierfür ist die Interviewsequenz, in der eine Erzieherin ihre Vorliebe für grobe Materialien wie Holz darauf zurückführt, dass sie selbst als Kind im Umfeld der Werkstatt von Vater und Großvater aufgewachsen ist (vgl. Kapitel 8.1.5).

Vor diesem Hintergrund drängt sich die theoretisch relevante Frage auf, ob es wirklich das Geschlecht ist, das hier ‚den Unterschied macht', oder ob es nicht vielmehr die unterschiedlichen biographischen Erfahrungen sind, die sich in geschlechtstypischen Neigungen und Vorlieben der Fachkräfte niederschlagen. Für letztere Annahme würde die Erkenntnis biographisch orientierter Geschlechterforschung sprechen, dass ein Zusammenhang zwischen Geschlecht und Biographie existiert (Dausien 1996, Krüger 2008), insofern Frauen aus strukturellen Gründen in ihrem Lebensalltag überwiegend andere Erfahrungen machen als Männer. In diesem Sinne würden sich dann männliche Fachkräfte hinsichtlich der Neigung zu spezifischen Aktivitäten und Tätigkeitsfeldern nicht deshalb von ihren Kolleginnen unterscheiden, weil sie Männer sind, sondern weil sie vor dem Hintergrund anderer (und mit vielen Männern geteilter) biographischer Erfahrungen agieren.

Auf Basis der Tandem-Studie und anderer einschlägiger Untersuchungen ist es genau genommen nur möglich, Unterschiede im Verhalten männlicher und weiblicher Fachkräfte bezüglich Material, Themen und Spielprinzipien zu belegen. Ob es wirklich das Geschlecht ist, das diese Differenzen bedingt oder ob es vielmehr die unterschiedlichen biographischen Erfahrungshintergründe sind, die aus einer in vielen Bereichen immer noch geschlechtlich strukturierten Alltagswelt herrühren, muss offen bleiben und verweist auf noch bestehende Forschungsaufgaben.

Aber letztlich ist dies (nur) eine theoretische Frage. Für die Kinder und ihre Entwicklung dürfte es weitgehend unbedeutend sein, ob sich die ihnen gegenüber tretenden Erwachsenen aufgrund ihres Geschlechts oder aufgrund ihrer biographischen Erfahrungen unterschiedlich verhalten.

9.10 Schlussfolgerungen aus den Ergebnissen der Tandem-Studie

Führt man alle Einzelbefunde aus den standardisierten Einzel- und Gruppen-situationen sowie den Interviews der Tandem-Studie zusammen, ergibt sich ein weitgehend konsistentes Bild: Männliche und weibliche Fachkräfte unterscheiden sich nicht in der pädagogischen Qualität des Umgangs mit Kindern. Männliche Fachkräfte kommen aber eher der Vorliebe von Jungen zu gröberen Materialien, grobmotorischen Aktivitäten und Wettkampf entgegen, weibliche Fachkräfte der Neigung von Mädchen für feinmotorische Aktivitäten und darstellendes Spiel.

Ungeachtet der offen bleibenden theoretischen Frage, ob es letztlich das Geschlecht ist, das Unterschiede zwischen männlichen und weiblichen Fachkräften bedingt, lässt sich aus diesen Ergebnissen der Tandem-Studie der begründete Schluss ziehen, dass es offenbar unter einigen Aspekten durchaus relevant ist, ob den Kindern ein Mann oder eine Frau als pädagogische Fachkraft gegenüber tritt.

Im Hinblick auf die gesellschaftliche Debatte um mehr Männer in Kindertageseinrichtungen und die hierauf bezogenen Anstrengungen von Politik und Trägern legen die Ergebnisse der Tandem-Studie darüber hinaus zwei weitere Schlussfolgerungen nahe:

Die Feststellung, dass Männer genauso gut wie Frauen zur Entwicklung der ihnen anvertrauten Kinder beitragen, gilt nur für männliche Fachkräfte, die eine entsprechend qualifizierte Ausbildung vorweisen. Es spricht einiges dafür, dass die geringen Unterschiede zwischen männlichen und weiblichen Fachkräften hinsichtlich pädagogischer Qualitätskriterien auf das durchgehend gegebene Ausbildungsniveau zurückgehen. Vor diesem Hintergrund ist die gelegentlich vorfindliche Praxis, pädagogisch unzureichend ausgebildete Männer als ‚Hilfskräfte' in Einrichtungen zu beschäftigen, nicht unproblematisch. Auch Vorschläge, die darauf hinauslaufen, durch verkürzte Ausbildungswege Männer für dieses Berufsfeld zu gewinnen, sollten daraufhin geprüft werden, ob sie den Anforderungen an eine fundierte Aus- und Weiterbildung des pädagogischen Fachpersonals in hinreichendem Maße entsprechen. Würden Anstrengungen zur Erhöhung des Männeranteils am pädagogischen Fachpersonal mit einer Absenkung des Qualifikationsniveaus einhergehen, wäre dies ein sehr problematischer Effekt.

Zum zweiten unterstreichen die Ergebnisse der Tandem-Studie, dass eine höhere Zahl männlicher Fachkräfte sich positiv auf die Vielfalt der Lernangebote in Kindertageseinrichtungen auswirken kann und dazu beiträgt, dass ein mehr oder minder feminin geprägtes ‚gender regime' durchbrochen wird. Mehr männliches Fachpersonal in Kindertageseinrichtungen führt aber nicht automatisch zur Überwindung geschlechtstypischer Strukturierungen in den Einrichtungen und deren Alltag. Vielmehr legen die Befunde der Tandem-Studie nahe, dass auch geschlechtsgemischte Teams in den Einrichtungen nicht umhin kommen, Fragen des professionellen Umgangs mit den eigenen geschlechtstypischen Vorlieben und denen der Kinder zu reflektieren. Darüber hinaus sind Aus- und Weiterbildungsinstitutionen (Berufsfachschulen wie Hochschulen) gefordert, Fragen der Geschlechtsspezifik von pädagogischen Angeboten sowie der Balance zwischen persönlichen Neigungen und professioneller Haltung expliziter in ihren Curricula zu berücksichtigen.

Literatur

Ahnert, L. (2004): Bindungsbeziehungen außerhalb der Familie. Tagesbetreuung und Erzieherinnen-Kind-Bindung. In: Ahnert, L. (Hg.): Frühe Bindung. Entstehung und Entwicklung. München und Basel, S. 256-277.

Ahnert, L., Pinquart, M. & Lamb, M. (2006): Security of Childrens's Relationships with Non-Parental Care Providers: A Meta-Analysis. Child Development, 77, S. 664-679.

Aigner, J. & Poscheschnik, G. (2010): Jungen und Männer im pädagogischen Diskurs: zwischen Selbstbehauptung, Empirie und Geschlechterkampf. In: Erziehung und Unterricht. Österreichische Pädagogische Zeitschrift, 160 (5-6), S. 427-434.

Aigner, J. & Poscheschnik, G. (2011): Kinder brauchen Männer! Warum eigentlich? Editorial In: Psychosozial 34 (IV), S. 5-11.

Aigner, J. & Rohrmann, T. (Hg.) (2012): Elementar - Männer in der pädagogischen Arbeit mit Kindern. Opladen.

Aigner, J., Burkhardt, L., Huber, J., Poscheschnik, G., & Traxl, B. (2013): Zur Wirkung männlicher Kindergartenpädagogen auf Kinder im Elementarpädagogischen Alltag. W-INN, Wirkungsstudie Innsbruck. Wien.

Ainsworth, M. (1967): Infancy in Uganda. The Johns Hopkins Press, Baltimore.

Ainsworth, M. & Wittig, B. (1969): Attachment and exploratory behavior of one-year-olds in a strange situation. In: Foss, B. (Hg.): Determinants of infant behaviour. Bd 4. London.

Alfermann, D. (2005): Geschlechterunterschiede. In: Weber, H. & Rammsayer, T. (Hg.): Handbuch der Persönlichkeitspsychologie und Differentiellen Psychologie. Göttingen, S. 305-317.

Allen, S. & Daly, K. (2007): The Effects of Father Involvement: An Updated Research Summary of the Evidence. (http://www.fira.ca/cms/documents/29/Effects_of_Father_Involvement.pdf).

Andrä, M.; Schneider-Andrich, P. & Brandes, H. (2013): „Ich habe keine Erwartungen an ihn als Mann..." Männliche und weibliche Fachkräfte im Vergleich. In: Theorie und Praxis der Sozialpädagogik. Leben, Lernen und Arbeiten in der Kita. (4). S. 12-15.

Aries, E. J. (1996): Men and Women in Interaction: Reconsidering the Differences. New York: Oxford University Press.

Baar, R. (2011): Männlichkeitskonstruktionen von Grundschullehrern und ihre Auswirkung auf Professionsverständnis und berufliche Handlungspraxis. In: Zeitschrift für Grundschulforschung. Bildung im Elementar- und Primarbereich. 4 (1). S. 60-72.

Bandura, A. (1976): Lernen am Modell. Stuttgart.

Beck, U. (1986): Risikogesellschaft. Auf dem Weg in eine andere Moderne. Frankfurt/M.

Blank-Mathieu, M. (2008): Jungen im Kindergarten. In: Tischner, W. & Matzner, M. (Hg.): Handbuch Erziehung und Bildung von Jungen. Weinheim. S. 78-90.

Biller, H. B. & Borstelmann, L.J. (1967): Masculine Development: An Integrative Review. Merrill-Palmer Quarterly of Behavior and Development, 13, S. 253-294.

Bischof-Köhler, D. (2006): Von Natur aus anders. Die Psychologie der Geschlechtsunterschiede. Stuttgart.

Bischof-Köhler, D. (2010): „Evolutionäre Grundlagen geschlechtstypischen Verhaltens". In: Steins, G. (Hg.): Handbuch Psychologie und Geschlechterforschung. Wiesbaden, S. 154-172.

Bohnsack, R. (2009): Qualitative Bild- und Videointerpretation - Die dokumentarische Methode. Opladen.

Bortz, J. & Döring, N. (1995): Forschungsmethoden und Evaluation. Berlin.

Bosse, H. (2007): Gruppenanalytische Fallrekonstruktion. Sequenzanalyse und Affektprotokollanalyse – Zwei Wege des szenischen Verstehens in der gruppenanalytischen Hermeneutik. In: Gruppenanalyse (17), H. 2, S. 159–185.

Bourdieu, P. (1976): Entwurf einer Theorie der Praxis auf der ethnologischen Grundlage der kabylischen Gesellschaft. Frankfurt/M.

Bourdieu, P. (1982): Die feinen Unterschiede. Kritik der gesellschaftlichen Urteilskraft. Suhrkamp, Frankfurt/M.

Bourdieu, P. (1987): Sozialer Sinn. Kritik der theoretischen Vernunft. Frankfurt/M.

Bourdieu, P. (1997): Die männliche Herrschaft. In: Dölling, I. & Krais, B.: Ein alltägliches Spiel. Geschlechterkonstruktion in der sozialen Praxis. Frankfurt/M., S. 153-217.

Bowlby, J. (1975): Bindung. Eine Analyse der Mutter-Kind-Beziehung. München.

Bowlby, J. (1976): Trennung. Psychische Schäden als Folge der Trennung von Mutter und Kind. München.

Brandes, H. (2002): Der männliche Habitus. Bd.2: Männerforschung und Männerpolitik. Opladen.

Brandes, H. (2008): Selbstbildung in Kindergruppen. Die Konstruktion sozialer Beziehungen. München.

Brandes, H. (2010): Ersatzmütter oder tolle Spielkameraden – Was bringen Männer in Erziehung ein? In: Erziehung und Unterricht. Österreichische Pädagogische Zeitschrift (160), H. 5-6, S. 484-496.

Brandes, H.; Schneider-Andrich, P. & Andrä, M. (2013a): Wozu brauchen Kinder (männliche) Rollenvorbilder? Mädchen und Jungen sind aktive Mitgestalter ihrer Geschlechterrolle. In: Theorie und Praxis der Sozialpädagogik. Leben, Lernen und Arbeiten in der Kita. (4), S. 6-8.

Brandes, H.; Andrä, M.; Röseler, W. & Schneider-Andrich, P. (2013b): Männer in Kitas – Was machen sie anders und wie profitieren die Kinder von ihnen? Ergebnisse aus der „Tandem-Studie" zu professionellem Erziehungsverhalten von Männern und Frauen. Frühe Kindheit - Zeitschrift der Deutschen Liga für das Kind in Familie und Gesellschaft e.V. (16) H. 5, S. 38-43.

Brandes, H.; Andrä, M.; Röseler, W. & Schneider-Andrich, P. (2013c). Macht das Geschlecht einen Unterschied? Ergebnisse der Tandem-Studie zu professionellem Erziehungsverhalten von Männern und Frauen in Kindertageseinrichtungen. Kompakt Spezial: MAIK - Männer und Frauen in der Kita. Diözesan-Caritasverband für das Erzbistum Köln e.V., S. 7-11.

Brandes, H.; Andrä, M.; Röseler, W. & Schneider-Andrich, P. (2015a): Vergleich männlicher und weiblicher Fachkräfte in der Frühpädagogik auf Basis einer standardisierten pädagogischen Situation. Ergebnisse der „Tandem-Studie". Frühe Bildung 4 (2). S. 102-109.

Brandes, H.; Andrä, M.; Röseler, W. & Schneider-Andrich, P. (2015b): Does gender make a difference? Results from the German ‚tandem study‘ on the pedagogical activity of female and male ECE workers. In: European Early Childhood Education Research Journal (23) 4, S. 315-327.

Brazelton, T.B. & Cramer, B.G. (1994): Die frühe Bindung. Stuttgart.

Browne, N. (2004): Gender Equity in the Early Years. Maidenhead: Open University Press.

Bundesministerium für Familie, Senioren, Frauen und Jugend (Hg.) (2015): Spielt das Geschlecht eine Rolle? Erziehungsverhalten männlicher und weiblicher Fachkräfte in Kindertagesstätten. Kurzfassung der Ergebnisse der „Tandem-Studie". Berlin.

Buschmeyer, A. (2010): Gefühls- und Emotionsarbeit als Teil des doing masculinity im Erzieherberuf. Vortrag im Rahmen der Tagung „Männer und Gefühle – Männlichkeit und Emotionen" des Arbeitskreises für interdisziplinäre Männer- und Geschlechterforschung AIM GENDER.

Buschmeyer, A. (2014): Männer in Kitas: Zwischen Rollenvorbild und Generalverdacht. In: Frühe Kindheit 17 (3), S. 29-35.

Bussey, K. & Bandura, A. (1992): Self-Regulatory Mechanisms Governing Gender Development. In: Child Development 63, S. 1236-1250.

Bussey, K. & Bandura, A. (1999): Social Cognitive Theory of Gender Development and Differentiation. In: Psychological Review 106 (4), S. 676-713.

Butler, J. (1991a): Das Unbehagen der Geschlechter. Frankfurt/M.

Butler, J. (1991b): Variationen zum Thema Sex und Geschlecht. Beauvoir, Wittig und Foucault. In: Nummer-Winkler, G. (Hg.): Weibliche Moral. Die Kontroverse um eine geschlechtsspezifische Ethik. München, S. 56-76.

Cahill, B. & Adams, E. (1997): An Exploratory Study of Early Childhood Teachers' Attitudes Toward Gender Roles. In: Sex Roles. 36 (7/8). S. 517-529.

Cameron, C. (2006): Men in the Nursery Revisited. Issues of male Workers and Professionalism. In: Contemporary Issues in Early Childhood. 7 (1). S. 68-79.

Caillois, R. (1982): Die Spiele und die Menschen. Maske und Rausch. Frankfurt/Main; Berlin; Wien.

Connell, R. (1995): The Big Picture: Formen der Männlichkeit in der neueren Weltgeschichte. In: Widersprüche, H. 56/57, S. 23-45.

Connell, R. (1999): Der gemachte Mann. Konstruktion und Krise von Männlichkeiten, Opladen.

Connell, R. (2009): Gender. Polity Short Introductions. Cambridge.

Cremers, M., Krabel, J. & Calmbach, M. (2010): Männliche Fachkräfte in Kindertagesstätten. Heidelberg/Berlin: BMFSFJ.

Day, R. D. & Lamb, M. E. (Hg.) (2004): Conceptualizing and Measuring Father Involvement. Mahwah, New Jersey.

Dausien, B. (1996): Biographie und Geschlecht: zur biographischen Konstruktion sozialer Wirklichkeit in Frauenlebensgeschichten. Bremen.

Dieckmann, A. (1995). Empirische Sozialforschung. Grundlagen, Methoden, Anwendungen. Reinbek.

Dornes, M. (1993): Der kompetente Säugling. Die präverbale Entwicklung des Kindes. Frankfurt/M.

Dornes, M. (2006): Die Seele des Kindes. Frankfurt/M.

Duden, B. (1993): Die Frau Ohne Unterleib: Zu Judith Butlers Entkörperung. Ein Zeitdokument. In: Feministische Studien, 11 (2), S. 24-33.

Dunnig, E. (2006): Die Entwicklung des Fußballspiels zu einer Weltsportart. In: Brandes, H., Evers, R. & Christa, H. (Hg.): Hauptsache Fußball. Sozialwissenschaftliche Einwürfe. Gießen, S. 19-48.

Emilsen, K; Peeters, J. & Rohrmann, T. (2013): Cultural shifts regarding men as caretakers and pre-school teachers: why is there so little progress? Vortrag Tallin 2013, EECERA-SIG Genderbalance.

Europäische Kommission (2011): Frühkindliche Betreuung, Bildung und Erziehung: der bestmögliche Start für alle unsere Kinder in die Welt von morgen. Brüssel: Mitteilung der Europäischen Kommission. (http://ec.europa.eu/education/school-education/ doc/childhoodcom_de.pdf).

Evans, V. J. (2004): Foreword. In: Day, R. D. & Lamb, M. E. (Hg.), a.a.O., IX-XIII.

Faulstisch-Wieland, H. (2010): Mehr Männer in die Grundschule: welche Männer? In: Erziehung und Unterricht. Österreichische Pädagogische Zeitschrift 160 (5-6), S. 497-504.

Fthenakis, W. E. (1988a): Väter. Zur Psychologie der Vater-Kind-Beziehung, Bd. 1. München.

Fthenakis, W. E. (1988b): Väter. Zur Vater-Kind-Beziehung in verschiedenen Familienstrukturen, Bd. 2. München.

Fröbel, F. W. A. (1982): „Kommt, lasst uns unsern Kindern leben!" Aus dem pädagogischen Werk eines Menschenerziehers. Bd. III; Berlin.

Gebauer, G. (1997): Kinderspiele als Aufführungen von Geschlechtsunterschieden. In: Dölling, I. & Krais, B. (Hg.): Ein alltägliches Spiel. Geschlechterkonstruktion in der Sozialen Praxis. Frankfurt/M., S. 259-284.

Gildemeister, R. & Robert, G. (2008): Geschlechterdifferenzierung in lebenszeitlicher Perspektive. Wiesbaden.

Glüer, M. (2014): Educational style of male and female teachers in German kindergarten - A comparison study. Vortrag 24th EECERA Conference, Kreta September 2014.

Goffman, E. (1977): The Arrangement between the Sexes. In: Theory and Society. 4 (3), S. 301-331.

Graber, G. H. (1957): Psychologie des Mannes. Stuttgart.

Grossmann, K. & Grossmann, K. (2004): Bindungen – das Gefüge psychischer Sicherheit. Stuttgart.

Hagemann-White, C. (1993): Die Konstrukteure des Geschlechts auf frischer Tat ertappen? Methodische Konsequenzen einer theoretischen Einsicht. In: Feministische Studien, 11 (2), S. 68-78.

Harris, K. & Barnes, S. (2009): Male Teacher, female Teacher: Exploring Children's Perspectives of Teachers' Roles in Kindergartens. In: Early Child Development and Care. 179 (2), S. 167-181.

Hattie, J. A. C. (2009): Visible Learning: A synthesis of over 800 meta-analyses relating on achievement. London/New York.

Haubl, R. (1988): Kreativer Spiel-Raum und Gruppeninszenierung. In: Belgrad, J. et al. (Hg.): Sprache - Szene - Unbewußtes. Frankfurt/M., S. 237-272.

Hebenstreit, S. (2003): Friedrich Fröbel. Menschenbild, Kindergartenpädagogik, Spielförderung. Jena.

Heintz, B. & Nadai, E. (1998): Geschlecht und Kontext. De-Institutionalisierungsprozesse und geschlechtliche Differenzierung. In: Zeitschrift für Soziologie. 27 (2), S. 75-93.

Hirschauer, S. (1994): Die soziale Fortpflanzung der Zweigeschlechtlichkeit. In: Kölner Zeitschrift für Soziologie und Sozialpsychologie. 46 (4), S. 668–692.

Hirschauer, S. (2001): Das Vergessen des Geschlechts. Zur Praxeologie einer Kategorie sozialer Ordnung. In: Heintz, B. (Hg.): Geschlechtersoziologie. Wiesbaden.

Hülsheger, U. R.; Specht, E. & Spinath, F. M. (2006): Validität des BIP und des NEO-PI-R: Wie geeignet sind ein berufsbezogener und ein nicht explizit berufsbezogener Persönlichkeitstest zur Erklärung von Berufserfolg? Zeitschrift für Arbeits-und Organisationspsychologie, 50, S. 135–147.

Jackson, L. A.; Ialongo, N. & Stollak, G. E. (1986): Parental correlates of gender role. In: Journal of Social and Clinical Psychology. 4 (2). S. 204-224.

Kanter, R.M. (1997): Men and Women of the Corporation. New York.

Keller, H. (2015): „Männer in die Kita" - ein Beispiel für die Irrwege bildungspolitischer Entscheidungen. In: Frühe Bildung 4 (1), S. 48-50.

Kindler, H. & Grossmann, K. (2004): Vater-Kind-Bindung und die Rollen von Vätern in den ersten Lebensjahren ihrer Kinder. In: Ahnert, L. (Hg.): Frühe Bindung. Entstehung und Entwicklung. München und Basel, S. 240-255.

Kindler, H.; Grossmann, K. & Zimmermann, P. (2002): Kind-Vater-Bindungsbeziehungen und Väter als Bindungspersonen. In Walter, H. (Hrsg.), Männer als Väter. Sozialwissenschaftliche Theorie und Empirie. Gießen, S. 685-741.

Klusemann, H.-W. (2008): Vorbereitende Überlegungen zu einer soziologischen Theorie des Lernens. In: Jäger, W. & Schützeichel, R. (Hrsg.), Universität und Lebenswelt. Wiesbaden, S. 194-217.

König, A. (2009): Interaktionsprozesse zwischen Erzieherinnen und Kindern: Eine Videostudie aus dem Kindergartenalltag. Wiesbaden.

Kotthoff, H. (2002): Was heißt eigentlich ‚doing gender'? Zu Interaktion und Geschlecht. In: Wiener Slawistischer Almanach. Sonderband 55, S. 1-28.

Krüger, H. (2008): Lebenslauf: Dynamiken zwischen Biographie und Geschlechterverhältnis. In: Becker, R. & Kortendiek, B. (Hrsg.), Handbuch Frauen- und Geschlechterforschung. Wiesbaden, S. 212-220.

Kuger, S.; Kluczniok, K.; Sechtig, J. & Smidt, W. (2011). Gender im Kindergarten - Empirische Datenlage zu Unterschieden zwischen Mädchen und Jungen. Zeitschrift für Pädagogik, 57, S. 269-288.

Laewen, H.-J. & Andres, B. (Hg.) (2002): Bildung und Erziehung in der frühen Kindheit. Einheim/Basel/Berlin.

Lamb, M. E. (Hg.) (1997a): The Role of the Father in Child Development. New York.

Lamb, M. E. (1997b): Fathers and Child Development: An Introductory Overview and Guide. In: Lamb, M. E. (Hg.) a.a.O, S. 1-17.

Lamb, M.E. (1997c): The Development of Father-Infant Relationships: In: Lamb, M. E. (Hg.) a.a.O., S. 104-120.

Lamb, M. E. (2002): Infant-Father Attachments and Their Impact on Child Development. In: Tamis-LeMonda, C. & Cabrera, N. (Hg.): Handbook of Father Involvement. Mahwah, New Jersey, S. 93-118.

Le Camus, J. (2001): Väter. Die Bedeutung des Vaters für die psychische Entwicklung des Kindes. Weinheim/Basel.

Lehr, U. (1984): Stereotypie und Wandlung der Geschlechtsrollen. In: Heigl-Evers, A. & Streek, U. (Hg.): Sozialpsychologie. Die Erforschung der zwischenmenschlichen Beziehungen. Bd.1. Weinheim, S. 264-275.

Lindemann, G. (1993): Wider die Verdrängung des Leibes aus der Geschlechterkonstruktion. In: Feministische Studien, 11 (2), S. 44-54.

Lipp, W. (1990): Männerbünde, Frauen und Charisma. Geschlechterdrama im Kulturprozeß. In: Völger, G. & Welck, v., K. (Hg.): Mannerbande. Männerbünde. Zur Rolle des Mannes im Kulturvergleich. Materialiensammlung zu einer Ausstellung des Rautenstrauch-Joest-Museums für Völkerkunde. Köln, S.31-40.

Lorey, I. (1993): Der Körper als Text und das aktuelle Selbst: Butler und Foucault. In: Feministische Studien, 11 (2), S. 10-23.

Maccoby, E. E. (2000): Psychologie der Geschlechter. Sexuelle Identität in den verschiedenen Lebensphasen. Stuttgart.

MacNaughton, G. (2000): Rethinking Gender in Early Childhood Education. London.

Main, M.; Kaplan, N. & Cassidy, J. (1985): Security in Infancy, Childhood, and Adulthood: A Move to the Level of Representation. Monographs of the Society for Research in Child Development, Vol. 50, No. 1/2, Growing Points of Attachment Theory and Research, S. 66–104.

Mayring, P. (2002): Einführung in die qualitative Sozialforschung. Eine Anleitung zu qualitativem Denken. Weinheim/Basel.

Mayring, P. (2008): Die Praxis der Qualitativen Inhaltsanalyse. Weinheim/Basel.

Mayring, P. (2010): Qualitative Inhaltsanalyse. Grundlagen und Techniken. Weinheim/Basel.

McCrae, R. R. & Costa, P. T. (Jr.) (1999): A five-factor theory of personality. In: Pervin et al.: Handbook of personality – Theory and research, S. 139-153.

Mies, T. (1991): Soziologische und historische Aspekte der Familie. In: Münsteraner Arbeitshefte zur Gruppenanalyse 1/1991, S. 16-30.

Mead, M. (1985): Mann und Weib. Das Verhältnis der Geschlechter in einer sich wandelnden Welt, Reinbek.

Melcher, M. (2012): „Soziale Jungs" – ein Zugang zum Erzieherberuf? Jungenförderung, Berufs- und Lebensplanung. In: Cremers, M.; Höying, S.; Krabel, J. & Rohrmann, T. (Hg.): Männer in Kitas. Opladen, S. 57-68.

Mertens, W. (1994): Entwicklung der Psychosexualität und der Geschlechtsidentität. Band 1, Geburt bis 4. Lebensjahr. 2. Auflage. Stuttgart.

Metz-Gockel, S. & Müller, U. (1986): Der Mann. Die Brigitte-Studie. Weinheim/Basel.

Meuser, M. (2006): Geschlecht und Männlichkeit. Soziologische Theorie und kulturelle Deutungsmuster. 2., überarbeitete Auflage. Wiesbaden.

Nentwich, J.; Vogt, F.; Tennhoff, W. & Schälin, S. (2014): Puppenstuben, Bauecken und Waldtage: „(Un)doing" gender in Kinderkrippen. Zusammenfassung der Projektergebnisse. Schweizerischer Nationalfond zur Förderung der Wissenschaftlichen Forschung, NFP 60, S.1-6 (http://www.nfp60.ch/D/projekte/bildung_karriere/gender_kinderkrippen/Seiten/default.aspx).

Netzwerk der Europäischen Kommission für Kinderbetreuung (1996): Qualitätsziele in Einrichtungen für kleine Kinder. Brüssel: Europäische Kommission.

OECD (2006): Starting Strong II. Early childhood education und care policy. Paris: OECD.

OECD (2012): Education at a Glance. (http://www.oecd.org/edu/skills-beyond-school/eag2012.htm).

Olyslager, F. & Conway, L. (2007): On the Calculation oft he Prevalence of Transsexualism. Paper presented at the WPATH 20th International Symposium, Chicago 2007. (http://ai.eecs.umich.edu/people/conway/TS/Prevalence/Reports/Prevalence%20of%20Transsexualism.pdf).

Ostendorf, F. & Angleitner, A. (2004): Neo-PI-R: Neo-Persönlichkeitsinventar nach Costa u. McCrae, Revidierte Fassung. Göttingen.

Osterchrist, R. & Perger, M. (2001). Gruppen unter weiblicher und männlicher Führung. Berlin/Heidelberg.

Owen, C. (2003): Men's Work? Changing the gender mix of the childcare and early years workforce. Facing the Future policy paper n. 6. London (Daycare Trust). (http://www.meninchildcare.co.uk/Mens%20Work.pdf).

Papoušek, H. & Papoušek, M. (1995): Vorsprachliche Kommunikation: Anfänge, Formen, Störungen und psychotherapeutische Ansätze. In: Petzold, H. G. (Hg.): Die Kraft liebevoller Blicke. Psychotherapie und Babyforschung, Bd. 2, Paderborn, S. 123-142.

Peeters, J.; Rohrmann, T. & Emilsen, K. (2015): Gender balance in ECEC: why is there so little progress? In: European Early Childhood Education Research Journal 23 (4), S. 303-314.

Pross, H. (1978): Die Männer. Eine repräsentative Untersuchung über die Selbstbilder von Männern und ihre Bilder von der Frau. Reinbek.

Rohner, R. P., & Veneziano, R. A. (2001): The Importance of Father Love: History and Contemporary Evidence. Review of General Psychology, S. 382–405.

Rohrmann, B. (1978): Empirische Studien für die Entwicklung von Antwortskalen für die sozialwissenschaftliche Forschung. Zeitschrift für Sozialpsychologie. 9, S. 222-245.

Rohrmann, T. (2006): Männer in Kindertageseinrichtungen und Grundschulen. Bestandsaufnahme und Perspektiven. In: Krabel, J. & Stuve, O. (Hg.), Männer in „Frauen-Berufen" der Pflege und Erziehung. Opladen, S. 111-134.

Rohrmann, T. (2008): Zwei Welten? Geschlechtertrennung in der Kindheit: Forschung und Praxis im Dialog. Opladen.

Rohrmann, T. (2009): Gender in Kindertageseinrichtungen. Ein Überblick über den Forschungsstand. München: Deutsches Jugendinstitut e.V.

Rohrmann, T. (2011): Männer in der Elementarpädagogik. Ein internationales Thema. Psychosozial, 34 (IV), S. 31-42.

Rohrmann, T. & Wanzeck-Sielert (2014): Mädchen und Jungen in der KiTa. Körper, Gender, Sexualität. Stuttgart.

Rohrmann, T.; Koch, B.; Mösinger-Strubreither, B. & Schauer, G. (2015): Männer in Kindergärten und Ausbildungseinrichtungen in Österreich. In: Aigner, J. & Poscheschnik, G. (Hg.): Kinder brauchen Männer. Psychoanalytische, sozialpädagogische und erziehungswissenschaftliche Perspektiven. Gießen: Psychosozial-Verlag, S. 61-82.

Röhner, C. (2007): „Jetzt bin ich starke Männer!" Zur Konstitution von Geschlecht in der Peerkommunikation des Kindergartenalltags. In: Diskurs Kindheits- und Jugendforschung. 2 (3) 2007. S. 323-343.

Rose, L. (2015): Das „gute" und das „schlechte" Geschlecht? Zur Diskussion um mehr Männer in Kitas. In: Frühe Bildung 4 (1), S. 46-47.

Sak, R.; Şahin, I. T. & Yerlikaya, I. (2015): Behavior management strategies: beliefs and practices of male and female early childhood teachers. In: European Early Childhood Education Research Journal (23) 4, S. 328-339.

Sandberg, A. & Pramling-Samuelsson, I. (2005): An Interview Study of Gender Difference in Preschool Teachers' Attitudes Toward Children's Play. In: Early Childhood Education Journal 32, S. 297-305.

Sander, K. (2009): Profession und Geschlecht im Krankenhaus. Konstanz.

Sayers, D. L. (1955): Clouds of witness. New York: Harper. Chicago.

Seifert, K. (1973): Some Problems of Men in Child Care Center Work. In: Child Welfare, 52 (3), S. 167–171.

Siegal, M. (1987): Are Sons and Daughters Treated more Differently by Fathers than by Mothers? In: Developmental Review, 7, S. 183-209.

Siegel, L. (2013): Männer in Kindertageseinrichtungen - zwischen stereotypen und atypischen Geschlechterbildern. Eine empirische Untersuchung zum Umgang mit Männlichkeits- und Weiblichkeitsbildern in Kindertageseinrichtungen auf Grundlage von Interviews aus der Tandem-Studie. Masterarbeit. Technische Universität Dresden. Unveröffentlicht.

Singer, W. (2002): Der Beobachter im Gehirn. Essays zur Hirnforschung. Frankfurt/M.

Spitzer, M. (2002): Lernen. Gehirnforschung und die Schule des Lebens. Heidelberg.

Statistisches Bundesamt (2014): Auf dem Weg zur Gleichstellung? Bildung, Arbeit und Soziales. Unterschiede zwischen Frauen und Männern. Wiesbaden.

Statistisches Bundesamt (2015): Bevölkerung und Erwerbstätigkeit. Haushalte und Familien. Ergebnisse des Mikrozensus 2014.Wiesbaden.

Stern, D. N. (1996): Die Lebenserfahrung des Säuglings. 5. Aufl., Stuttgart.

Sylva, K.; Melhuish, E.; Sammons, P.; Siraj-Blatchford, I. & Taggart, B. (2004a): The Effective Provision of Pre-School Education (EPPE) project: Findings from the early primary years. (http://www.ioe.ac.uk/schools/ecpe/eppe/eppe/eppepdfs/RB%20Findings%20from%20Early%20Primary.pdf).

Sylva, K.; Melhuish, E.; Sammons, P.; Siraj-Blatchford, I. & Taggart, B. (2004b): The Effective Provision of Pre-School Education (EPPE) project: Findings from pre-school to end of key stage 1. (http://www.ioe.ac.uk/schools/ecpe/eppe/eppe/eppepdfs/TP10%20Research%20Brief.pdf).

Tamis-LeMonda, C. S. (2004): Conceptualizing Father's Roles: Playmates and More. Human Development, 47, S. 220-227.

Thiersch, H. (2013): Authentizität – eine essayistische Skizze. In: Becker-Lenz, R., Busse, S., Ehlert, G. & Müller-Hermann, S. (Hg.): Professionalität in der Sozialen Arbeit. Wiesbaden, S. 249-263.

Thorne, B. (1993): Gender Play. Girls and Boys in School. Buckingham.

Tietze et al. (Hg.) (2012): NUBBEK. Nationale Untersuchung zur Bildung, Betreuung und Erziehung in der frühen Kindheit. Fragestellungen und Ergebnisse im Überblick. Berlin.

Trautner, H. M. (2002): Entwicklung der Geschlechtsidentität. In: Oerter, R. & Montada, L. (Hg.): Entwicklungspsychologie. 5. Aufl., Weinheim, S.648-674.

Tuma, R.; Schnettler, B. & Knoblauch, H. (2013): Videographie: Einführung in die interpretative Videoanalyse sozialer Situationen. Wiesbaden.

West, C. & Zimmermann, D. H. (1987): Doing Gender. In: Gender & Society, Vol. 1, No. 2, 125-151.
Williams, Ch. L. (1991): Gender differences at work. Women and men in nontraditional occupations. 1. paperback pr. Berkeley.
Wirtz, M. & Caspar, F. (2002): Beurteilerübereinstimmung und Beurteilerreliabilität. Göttingen.
Wolter, I.; Glüer, M. & Hannover, B. (2014): Gender-typicality of activity offerings and child-teacher relationship closeness in German "Kindergarten". Influences on the development of spelling competence as an indicator of early basic literacy in boys and girls. Learning and Individual Differences 31, S. 59-65.
Wygotski, L. S. (1987): Ausgewählte Schriften, Bd. 2, Arbeiten zur psychischen Entwicklung der Persönlichkeit, Köln.
Zulehner, P. (Hg.) (2003): MannsBilder. Ein Jahrzehnt Männerentwicklung. Ostfildern.
Zulehner, P. & Slama, A. (1994): Österreichs Männer unterwegs zum neuen Mann? Wie Österreichs Männer sich selbst sehen und wie die Frauen sie einschätzen. Erweiterter Forschungsbericht. Wien.
Zulehner, P. & Volz, R. (1998): Männer im Aufbruch. Wie Deutschlands Männer sich selbst und wie Frauen sie sehen. Ein Forschungsbericht. Ostfildern.
Zulehner, P. & Volz, R. (2009): Männer 2008. Ostfildern.

Anhang

A Material und Werkzeug für die standardisierte Einzelsituation

Tabelle A.1: Inhalt Materialkoffer

Filzmatten	2 Stück
Märchenwolle	2 Stränge
Unterlegscheiben Metall	2 Große; 4 Kleine
Pfeifenputzer (Biegeplüsch)	10 Stück (verschiedenfarbig)
Papprollen kurz	2 Stück
Weinkorken	4 Stück
Zahnstocher	1 Päckchen
Nägel	10 Stück (Polsternägel)
Wackelaugen	2 Paar
Perlen	10 Stück
Holzplatten	2 Große; 4 Kleine
Styroporkugeln	10 Stück
Wellpappe	2 mal 2 Stück
Buntes Papier (15mal 15cm)	10 Stück (verschiedenfarbig)
Draht	Eine kleine Rolle
Strohhalme	5 Stück
Eierpappen	Eine Sechser Packung

Tabelle A.2: Inhalt Werkzeugkoffer

Kleber	1 Tube
Heißleimpistole	Ein Exemplar plus Ersatzleimstab
Stifte	12 Fasermaler
Nylonschnur	Eine Rolle
Hammer	1 Stück
Schere	1 Stück
Zange (Flachzange zum Abknipsen)	Ein Exemplar
Papiertaschentücher	Ein Päckchen

B Itementwicklung der Spielqualität Vergleichsskala

Items 1.1 – 1.5

Item	Verhaltensbeispiele
1.1 Erzieher/in reagiert auf Äußerungen und Regungen des Kindes angemessen und prompt.	Unsicherheit, Neugier, Ängstlichkeit oder Langeweile und inhaltliche Impulse werden wahrgenommen. Inhaltliche und gefühlsmäßige Impulse werden aufgegriffen: *„Das interessiert dich jetzt nicht mehr – wollen wir etwas anderes machen?"*
1.2 Erzieher/in ermutigt das Kind zum Experimentieren und zur Auseinandersetzung mit unbekannten Problemstellungen.	Bei Ängstlichkeit Zuversicht vermitteln: „Du kannst es, und ich helfe dir, wenn es nicht gelingt". Während des Spiels neue, für das Kind machbare Ideen einfügen. Werkzeuge einführen und probieren lassen. Das Item wird bei Häufigkeit eines besonderen Schwierigkeitsgrades hoch bewertet.
1.3 Erzieher/in unterstützt das Kind angemessen, (ohne unerbetene Einmischungen und Vorschriften).	Lehren und vormachen, was das Kind begreifen kann. Unauffällig und behutsam unterstützen, Ziele zu erreichen. Einführen eines unbekannten Gegenstands und Ausprobieren unbekannten Handelns sollen bewertet werden.
1.4 Erzieher/in gibt angemessen positive und wertschätzende Rückmeldungen.	Werke des Kindes durch Benennungen aufwerten; Loben (verbal/ nonverbal) - aber nur, was wirklich gekonnt war und nicht in übertriebener Form („Das hast Du aber gut gemacht"). Übertriebenes Lob ist genauso unangemessen wie kein Lob. Rückmeldung können positiv oder negativ (abwertend oder übertrieben/ unglaubwürdig) sein. Bei fehlenden oder negativen Rückmeldungen wird das Item niedrig bewertet. Positive Äußerungen müssen eindeutig wahrnehmbar sein.

Items 2.1 - 2.8

Item	Verhaltensbeispiele
2.1 Erzieher/in greift Vorschläge und/oder Initiativen des Kindes auf.	Das Alter des Kindes muss bei der Bewertung berücksichtigt werden. Von kleineren Kindern kommen wahrscheinlich auch weniger Vorschläge.
2.2 Erzieher/in wartet geduldig Entscheidungen des Kindes ab.	Die Sequenzen sollten in den ersten Minuten weniger streng bewertet werden (Stressfaktor für die ErzieherInnen am Anfang der Aufnahme). Handlungen *und* Worte sollen mit in die Bewertung einbezogen werden. (Erzieher könnte z.B. verbal passiv sein aber durch sein Handeln trotzdem wenig/keinen Spielraum lassen.)
2.3. Erzieher/in stellt Fragen, die zum Nachdenken anregen.	Metakognitive Kompetenz vermittelnde (didaktisch) Fragen nach Ursachen und Gründen: *„Warum klappt das nicht?"* Fragen nach Bezügen: *„Woher kennst Du das?"* Nach Alternativen: *„Wie können wir das anders machen? Was passiert wohl, wenn ...?"* Das Item wird auch niedrig bewertet, wenn zwar Fragen gestellt werden, diese aber rhetorisch sind und nicht zu Denkprozessen anregen.
2.4 Erzieher/in benutzt für das Kind ungewohnte Begriffe.	z. B. *„Styroporkugel"*

2.5 Erzieher/in äußert sich primär sachlich-gegenstandsbezogen und funktional über die Aktivität bzw. greift auf, wenn dies vom Kind kommt.	Beide bleiben auf der reinen Sachebene: *„Eine Burg braucht eine Zugbrücke und wie machen wir die jetzt?"*
2.6 Erzieher/in begleitet die Aktivität durch assoziative Phantasien und Narrationen bzw. greift auf, wenn dies vom Kind kommt.	Die Konstruktionstätigkeit wird durch eine Geschichte, Fantasien begleitet: *„Das soll jetzt ein Mädchen sein und die wohnt hier..."*, *„Rapunzelblume"*
2.7 Erzieher/in thematisiert die Beziehung oder Persönliches oder greift auf, wenn dies vom Kind kommt.	Attribute, Erfahrungen, Gefühle: *„Du hast auch so schöne Haare – wir haben die beide ja ganz ähnlich ..."* *„Oh ja, das habe ich auch schon gesehen ..."* *„Als Kind habe ich auch immer davor Angst gehabt ..."* *„Gestern warst Du bei der Oma?"*
2.8 Erzieher/in ist dem Kind zugewandt und sucht den Blickkontakt.	

Items 3.1 – 3.7

Item	Verhaltensbeispiele
3.1 Erzieher/in beobachtet das Kind und beteiligt sich nur verbal.	Erzieher/in kommentiert das Tun des Kindes und hält sich zurück und baut nicht mit.
3.2 Erzieher/in handelt selbst und lässt das Kind zuschauen.	Das Kind hat wenig Gelegenheit zu eigenem Tun. Das Objekt steht meist vor dem Erzieher.
3.3 Erzieher/in und Kind verfolgen unterschiedliche Teilprojekte in paralleler Aktivität und nur punktueller Abstimmung.	Beide arbeiten an verschiedenen Objekten und helfen sich kaum.
3.4 Beide arbeiten gemeinsam an einem Objekt bei kontinuierlicher Abstimmung.	Beide setzen eine Idee gemeinsam um. Das Alter des Kindes muss bei der Bewertung berücksichtigt werden. Die Abstimmung soll entsprechend ihrer Häufigkeit hoch bewertet werden, auch wenn sie nicht auf einer Ebene stattfindet.
3.5 Das Kind verliert während der Aktivität das Interesse und zeigt Anzeichen von Langeweile.	Umhergucken des Kindes, abgelenkt sein, fehlendes Interesse. Reizoffenheit jüngerer Kinder und Verlauf der Situation berücksichtigen.
3.6 Erzieher/in gestaltet die Aktivität als Leistungssituation.	Hinweise auf die Zeit und Notwendigkeit, fertig zu werden bzw. etwas vorzuweisen.
3.7 Wem ist das in der Videosequenz entstandene materielle Produkt der in der Hauptsache zuzuschreiben?	Zusammenfassende Bewertung der Aktivitätsanteile von Erzieher/in und Kind.

C Ratingbogen Spielqualität Vergleichsskala

Für wie zutreffend halten Sie folgende Aussagen?	Trifft nicht zu. (1)	Trifft wenig zu. (2)	Trifft mittelmäßig zu. (3)	Trifft ziemlich zu. (4)	Trifft sehr zu. (5)
Erzieher/in reagiert auf Äußerungen und Regungen des Kindes angemessen und prompt.	☐	☐	☐	☐	☐
Erzieher/in ermutigt das Kind zum Experimentieren und zur Auseinandersetzung mit unbekannten Problemstellungen.	☐	☐	☐	☐	☐
Erzieher/in unterstützt das Kind angemessen (ohne unerbetene Einmischungen und Vorschriften).	☐	☐	☐	☐	☐
Erzieher/in gibt angemessen positive und wertschätzende Rückmeldungen.	☐	☐	☐	☐	☐

Für wie zutreffend halten Sie folgende Aussagen?	Trifft nicht zu. (1)	Trifft wenig zu. (2)	Trifft mittelmäßig zu. (3)	Trifft ziemlich zu. (4)	Trifft sehr zu. (5)
2.1 Erzieher/in greift Vorschläge und/oder Initiativen des Kindes auf.	☐	☐	☐	☐	☐
2.2 Erzieher/in wartet geduldig Entscheidungen des Kindes ab.	☐	☐	☐	☐	☐
2.3 Erzieher/in stellt Fragen, die zum Nachdenken anregen.	☐	☐	☐	☐	☐
2.4 Erzieher/in benutzt für das Kind ungewohnte Begriffe.	☐	☐	☐	☐	☐
2.5 Erzieher/in äußert sich primär sachlich-gegenstandsbezogen und funktional über die Aktivität bzw. greift auf, wenn dies vom Kind kommt.	☐	☐	☐	☐	☐
2.6 Erzieher/in begleitet die Aktivität durch assoziative Phantasien und Narrationen bzw. greift auf, wenn dies vom Kind kommt.	☐	☐	☐	☐	☐
2.7 Erzieher/in thematisiert die Beziehung oder Persönliches (Attribute, Erfahrungen, Gefühle) oder greift auf, wenn dies vom Kind kommt.	☐	☐	☐	☐	☐
2.8 Erzieher/in ist dem Kind zugewandt und sucht den Blickkontakt.	☐	☐	☐	☐	☐

Für wie zutreffend halten Sie folgende Aussagen?	**Trifft nicht zu.** (1)	**Trifft wenig zu.** (2)	**Trifft mittelmäßig zu.** (3)	**Trifft ziemlich zu.** (4)	**Trifft sehr zu.** (5)
3.1 Erzieher/in beobachtet das Kind und beteiligt sich nur verbal.	☐	☐	☐	☐	☐
3.2 Erzieher/in handelt selbst und lässt das Kind zuschauen.	☐	☐	☐	☐	☐
3.3 Erzieher/in und Kind verfolgen unterschiedliche Teilprojekte in paralleler Aktivität und nur punktueller Abstimmung.	☐	☐	☐	☐	☐
3.4 Beide arbeiten gemeinsam an einem Objekt bei kontinuierlicher Abstimmung.	☐	☐	☐	☐	☐
3.5 Das Kind verliert während der Aktivität das Interesse und zeigt Anzeichen von Langeweile.	☐	☐	☐	☐	☐
3.6 Erzieher/in gestaltet die Aktivität als Leistungssituation.	☐	☐	☐	☐	☐

3.7 Wem ist das in der Videosequenz entstandene materielle Produkt in der Hauptsache zuzuschreiben?	Des Kindes	Beider Akteure zu gleichen Teilen	Des Erziehers/ der Erzieherin
	☐	☐	☐

D Ratertraining und Interrater-Reliabilitäten

Für die Einschätzung (Rating) des Verhaltens der Fachkräfte mit der Spiel-qualität Vergleichsskala der Tandem-Studie sind Studierende der Elementar-pädagogik bzw. Sozialpädagogik gewonnen worden, die mit Grundlagen der Bindungstheorie bzw. elementarpädagogischen Standards vertraut sind.

Zuerst wurde dabei mit einer größeren Gruppe von Studierenden ein Ra-ter-Training durchgeführt. Für dieses Training wurden die Videosequenzen jeweils einer Erzieherin und eines Erziehers ausgewählt, die eine große Bandbreite des möglichen pädagogischen Verhaltens repräsentieren. Nach dem ersten Betrachten erfolgte ein Rating mit Bleistift. Im Anschluss wurden innerhalb der Rating-Gruppe aufgetretene Fragen diskutiert. Nach einer Pau-se erfolgte das zweite Rating mit Kugelschreiber. Alle Diskussionen wurden in einem Rating-Protokoll festgehalten. Nach zwei Trainingsterminen wurde aus den Studierenden mit den zum Durchschnitt konsistentesten Ergebnissen ein verbindliches und über den gesamten Untersuchungsprozess gleichblei-bendes Team gebildet. Dieses setzte sich aus sechs Studierenden der Studi-engänge Soziale Arbeit bzw. Frühe Kindheit an der Evangelischen Hoch-schule Dresden, drei Studentinnen und drei Studenten, zusammen.

Anfänglich betrachtete diese Rating-Gruppe jede Videosequenz zwei Mal. Wie im Training erfolgte das Rating nach dem ersten Durchlauf mit Bleistift und nach dem zweiten zur Überprüfung bzw. Korrektur mit Kugel-schreiber. Diskussionen wurden weiterhin festgehalten. Nach zehn Sequen-zen wurde die Abweichung zwischen erster und zweiter Bewertung geprüft. Als weitestgehende Übereinstimmung erreicht war, wurden die Sequenzen nur noch jeweils einmal betrachtet. Um Ermüdungserscheinungen vorzubeu-gen, wurden von der Rating-Gruppe insgesamt nicht mehr als zwei Sequen-zen hintereinander eingeschätzt.

Um die Zuverlässigkeit der Messung im Ratingverfahren zu überprüfen, wurden in Anlehnung an Wirtz und Caspar (2002) Beurteilerreliabilitäten für die Anwendung der Ratingskala durch die Rating-Gruppe ermittelt.

Berechnet wurde für jedes der intervallskalierten Items die *Interklassen-korrelation* (ICC) als Maß für die Stärke des Zusammenhanges der Raterurteile. Dieser Wert gibt also den Grad der Übereinstimmung der sechs Rater und Raterinnen in ihren Einschätzungen wieder.

Angepasst an die Spezifik der Tandem-Studie wurden folgende Auswer-tungsentscheidungen getroffen:
- Verwendung unjustierter Maße als vergleichsweise strengeres Maß gegen-über justierten Maßen. Mittelwertunterschiede zwischen den Ratern wurden demnach als Fehlerkomponenten verrechnet und die absoluten Werte der

Ratingsskala wurden verwendet. Eine Gefahr der Unterschätzung des Zusammenhanges wurde in Kauf genommen.

- Anwendung eines zweifaktoriellen Modelles (vs. des einfaktoriellen Modelles), da keine Normalverteilung der Daten vorlag. Die Voraussetzungen eines Nichtvorliegens von Interaktionen zwischen Ratern und gerateten Personen wurden mittels Tukeys Additivitätstest bzw. Trennschärfenanalysen geprüft und erwiesen sich als gegeben.

- Festlegung des Faktors ‚Rater' als fixed, da die Repräsentativität der Raterstichprobe als Zufallsstichprobe einer Grundgesamtheit aller möglichen Rater nicht als gewährt angesehen werden kann. Die erhaltenen Zuverlässigkeitsmaße gelten daher als stichprobentypische, deskriptive Korrelationsmaße, die nicht ohne weiteres auf zukünftige ähnliche Untersuchungen übertragen werden können.

- Die Reliabilitäten der Ratermittelwerte wurde als Gütemaß berechnet, da in die weiteren Berechnungen nur die Mittelwerte aller Rater (und nicht die Werte einzelner Rater) einflossen.

Im Ergebnis zeigen sich zumeist sehr gute Interklassenkorrelationswerte, die im Bereich bis ICC =.916 für die einzelnen Items liegen (vgl. **Fehler! Verweisquelle konnte nicht gefunden werden.**).

Wirtz und Caspar (2002) beschreiben, dass Gruppenvergleiche von Merkmalen mittels Ratingdaten ab Reliabilitäten von ICC = .70 aussagekräftig sind. Diese Voraussetzung für die Datenauswertung ist für alle Items bis auf das Item 2.4 (Erzieher/in benutzt für das Kind ungewohnte Begriffe) gegeben. Bei diesem Item liegt der ICC-Wert nach der ersten Erhebungsphase (n = 66) mit .69 knapp unter dem kritischen Wert, weshalb dieses Item aus der Auswertung herausgenommen wurde. Nach der zweiten Erhebungsphase ist der Wert für dieses Item mit .754 zwar geringfügig besser, fällt aber gegenüber den anderen Items weiterhin deutlich ab, so dass die Entscheidung, dieses Item in der Auswertung nicht zu berücksichtigen, beibehalten wurde.

Tabelle D 1: Interklassenkorrelationen der Items (n = 106)

Itemnummer	ICC Gesamt [25]
1.1	0.874
1.2	0,889
1.3	0,891
1.4	0,868
2.1	0,905
2.2	0,909
2.3	0,838
2.4	0,754
2.5	0,840
2.6	0,877
2.7	0,924
2.8	0,862
3.1	0,933
3.2	0,910
3.3	0,943
3.4	0,888
3.5	0,892
3.6	0,884
3.7	0,933

[25] ICC_{MW} unjust, random; Modell: Two-Way-Random; Typ: Absolute Agreement

E Gesamttabelle Ratingresultate

Tabelle E.1: Vergleich männlicher und weiblicher Fachkräfte (Mann/Frau-Tandems) [26]

Item (1= Trifft nicht zu...5 = Trifft sehr zu)	Fachkraft		MWU-Test	
	Weiblich (n=41) M (Median; SD)	Männlich (n=41) M (Median; SD)	U	p
Einfühlsamkeit				
E. reagiert auf Äußerungen und Regungen des Kindes angemessen und prompt[27] (Item 1.1)	3,74 (3,83; 0,69)	3,63 (3,83; 0,79)	-0.34	.74
E. unterstützt das Kind angemessen (ohne unerbetene Einmischungen und Vorschriften) (Item 1.3)	3,24 (3,33; 0,87)	3,32 (3,67; 1,02)	-0.73	.47
E. gibt angemessen positive und wertschätzende Rückmeldungen (Item 1.4)	3,38 (3,50; 0,80)	3,19 (3,17;0,78)	-1.07	.29
Herausforderung				
E. ermutigt das Kind zum Experimentieren und zur Auseinandersetzung mit unbekannten Problemstellungen (Item 1.2)	2,63 (2,67; 0,84)	2,66 (2,67; 0,98)	-0.29	.77
E. stellt Fragen, die zum Nachdenken anregen (Item 2.3)	2,41 (2,33; 0,60)	2,68 (2,83; 0,92)	-1.23	.22
Das Kind verliert während der Aktivität das Interesse und zeigt Anzeichen von Langeweile (Item 3.5)	1,73 (1,50; 0,80)	1,72 (1,67; 0,70)	-0.14	.89
E. gestaltet die Aktivität als Leistungssituation (Item 3.6)	1,87 (1,67; 0,82)	1,81 (1,33; 0,97)	-0.92	.36
Dialogische Interaktion				
E. greift Vorschläge und/oder Initiativen des Kindes auf (Item 2.1)	3,76 (4,00; 0,75)	3,66 (3,83; 0,99)	-0.56	.96
E. wartet geduldig Entscheidungen des Kindes ab (Item 2.2)	3,24 (3,17; 0,89)	3,48 (3,67; 1,11)	1.33	.18
E. ist dem Kind zugewandt und sucht den Blickkontakt (Item 2.8)	3,80 (3,83; 0,64)	3,72 (3,67; 0,80)	-0.25	.80

[26] Aufgrund der nicht vorliegenden Normalverteilung der Daten kam als nicht-parametrisches Verfahren der Man-Whitney-U-Test zur Anwendung mit $\alpha = 0.05$ und zweiseitiger Hypothesenprüfung.

[27] E. = Erzieher/in

Art der Kooperation				
E. beobachtet das Kind und beteiligt sich nur verbal (Item 3.1)	2,31 (2,17; 1,10)	2,31 (2,00; 1,77)	-0.14	.86
E. handelt selbst und lässt das Kind zuschauen (Item 3.2)	2,16 (2,17; 0,92)	2,11 (1,83; 0,98)	-0.44	.66
E. und Kind verfolgen unterschiedliche Teilprojekte in paralleler Aktivität und nur punktueller Abstimmung (Item 3.3)	1,78 (1,17; 1,08)	1,68 (1,17; 0,99)	-0.16	.87
Beide arbeiten gemeinsam an einem Objekt bei kontinuierlicher Abstimmung (Item 3.4)	3,69 (4,00; 0,92)	3,69 (4,00; 1,12)	-0.43	.67
Wem ist das in der Videosequenz entstandene materielle Produkt in der Hauptsache zuzuschreiben? (Item 3.7) [28]	1,89 (2,00; 0,64)	1,91 (2,00; 0,61)	-2,57	.80
Kommunikationsinhalte				
E. äußert sich primär sachlich-gegenstandsbezogen u. funktional über Aktivität bzw. greift auf, wenn dies vom Kind kommt (Item 2.5)	3,78 (4,00; 0,79)	3,88 (4,17; 0,77)	-0.57	.57
E. begleitet die Aktivität durch assoziative Phantasien und Narrationen bzw. greift auf, wenn dies vom Kind kommt (Item 2.6)	2,24 (1,83; 0,96)	2,17 (2,00; 0,88)	-0,10	.92
E. thematisiert die Beziehung oder Persönliches (Attribute, Erfahrungen, Gefühle) oder greift auf, wenn dies vom Kind kommt (Item 2.7)	2,07 (2,00; 0,92)	1,98 (1,67; 0,98)	-0.76	.45

[28] Hier dreistufige Skala:1 = Kind; 2= Beiden Akteuren zugleich; 3 = Erzieher/In

F Häufigkeitsverteilungen Material- und Werkzeuggebrauch

Tabelle F.1: Relative Häufigkeiten und Signifikanzprüfung Material- und Werkzeuggebrauch durch Männer und Frauen

Material	Erzieher	Erzieherin	p-Wert[29]
Märchenwolle	34,1%	51,2%	.12
Biegeplüsch	**56,1%**	**75,6%**	**.06**
Perlen	**22,0%**	**43,9%**	**.03**
Wackelaugen	19,5%	34,1%	.13
Weinkorken	51,2%	34,1%	.12
Nägel	31,7%	24,4%	.46
Buntpapier	46,3%	51,2%	.66
Styroporkugeln	61,0%	65,9%	.65
Unterlegscheiben	**17,1%**	**2,4%**	**.03**
Filzmatte	14,6%	19,5%	.56
Papprolle	41,5%	34,1%	.49
Zahnstocher	39,0%	31,7%	.49
Holzplatten	43,9%	41,5%	.82
Wellpappe	12,2%	22,0%	.24
Strohhalme	22,0%	31,7%	.32
Eierpappe	34,1%	24,4%	.33
Draht	14,6%	17,1%	.76
Taschentücher	2,4%	7,3%	.31
Kleber	51,2%	68,3%	.11
Heißklebepistole	68,3%	63,4%	.64
Stifte	78,0%	80,5%	.79
Nylonschnur	12,2%	12,2%	1.00
Hammer	26,8%	29,3%	.81
Schere	**68,3%**	**85,4%**	**.07**
Zange	36,6%	31,7%	.64

[29] Chi-Quadrat-Test nach Pearson

Tabelle F.2: Relative Häufigkeiten und Signifikanzprüfung Material- und
Werkzeuggebrauch durch Jungen und Mädchen

Material	Jungen	Mädchen	p-wert
Märchenwolle	**31,7%**	**53,7%**	**.04**
Biegeplüsch	**53,7%**	**78,0%**	**.02**
Perlen	26,8%	39,0%	.24
Wackelaugen	19,5%	34,1%	.13
Weinkorken	48,8%	36,6%	.26
Nägel	**41,5%**	**14,6%**	**.01**
Buntpapier	**34,1%**	**63,4%**	**.01**
Styroporkugeln	**51,2%**	**75,6%**	**.02**
Unterlegscheiben	9,8%	9,8%	1.00
Filzmatte	12,2%	22,0%	.24
Papprolle	46,3%	29,3%	.11
Zahnstocher	39,0%	31,7%	.49
Holzplatten	48,8%	36,6%	.26
Wellpappe	12,2%	22,0%	.24
Strohhalme	19,5%	34,1%	.14
Eierpappe	31,7%	26,8%	.63
Draht	17,1%	14,6%	.76
Taschentücher	7,3%	2,4%	.31
Kleber	56,1%	63,4%	.50
Heißklebepistole	**75,6%**	**56,1%**	**.06**
Stifte	**68,3%**	**90,2%**	**.01**
Nylonschnur	12,2%	12,2%	1.00
Hammer	**39,0%**	**17,1%**	**.03**
Schere	70,7%	82,9%	.19
Zange	**46,3%**	**22,0%**	**.02**

G Ergebnisse Persönlichkeitsinventar

Die in die Tandem-Studie einbezogenen Fachkräfte wurden gebeten, zusätzlich zu den in der Einrichtung durchgeführten Untersuchungsbestandteilen (Einzel- und Gruppensituation, Interview) nachträglich einen standardisierten Persönlichkeitsfragebogen auszufüllen, den NEO-PI-R nach McCrae und Costa in der revidierten Fassung (Ostendorf & Angleitner 2004). Im Einzelnen werden durch diesen Fragebogen fünf Persönlichkeitsbereiche – die sogenannten Big Five – mit einzelnen Unterfacetten erfasst:
- Neurotizismus (N), als Dimension, die „Unterschiede zwischen Personen hinsichtlich ihrer gefühlsmäßigen Robustheit einerseits und ihrer emotionalen Empfindlichkeit bzw. Ansprechbarkeit" beschreibt.
- Extraversion (E), als Dimension, die zwischen Geselligkeit, Gesprächigkeit, Freundlichkeit, Unternehmenslust und Aktivität einerseits und Zurückhaltung, Bedachtsamkeit, Reserviertheit andererseits differenziert.
- Offenheit für Erfahrungen (O), als Dimension, die zwischen Empfindungsreichtum, Neugierde, Kreativität als dem einen Pol und der Vorliebe für Altbewährtes, Routinen und Pragmatismus als dem anderen Pol unterscheidet.
- Verträglichkeit (A wie Agreeableness) als Dimension, die in hoher Ausprägung, Gutherzigkeit, Großzügigkeit, Warmherzigkeit und Entgegenkommen umfasst und Skepsis, Ich-Bezogenheit sowie Starrsinn in der niedrigen Ausprägung.
- Gewissenhaftigkeit (C wie Conscientiousness) als Dimension, die zwischen Impulskontrolle, Selbstbeherrschtheit, Sinn für Planung und Ordnung einerseits und Bequemlichkeit, Hedonismus, Nachlässigkeit andererseits differenziert (Ostendorf & Angleitner 2004, S. 32 ff.).

Tabelle G.1: Persönlichkeitseigenschaften der Fachkräfte[30]

Bereich	Männer (n=22)			Frauen (n=37)			χ^2	p
	Niedrig	Mittel	Hoch	Niedrig	Mittel	Hoch		
Neurotizismus	13,6%	72,7%	13,6%	18,9%	70,3%	10,8%	0,33	.85
Extraversion	13,6%	72,2%	13,6%	16,2%	64,9%	18,9%	0,41	.81
Offenheit	9,1%	86,4%	4,5%	21,6%	67,6%	10,8%	2,57	.28
Gewissenhaftigkeit	13,6%	72,2%	13,6%	5,4%	59,5%	35,1%	3,83	.15
Verträglichkeit	0%	72,7%	27,3%	0%	64,9%	35,1%	0,39	.53
Bezugshäufigkeiten d. Normstichprobe	15,9%	68,2%	15,9%	15,9%	68,2%	15,9%	-	-

[30] χ^2-Test nach Pearson: zweiseitige Hypothesenprüfung, $\alpha = 0.05$

Tabelle G.2: Ratingergebnisse Einzelsituation – bezogen auf unterschiedlich ausgeprägte Persönlichkeitseigenschaften

| | Ausprägung der Dimension[31] | | | KW-Test[32] | |
	Niedrig M (Median; SD; n)	Mittel M (Median; SD; n)	Hoch M (Median; SD; n)	χ^2	p
Offenheit für neue Erfahrungen					
2.7 E. thematisiert die Beziehung oder Persönliches (Attribute, Erfahrungen, Gefühle) oder greift auf, wenn dies vom Kind kommt.	2,43 (2,25; 1,08; 10)	1,83; (1,58; 0,80; 44)	2,83 (2,50; 1,22; 5)	6,28	.04
Verträglichkeit					
2.3 E. stellt Fragen, die zum Nachdenken anregen.	-	2,72 (2,75; 0,78; 40)	2,16 (2,17; 0,56; 19)	6,95	.01
2.5 E. äußert sich primär sachlich-gegenstandsbezogen u. funktional über Aktivität bzw. greift auf, wenn dies vom Kind kommt.	-	3,87 (4,08; 0,71; 40)	3,41 (3,50; 0,79; 19)	4,02	.05
Gewissenhaftigkeit					
2.3 E. stellt Fragen, die zum Nachdenken anregen.	2,37 (2,33; 0,59; 5)	2,74 (2;83; 0,82; 38)	2,19 (2,08; 0,52; 16)	6,76	.03
3.6 E. gestaltet die Aktivität als Leistungssituation	2,20 (1,83; 1,45; 5)	1,58 (1,33; 0,66; 38)	2,15 (1,92; 0,88; 16)	6,11	.05

[31] T-Wert < 40 = niedrige Ausprägung, T-Wert 40-60 = mittlere Ausprägung, T-Wert > 60 hohe Ausprägung
[32] Kruskal-Wallis-Test

H Leitfaden für das Tandem-Interview

Einstieg
Wie haben Sie die Kinder für die Einzelsituation ausgewählt?
Tandemdynamik
Wie lange arbeiten Sie bereits zusammen?
Wie sind Sie als Tandem zusammengekommen? (Haben Sie sich selbst gesucht und gefunden? Oder wurden Sie zusammengesetzt?)
Wie hat sich die Zusammenarbeit entwickelt? Gab es dabei auch kritische, konflikthafte Momente?
Gibt es im Alltagsgeschehen so etwas wie eine Arbeitsteilung zwischen Ihnen?
Haben Sie solche arbeitsteilige Aspekte gezielt ausgehandelt oder ergaben diese sich von selbst?
Spielt bei der Arbeitsteilung, wenn Sie bewusst darüber nachdenken, dass Geschlecht eine Rolle? In welcher Weise?
Übernimmt in manchen Bereichen einer von Ihnen so etwas wie eine Führungsrolle? Wenn ja, welche Bereiche sind das?
Selbstbild/Geschlechterrollen
Wie sehen Sie sich/bzw. ihren Kollegen als Mann in diesem Beruf?
Glauben Sie aufgrund der Erfahrungen aus Ihrer Zusammenarbeit, dass Männer bestimmte Dinge anders machen?
Team, Mann-Frau-Tandems
An den Mann: Wie ist Ihnen die „Eingewöhnung" in das Team gelungen? An die Frau: Sehen Sie das genauso oder noch etwas anders?
Welche Vorteile/ Nachteile hat die Arbeit in einem Team mit vielen Frauen für Sie?
Hätten Sie gern noch mehr Männer im Team? Warum?
Nehmen Sie besondere Erwartungen an Sie als Mann im Team gerichtet wahr? Gibt es dabei widersprüchliche Erwartungen?
Nehmen Sie Misstrauen oder unausgesprochene Tabus wahr?
Frage an den Mann: Gibt es Kommunikationsstrukturen, die Ihnen verschlossen sind?
Frage an die Frau: Können Sie das nachvollziehen?
Kindorientierung
Reagieren Kinder auf Sie als Mann anders als auf Kolleginnen und wenn ja,

in welcher Form?
Haben Sie den Eindruck, dass Jungen oder Mädchen sich mehr am Mann oder mehr an der Frau – in Frau-Frau-Tandems – an einer bestimmten Kollegin orientieren?
Es gibt die Vermutung, dass männliche Erzieher besser mit Jungengruppen und insbesondere dem wilden Verhalten von Jungen (-gruppen) besser umgehen können. Was sagen Sie dazu und wie sind Ihre Erfahrungen?
Welche Art von Spielen/ Unternehmungen/ Angebote mögen Sie besonders gerne mit den Kindern machen? Gibt es so etwas wie für Sie typische Aktivitäten mit den Kindern?
Haben Sie besondere Lernbereiche eingeführt?
Haben Sie die Raumgestaltung und die angebotenen Materialien verändert?
Unterscheiden Sie sich im Aspekt der Strenge gegenüber den Kindern?
Achtet einer von Ihnen mehr auf Regeln? Ordnung? Struktur?
Fordert einer die Kinder mehr heraus? Gibt es riskante Unternehmungen, die Sie unterschiedlich mit den Kindern unternehmen?
Wie gehen Sie mit körperlicher Nähe zu den Kindern um? Gibt es da Unterschiede zwischen Ihnen?
Gibt es Unterschiede in der Art der Bindung der Kinder zu Ihnen?
Mit welchen Problemen kommen die Kinder eher zu wem?
Elternperspektive (Mann-Frau Tandems)
Wie reagieren die Eltern auf Ihr gemischtgeschlechtliches Erzieher-Tandem?
Richten die Eltern unterschiedliche Erwartungen an Sie als Frau bzw. Mann in diesem Tandem?
Sehen Sie auch widersprüchliche Erwartungen?
Mann: Sehen Sie sich auch mit Befürchtungen/Argwohn im Zusammenhang mit Ihrem Geschlecht konfrontiert?
Abschluss:
Welche Gedanken und Gefühlen hatten sie in der Untersuchungssituation?
Wie denken sie im Allgemeinen über unser Projekt?
Wie sähe eine Einrichtung aus, in der nur Männer arbeiten würden?

Autorinnen und Autoren

Markus Andrä, Diplom-Sozialarbeiter/Sozialpädagoge (FH). Nach dem Studium an der Evangelischen Hochschule Dresden tätig in der Offenen Jungendarbeit und in einer Kindertagesstätte. 2010 bis 2014 an der Evangelischen Hochschule Dresden im Zentrum für Forschung, Weiterbildung und Beratung (ZFWB) gGmbH als wissenschaftlicher Mitarbeiter im Rahmen der „Tandem-Studie" beschäftigt. Seit 2015 Lehrkraft in der ErzieherInnen-Ausbildung an der Fachschule für Sozialwesen des DRK Bildungswerks Dresden. Laufendes Promotionsverfahren zur Konstruktion von Geschlechtsidentität in Interaktionen zwischen Fachkräften und Jungen in Kindertagesstätten.

Holger Brandes, Dr. phil., Diplom-Psychologe und Diplom-Pädagoge. Nach dem Studium an der WWU Münster tätig als Psychotherapeut und Gruppenanalytiker; seit 1996 Professor für Psychologie an der Evangelischen Hochschule Dresden. Forschungsschwerpunkte: Gender- und Männerforschung, Gruppenforschung, Kindergruppen. 2010 bis 2014 wissenschaftlicher Leiter der „Tandem-Studie" am ZFWB. Seit 2013 Rektor der Evangelischen Hochschule Dresden.

Wenke Röseler, Diplom-Psychologin. Nach dem Studium an der TU Dresden tätig im Feld der entwicklungs- und schulpsychologischen Beratung. Seit 2008 an der Evangelischen Hochschule Dresden im ZFWB als wissenschaftliche Mitarbeiterin u.a. der „Tandem-Studie" beschäftigt. Forschungsschwerpunkte: Kindliches Erleben und Perspektiven von Fachkräften in Kindertageseinrichtungen, benachteiligte Kinder, Gender, Hochbegabung.

Petra Schneider-Andrich, Diplom-Soziologin. Nach dem Studium an der FU Berlin Wissenschaftliche Mitarbeiterin am Fachbereich Kleinkindpädagogik der FU Berlin; seit 2009 an der Evangelischen Hochschule Dresden im ZFWB als wissenschaftliche Mitarbeiterin u.a. der „Tandem-Studie" beschäftigt. Arbeitsschwerpunkte: Kinder unter drei Jahren, Qualitätsentwicklung in Kindertageseinrichtungen, Gruppen im Elementarbereich.

Studien zu Differenz, Bildung und Kultur

Im Zentrum der Reihe stehen Fragen nach Ausdrucksgestalten von pädagogischen Ordnungen und Konstruktionen sozialer Differenzkategorien in Bildungsprozessen. Der methodologische Zugriff ist qualitativ-rekonstruktiv auf die soziale Praxis der Akteur*innen in ihren Handlungsfeldern ausgerichtet. Die Reihe versammelt schul-, unterrichts- sowie bildungstheoretische Monographien und Sammelbände.

Bereits erschienen:

Band 1

Bettina Kleiner
subjekt bildung heteronormativität
Rekonstruktion schulischer
Differenzerfahrungen
lesbischer, schwuler, bisexueller
und Trans*Jugendlicher
2015. 292 S. Kt. 34,90 € (D)
ISBN 978-3-8474-0677-8

Sprechen Sie uns an:

Reihenherausgeber:
Prof. Dr. Jürgen Budde
Universität Flensburg,
Professur für Theorie der Bildung,
des Lehrens und Lernens
juergen.budde@uni-flensburg.de

Ansprechpartnerin im Verlag
Miriam von Maydell
Lektorat und Herstellung
miriam.maydell@budrich.de

Verlag Barbara Budrich
Stauffenbergstr. 7
D-51379 Leverkusen-Opladen

Tel +49 (0)2171.344.594
Fax +49 (0)2171.344.693
info@budrich.de

www.budrich-verlag.de